THE TURK WHO LOVED APPLES

AND OTHER TALES OF LOSING MY WAY AROUND THE WORLD

何苦去旅行

我們出發，然後帶著故事歸來

BY

MATT GROSS

麥特．葛羅斯——著

朱道凱——譯

謹以此書獻給始終耐心的珍

推薦序

旅行者，世界正召喚著你

背包客棧創辦人　小眼睛先生

十年前？十五年前？二十五年以前？我記不清了，確切的時間已經不那麼重要。今天，區分時代間差異的是「有沒有網路」、「有沒有手機」、「有沒有『智慧型』手機」。很難想像，我竟然就這樣走過了時代——或者該說，被時代推擠過來了。總之，在那個時代，這本書所描述的世界確實存在，它是如此吸引著我、驅動著我前進。

在那個世界，我總在清晨或深夜才抵達一個城市，憑著沿路蒐集到的地圖，尋找著更便宜的住宿，毫不客氣地殺價、離開，向路人詢問下一間旅館的位置。下車的車站，往往是我等待天亮的地方。

在那個世界，當我因看見世界的美好或殘酷而感到震驚時，只能在筆記本寫下一切，或者默默伴隨著食物咀嚼，成為自己的養分。

在那個世界，我除了知道要去哪（有時甚至連要去哪都不知道），對其他將要發生的事幾乎一無所知。我只能迎向未知，然後擁抱它們。沒人事先在網路上提醒你該小心什麼，你得鍛鍊自己的心智，學會透過預先設下陷阱的問題，來判斷眼前的這個旅遊掮客或司機，到底是個誠實的好人，還是等著敲你一筆的混蛋。

那個世界，現在已被網路與人工智慧拆解了，取而代之的是一個充滿符碼的世界。任何景點，包括我自己在內，都能透過 Google Map 來定位；要入住任何飯店，只要上網就可以知道房價，還能線上訂房；不相信眼前司機的報價，就用 Uber、Grab 或滴滴。而提供這些服務的網站或ＡＰＰ，你懂的，它們也全是 code。更諷刺的是，隨著時代演變，從二〇〇四年起，我竟然成了一個中文自助旅行網站的創辦人，而這個旅遊網站在二〇一九年的現在，居然還存在著。以網路的快速變化來看，也快可稱為古蹟了（汗）。

不得不承認，隨著科技進步，旅行越來越方便了。旅行還是能帶給我許多樂趣，而且與過去相比，被拒絕和被白眼的機會大幅降低。但我的旅行中，關於人的故事也越來越少。當然不是完全沒有，只是似乎越來越局限於那些我已經預先付了錢給他們的那些人。當我還沒出發時，他們就從電腦系統預先知道了我的基本資料，而我卻不知道我的預付款透過層層傳送後，最後有多少付給了眼前這些實際服務我的人。

當我閱讀這本書的時候，腦海中不斷浮現出「人」的故事。旅行，的確讓我的足跡在地圖上能被明確標出，還能把一些特殊的經歷與他人侃侃而談，但旅行所帶給我的心靈風景，那些人與人間的交流（包含好的與不好的），卻是如此神祕、隱晦。有許多經驗，甚至在沈溷幾年之後，才猛然跳出，告訴你當年狀況並非如你當時所想。

這是一本會讓所有像我一樣心靈老派，或已被年輕人稱為「長輩」的旅行同好們，心有所感且再三回味的書。讀著讀著，彷彿在聽好久不見的老朋友重提當年的經歷，而這些經驗，我相信那個時代的旅行者也曾體會過。這些雖非直接一起經歷的心靈經驗，卻讓我們能連結在一起，是我們的共同語言，是一種玄妙的心領神會。

你知道的。

唔……我大概知道。

那種……嗯……很難說得上來。

是啊，很難說得上來。

你懂。

是的。我想我懂。

這樣吧，交個朋友。

沒問題。

給你我的住址和電話。喏，寫在這裡。

這裡嗎？

我會寫信給你，除非必要，不會打電話。
寫信比打電話好，我可能不在家，你知道的……
旅行。
是的。

相信在你們的陳年筆記本裡，也有這麼一些姓名和聯絡方式。其實我早忘了他們是誰，只記得片段的談話、歪斜的腳步、離別前的擁抱，或許還有合照（通常在他們的底片相機裡）。我仍存在於他們的世界嗎？是的，我相信是的。正如同他們存在於我的世界一樣，真真實實，至今還影響著我。

而對於新世代的旅行者來說，這本書也提供了另一種旅行方式的可能：或許有一天，在你覺得適當的時候，離開手機和網路，讓自己處在未知（甚至是別人眼中的無知），迎向一個只有你自己、四處盡是未知的世界。那時，你就能體會到，能冒險的，是心靈。冒險的心靈，唯有冒險的心靈，才能對未知進行探索，並且在過程中得到挫折、沮喪與自信，變得獨立、成熟、勇敢，讓人能面對未來更多的挑戰。

前進吧，旅行者們！世界正在召喚，它召喚的是你，而不是Apple或APP。相信讀完這本書，你一定也能感受到我所感受到的獨立旅行者精神。不然，當初何苦去旅行？

致謝

謝謝你們給我不斷探索世界的理由

這本書的內容花了一段時間才匯集起來，要不是一些人的努力根本不可能發生，他們的支持和熱忱至今仍令我意外。《紐約時報》（*New York Times*）編輯史督華（Stuart）、瑪麗（Mary）、丹尼（Denny）、丹妮爾（Danielle）、蘇珊娜（Suzanne）、蘿拉（Laura）、丹（Dan）等人，給予我難以想像的自由去遊歷世界和書寫我的見聞。其他編輯，如《美味》（*Saveur*）雜誌的吉姆（Jim）和達納（Dana）、《遠方》（*Afar*）雜誌的仁（Jen）和茱莉亞（Julia），同樣聆聽我的想法，並令人驚奇地允許我追隨我的興趣到任何地方。他們派給我的任務，合起來產生這本書的大部分素材。

將那些素材製作成一本真正的書的程序始於我的經紀人——Inkwell Management 經紀公司的奈特・傑克斯（Nat Jacks），並經過與我的朋友和旅行同好瑪麗・愛倫・希特（Mary Ellen Hitt）、賈斯汀・巴雷拉（Justin Barrera）和彼得・喬恩・林德柏格（Peter Jon Lindberg）的多次討論（及多杯酒）逐漸形成。當提案送到 Da Capo Press 出版社時，喬納森・

克勞（Jonathan Crowe）及約翰·拉德傑維奇（John Radziewicz）不僅對書的前景感到興奮，並在獲得授權後，在編輯過程中，對我既多加鼓勵又要求嚴格。我的朋友梅（Mai Hoang）和傑夫·布斯（Jeff Booth）充滿洞見的提示，也幫忙使原稿發展到它的最終樣貌。

這些年來，我亦有幸能依賴眾多朋友，包括國內和國外的：Duj、安德魯（Andrew）、納德（Nader）、Jaipal、伊恩（Ian）、帕克（Park）、華明（Wah-Ming）、克莉絲汀（Christine）、賽斯（Seth）、另一位賽斯（Seth）、法利（Farley）、泰德（Ted）、內森（Nathan）、波南森（Bonanos）、文森（Vincent）、安迪（Andy）、陶德（Todd）、泰莎（Tessa）、賈斯汀（Justin）、尤坦（Yotam）、霍亞里（Horia）、勞倫（Lauren）、班（Ben）、格雷格（Greg）、布拉德里（Bradley）、茱莉亞（Julia）、埃及爾（Egil）、艾瑞克（Erik）、漢娜（Hanh）、玄（Tuyen）、克里斯（Chris）及肯尼（Kenny）、柯克（Kirk）、羅伯特（Robert）、宇文（Vince）、邦妮（Bonnie）、尼基（Niki）、雷吉斯（Regis）、派翠西亞（Patricia）、黎女士（Miss Thanh）、迪倫（Dylan）、霍爾（Howard）、X-Quang 等，族繁不及備載。感謝各位當我在身旁時忍受我，當我遁入海外幾個月（或幾年）音信杳然時不怨我。

我的家人，顯然，對於塑造我成為一個旅行者貢獻良多，並給予我理由（事實上，好幾個理由）不斷回家。此外，我也必須借用我父親的一句話：我的女兒莎夏（Sasha）和珊蒂

（Sandy），對這本書的寫作毫無幫助；事實上，她們拖延了書的完成。但她們是我寫這本書的初衷。

最後，我必須感謝所有我在旅途中遇到的陌生人，儘管根本不認識我，卻在我最需要的時候提供協助，並伸出友誼之手。你們給予我，以及每個人，不斷探索世界的理由。

繁體中文版序

來聊聊，旅行的真實面

容我先說明一下，你拿在手上的這本中文版書名與英文版《*The Turk Who Loved Apples*》（愛上蘋果的土耳其佬）不同。

當初交稿時，我給出版社建議了好幾個書名，包括《出發吧》（*Just Go*）、《接下來的交給我吧》（*I'll Take It from Here*）等，不過在他們看來，這幾個書名都沒賣相。好吧，我心想，換書名也好。他們透過我的編輯約翰來問我，有沒有更活潑、更吸引人的句子，或是哪些篇章裡的故事標題可以拿來當書名？

剛開始，這似乎是個不錯的點子，我也可以趁此機會重新順一下書稿，為書中的每一個故事——涵蓋過去三十年來走過的六十幾個國家——加上有趣的標題。大約一、兩天後，我整理出大約二十幾則看起來很像平常逛書店時會看到的書名。最後，雀屏中選的就是《愛上蘋果的土耳其佬》。這書名既簡單又帶點神祕，能讓讀者感到好奇：這土耳其佬是什麼人？愛上蘋果哪一點？為什麼要讀一個關於他的故事？答案，當然就在這本書裡。

這裡我先不破梗，但你讀下去就會發現，「愛上蘋果的土耳其佬」的確是這本書裡很關鍵的故事，它啟發了我看待旅行的方式，以這個故事來詮釋我的自助旅行生涯，是百分百合理的。

不過，我還是認為以此為書名有誤導之嫌，會讓讀者以為這本書是我在世界各地流浪探險的故事集結——不過是葛羅斯造訪一個又一個有趣景點，遇到一個又一個有趣的人物。這書名也許會讓你覺得這是本有趣的書，可以帶去海灘上打發時間，可以啟發你下一趟旅行的靈感，但這本書想要分享的，並不僅於此。

沒錯，書中寫的是一個又一個故事，但這些故事並不是按照發生時間順序而寫的。我將這些故事拆散、解構之後重新講述，就是希望讓你看到多年來我如何面對「旅行的真實面」，也就是：**出發到世界，並非總是如大家想像中那麼愉快與收穫豐富的。**

事實上，旅行大多時候很寂寞、很不舒適、很失望。**在我的經驗裡，旅行有時是讓你心裡很幹的一件事**，可惜這種話不合適拿來當書名。

旅途中，快樂是一種選擇

那麼，旅行又是所為何來？如果旅行的經驗這麼糟，我幹麼還寫這本旅行筆記？

首先，因為我想誠實地說出真相。我讀過太多書與雜誌，把旅行描述成某種開心、不費力的活動，只要照著書上的步驟，你就可以輕輕鬆鬆到阿根廷跳探戈，到上海最高級的俱樂部用餐；談到「旅行」，絕大部分媒體都讓你覺得這是非常優雅絢麗的事，但在我看來，或許對那些很有錢、很有地位的人來說是如此沒錯，但對廣大的你我而言，**旅行一點也不輕鬆——身體不輕鬆，荷包不輕鬆，靈魂不輕鬆**。

當然有些旅行能讓人心情放鬆，但即便是這樣的旅行，光是基本的行前準備：瀏覽一個又一個的爛網站、搞清楚繁複的海關安檢流程、根本無法掌握的天氣等，就足以讓你在出發前的血壓快速飆高。沒錯，經驗與資訊能助你減少壓力，但無法消除壓力。至少我非常確定，我的壓力從來沒消除過，而我已經是一個非常資深的專業旅行者。

但每一次壓力、每一次難關都有好的一面，都帶來獎賞——這也正是為什麼我選擇面對一切：面對寂寞，讓我學會交朋友；旅途中生了場大病，讓我學會了讓自己保持健康（以及不要亂吃東西）；面對有限的預算，讓我發現旅行好玩與否根本與「昂貴」無關。每一次糟糕的經驗，都讓我成為一個更好、更堅強的旅行者，更對所擁有的一切感恩，更能自在享受我們這龐大複雜的世界——欣賞這世界原本的樣貌，而不是我們所期待的樣貌。

貫穿書中所有故事的，是我面對每一次挑戰的方法。我學會旅行，是早在沒有網際網路、遠在搜尋引擎與社群媒體誕生的年代之前。在那年代，我得在訂機票之前把所有資訊搞清楚；很多旅途上的突發狀況，就算帶著旅遊指南與雜誌上路也沒用。當時，我沒法 Google「我在天山我的馬不肯走下山但我的水喝光了我的導遊又不會講英語怎麼辦」（現在你可以了，去 Google「what to do when you're in the Tian Shan mountains of Kyrgyzstan with a non-English-speaking guide and your horses won't come down the slope and you don't have any water」，就會看到我在《紐約時報》寫的那篇出現在最前面），而且我也沒錢，無法用錢擺平旅行中所遇到的各種突發狀況。

我必須靠自己。我得時時腦筋動得快，眼觀四方，盡量放鬆，善用自己有限的機智、魅力、韌性與經驗。在旅途中，快樂是一種選擇，而隨著我越來越懂得如何靠自己，我也越來越容易（其實同樣不輕鬆）選擇快樂。

在選擇書中這些故事時，我希望與大家分享的，不是我的方法，而是每一個人都能用的方法。我沒什麼特別厲害之處（好吧，或許我有一種吃苦的傻勁），如果連我也能在寂寞旅途中發現旅行的意義，當然你也可以。

不過，要做到這一點，我必須非常坦誠才行。我必須告訴你，我犯過哪些錯、經歷過哪些悲劇，才能助你避開我的經驗，找到你自己的路。書中有些地方也許讀起來讓人不舒服，但我相信讀完之後你將跟我一樣，能面對這個「坦然的世界」（The Candid World）。

「坦然的世界」一詞是取自湯瑪士・傑佛遜（Thomas Jefferson）的著名文獻。「現任大英國王的歷史，是一部反覆上演的掠奪與傷害史……」這位美國開國元勳在一七七六年寫道：「為了證明這一點，就讓事實公諸於這坦然的世界吧！」（To prove this, let Facts be submitted to a candid world）接下來，傑佛遜一一羅列當時英皇喬治三世的罪狀——強徵苛稅、切斷貿易、解散議會等，最後，導致美國宣布獨立。

每一次憶起這本書中故事裡的人、地與旅程，我都覺得那只是我們身為人類在這坦然世界裡的一小段旅程罷了。而你，我親愛的讀者們，希望你讀了這本書，能更清楚知道在踏上旅途後，將面對一個什麼樣的世界，歸來之後，成為一個更獨立的人。

希望你喜歡這本書，或許，未來某一天我們會在某一處相逢。

前言
親愛的獨立旅行者

二〇〇五年初，我結束替《紐約時報》做的泰北採訪，趁周末空檔去緬甸一遊。當時，緬甸（Myanmar，亦稱 Burma）仍在極度嚴厲的軍政府統治下，但不知道為什麼，美國人不必事先申請簽證，就可以入境——不過，停留時間不能超過十四天，而且不能離開東撣邦（Shan State）。對我來說，這兩個條件都不是問題，反正我只有兩天空檔，只想看看住在金三角——一個以鴉片和槍枝走私聞名的三不管地帶——的奇特和迷人的高山族。

與我同行的是一位名叫尹邦妮的朋友，她從洛杉磯來看我，我們在接近下午四點時抵達湄賽（Mae Sai）邊境管制站，準備離開泰國，前進緬甸。在泰國這邊，邊防官員不囉唆，就在護照上蓋了章，讓我們出境。我們走過一座跨河小橋，來到緬甸入境處。一位彬彬有禮的年輕緬甸女移民官，兩頰塗了香楝樹（thanaka）根磨成的黃色防曬粉，朝我們走來，說要協助我們通關。她先帶我們到一個照相亭，我們繳了幾塊錢拍了大頭照。接著，她帶我們到移民櫃臺，那裡有另一位官員，是一個穿著熨燙過的白襯衫和繡花紗龍的壯碩男人，他遞給我們簽證申請表。女移民官將我們的照片貼在她稱之為「國內通行證」的單頁紙上——粗糙的紫色卡紙，上面印著緬甸文表格，從中間對折，像小學一年級生的美勞作業。她告訴我們，護照得留在他們手上，直到我們回來。在緬甸期間，這張紙將代替美國護照。

「ＯＫ嗎？」她問。

邦妮和我相互看著對方。把護照留在那裡，似乎不是個好主意，尤其在這個新聞記者常遭逮捕、驅逐或更糟下場的國家。雖然在入境申請表的職業欄上，我填了「電玩顧問」，而且我也不覺得自己會被抓，但隨身攜帶至少某種正式身分證件，似乎才是以防萬一的上策。「其實……」我告訴女移民官：「如果可以，我們希望自己保管護照。我們覺得這樣比較安全。」

「不，不，」她說：「這是不可能的。」她搖頭，眼睛看地下，面露歉意的微笑，然後抬眼望著我們：「ＯＫ嗎？」

我們最後決定：ＯＫ。難不成，緬甸**政府**會偷**我們的**護照？於是我們接過紫色通行證，進入緬甸。

對了，你們喜歡 Pink Floyd 嗎？

泰緬兩國的差異，當下立見。

邊界那一邊的泰國，充滿活力，商業活動熱絡，招牌熱力四射，汽車簇新閃亮，街道平整。但這邊，塔齊力鎮（Tachileik），彷彿時光倒退二十年。水泥龜裂，燈泡微弱，怪模怪樣的拼裝車，用各種零件拼湊而成，轟隆作響地慢速駛過街道。兩邊唯一的共通點，是我們看到市場上出售或正搬上貨車的商品：國際品牌洗髮精、尿布、肥皂、美耐皿餐具、約翰走路黑牌和紅牌威士忌、化纖毛毯、電鍋。這裡是邊界關卡，貨品和人一樣頻繁通關。

有人告訴我們，街上的商店即將打烊，沒什麼可逛了。於是邦妮和我找了一家旅館住了一晚。

塔齊力是一個非常小的城鎮，幾棟年久失修的磚房，依稀留下英國殖民時代的影子。就建築而言，這個小鎮其實不怎麼美——到處是隨便蓋的水泥建築，絲毫不考慮美觀，彷彿這裡的人都無意久留。畢竟，留下來幹麼呢？這只是個邊界小鎮，它的存在只因為邊界存在，因為邊界的外交機制需要若干支援服務：修車技工、飲食商販、一個市場、幾間旅館、一兩座佛教寺廟，以及某個飲酒、唱卡拉ＯＫ的去處。

下午六點剛過，夜色已然掩至，邦妮和我開始摸黑找地方吃飯。在一條冷清大街上，我們看到一、兩家酒吧，露臺上擺著幾張矮桌，桌上堆滿緬甸牌啤酒的高玻璃瓶。我們趕緊奔過去，走進其中一家，叫了兩瓶啤酒，配一碟番茄沙拉——豔紅的番茄切片上灑著炸蔥頭和鹹蝦米。

當我們碰杯，並開始計畫次日行程時，我們注意到另一桌坐著一個男人，身材高瘦，皮膚黝黑，鼻子長而筆直，他的姿態、舉止和裝束——寬鬆的白色運動服和白色棒球帽，使他在一群緬甸人中顯得格外突出。他不可能是緬甸人吧？可能是澳洲人，或是新加坡人，我猜。

男人注意到我們在看他，朝我們點頭打招呼後，走過來自我介紹。「我叫 Slim——跟 Slim Shady 一樣的 Slim。」他面帶微笑，一開口竟是超標準英語。邦妮和我都懂他的意思，顯然他是綽號 Slim Shady 的美國饒舌歌手阿姆（Eminem）的粉絲。幾杯啤酒下肚，我們得知更多關於 Slim 的生平。

原來，他畢業於曼德勒大學物理系，但在家鄉找不到工作（據他自己說，因為工作機會都給了正港緬甸人，而他是有印度血統的回教徒），所以帶著妻小搬來這個被遺忘國家的被遺忘角落當導遊。他會說英語和流利法語，很多像我們這樣的西方觀光客偶爾會經過此地。

有一度，我曾經懷疑 Slim 搞不好是個情報員，或是緬甸的祕密警察，他的任務就是要監視我們這些外國人。因為他的生平故事雖然感人，但似乎不太真實。試想，真想當導遊的人，怎會搬到一個全緬甸觀光客最少的角落？眼前這人究竟心懷什麼樣的詭計？

在塔齊力恍若中世紀的黑夜，天上星斗清晰可見，我仰頭望著星空，心想：我才不在乎Slim是否在監視我！我們聊得很開心，而且邦妮和我沒有半點不軌意圖，我甚至沒打算寫這趟緬甸行程，有什麼好擔心的？既然如此，我們何不盡情享受此刻呢？我們三人：Slim，一個緬甸籍印度裔回教徒；邦妮，一個韓裔美國基督徒；我，一個美國猶太人，在金三角一起喝著啤酒。世界本該如此，這一刻，不管多短暫，正是我旅行、我快樂的理由。我也把這想法告訴了邦妮和Slim。

我們全笑了，舉杯喝酒，然後Slim說，「對了，你們喜歡Pink Floyd嗎？Scorpions呢？[1]」

一個越來越小的世界，一個無限延展的世界

被《紐約時報》派到泰北，只是我生平第一個海外採訪任務。接下來七年，該報及《美味》、《遠方》等雜誌，派我去了五十多個國家，從歐洲的宏偉首都和亞洲的超大城市，到土耳其的蘋果園和加勒比海的小不點島嶼。我會一連好幾個月都在旅途中，寫下好幾百篇文章，拍數十部影片，以及多到足以讓好幾臺電腦當機的數位相片。

那趟緬甸的周末之旅，標示著我旅行人生的重要里程碑。塔齊力，一個鳥不生蛋、被世人遺忘了的小鎮，除了那些不得不在當地過一夜（或一生）的人，沒人願意踏上一步。但Slim 去了，我們也去了，那趟旅程讓我明白：有緣，是真的可以千里來相會的，即便是在鳥不生蛋的地方。

其實那時候的我，已經到過很多地方旅行，有種世界越來越小的感覺。我知道如何利用每一種能想像得到的交通工具，也掌握了重要的旅行方法，而且我學到了更重要的一課是：放鬆心情。我明白了，身為旅行者，在探索世界時所遭遇的一切不便與突兀感，到最後都是值得的——畢竟，那不正是我所追尋的嗎？

明白了這一點，讓我原本覺得正在縮小的世界，又漸漸變大了。我所到過的每一個地點，慢慢連成了一個網絡；在這個網絡上，充滿著無限可能；而每一個地點中，又存在另一個無限可能的網絡。果不其然，就在第二天，邦妮和我搭野雞車去北邊的景棟市（Keng-tung），中途就停在一個極小的村莊，村裡唯一的餐廳除了供應一些不差的咖哩和炒菜外，還有不可思議的番茄底莎莎醬，用我不熟悉的香料和嗆鼻的魚露提味——顯然是一道東南亞風味的墨西哥料理。如果說塔齊力是不毛之地，那麼這個村莊就是不毛之地中最不毛的角

註1：Pink Floyd 是英國前衛搖滾樂團，Scorpions 是德國重金屬搖滾樂團。

落，但即便是這樣的地方，也有意想不到的寶藏。

在我後續旅行過程中，世界不斷延展。我會在兩個地點之間發現令人著迷的中途點，然後又在那些中途點之間發現新的中途點。當我開始認識某一個城市，然後深入這個城市的某一個社區，再進而深入單一街道，這個城市就有如氣球般膨脹起來，每一條路分裂成碎根狀，蘊藏著無限可能。看來，我永遠不可能走遍全世界，但我仍會繼續旅遊。

訂位、搶票、計畫行程，是一種心理挑戰

不論我旅行到多遠，不論我在地球上最著名的景點或最默默無聞的地方，經歷過多少驚險難關，直到今天，每一趟旅行對我而言，都仍是一場全新的挑戰。

沒錯，我是學會了搶購廉價機票，學會徒步跨越國界，學會在一個陌生地方找到一張舒適的床、一頓美食和熱情的新朋友，但我還是擺脫不了同樣的焦慮：自己準備得夠充分嗎？萬一生病怎麼辦？超出預算怎麼辦？感到孤單怎麼辦？萬一沒真正瞭解旅遊目的地（畢竟是人家花錢讓我來的）怎麼辦？這些焦慮，都不是我自己想像出來的，我能舉出無數糟糕旅遊經驗為證，例如在破爛汽車旅館或車子後座過夜、一連三天幾乎沒開口說話、一疊吃剩的抗生素包裝袋等。

但我並沒有因此而不喜歡旅行。每一次登上長途飛機，我都驚訝於自己何其有幸，可以花別人的錢去世界旅行。在旅途中，我交到知心朋友，發現新食物，遇到不可名狀的意外驚喜，譬如有一回在蒙大拿州山上，半夜裡來了一群山羊圍繞著我，又譬如有回在烏魯木齊到北京的四十八小時火車上，一整個車廂的中國乘客熱情地款待我。

儘管如此，旅行的陰暗面仍然揮之不去。它似乎總是潛伏在我心中，隨時可能冒出來。前一分鐘我可能和某位帥哥一起喝濃縮咖啡，下一分鐘便在無親無故的街頭浪跡。我認為之所以會如此，是因為克服旅行的「心理」挑戰，遠比克服「實際」挑戰來得重要。

就像我寫「省錢旅遊達人」（The Frugal Traveler）專欄時所傳達的主張：任何人都能學會如何旅行得既舒適又不超出預算。現在，我們有網站可以利用，有好用的省錢技巧可以學習，你不必是哪位知名的《紐約時報》旅遊作家，也能既省錢又玩得盡興。事實上，我自己在旅行時總是隱瞞身分，並從一般旅行者的觀點來寫文章。

然而，我可以教旅行者很多具體的旅遊技巧，卻很難在專欄中談到比較抽象的感受。我可以教大家如何將信用卡的海外附加費降至最低，或是如何結識印尼朋友、助你盡情漫遊爪哇一整個禮拜，但我能為那些寂寞的旅行者提供療癒的萬靈丹嗎？當你目睹了第三世界的貧窮現實，我能教大家如何（情感上與道德上）面對嗎？無論你再怎麼擅長搶購便宜機票的各種怪招（例如知道要在周二下午上網買，或是透過外國航空公司的本國網站等），當你出發的那一刻，你心裡多多少少可能還是會忐忑與失落。

假如你有這樣的心情，別在意。這不過是旅行者的「資格檢定考試」——意味著你正要進階到下個階段了。

回家了，但我想我可以再來一次

因此，這本《何苦去旅行》中，記述我不斷嘗試接受那些心理挑戰的過程。我試圖按許多旅行者經歷的階段編排各章順序。一開始先談無知及天真——新手的兩大絆腳石，繼而探究吃得好和吃出病的孿生問題，以及同樣成雙成對的孤單和交友問題，然後討論省錢旅遊和從旅行獲利之道。道德兩難問題之後，緊隨著迷途的峰迴路轉，以及與家人旅行的終極、不可避免的恐怖。談完觀光客相對旅行者的永恆辯論後，我用旅行最沈重的負擔之一結束此書：回家。

全書從頭到尾經常回溯我大學畢業後在越南胡志明市度過的一年。儘管那趟旅行發生在很久以前，一九九六和九七年，是我第一次重要的海外單飛，並使我面對我在未來幾十年將一而再、再而三面對的頓悟和焦慮。每當我寂寞，或生病，或內疚時，我就會回想起那一年提供我的模型。它未必給予我答案，但它確實提醒我，我曾挺過來一次，我可以再做一次。

那一年的海外生活提供這本書的骨幹，隨著各章主題四處跳躍，從一國跳到另一國，從我的童年跳到我的最新經驗。我發現，這是終生旅行不可避免的後果之一——不斷的空間錯置產生類似的時間錯置。布魯克林一陣臭味的微風立刻使我想起西貢街頭，在臺北酒吧無意間聽到的一節音符把我送回跨越德州沙漠的Volvo車。我與多年不見的朋友在臉書上互通消息，並計畫與其他朋友在遠離他們家的地方會面——在東爪哇，在蒙古。不論此刻我人在哪裡，我可以閉上眼睛，想像自己在一百萬個其他地方。

如果你的生活並非充滿接連不斷的旅行，這種跳躍可能令你錯亂——我想，有點像敘事性的時差。對我來說，在我的旅行生涯此一階段，它變成常態，而且我知道我不是唯一有此毛病的人。當我的旅遊作家朋友和我聚會小酌時，我們的談話總是充滿「這讓我想起我在大阪的時候……」或「哦，就像在波哥大！」之類的句子。是的，我會第一個承認，這些跳躍令圈外人難以忍受，但對我們來說，世界已經開放，佯裝我們沒注意到地球上不相干的兩點之間存在深度連結，不啻是假裝我們什麼都沒學到。

這本書，是一部獨立旅行者的故事

彙整這些近三十年的旅遊軼事，使我發現另一個更重要的現象，那就是它們講述一個非常獨立的旅行者的故事——此人幾乎從不將他的探險計畫和執行委外給旅行社、遊覽公司、旅館服務臺或親友。在很多方面，我注定成為一個獨立旅行者。起初我沒錢依賴外人服務，等我有錢的時候，親手料理一切是我對讀者的責任，以便他們可以從我的範例中學習。

不過，那些實際因素始終是次要因素。我從小就喜歡自己動手。不論花幾小時在房間堆樂高積木，或在中學和大學修獨立研究課程，我一向覺得靠自己的力量去搞懂世界更自在，並享受知道我的成功是我個人努力成果的祕密勝利感。或者這麼說吧：我從未特地追求獨立，而且直到最近才有足夠的自覺去辨認獨立是我的人格特質之一。

當然，沒有人天生獨立，獨立也不是絕對值，一旦達到永遠不變。這本書記述我邁向獨立的持續進程，每一個小小的前進步伐都是猶猶豫豫的，每一個勝利都是顫顫巍巍的，隨時可能被下一個陌生挑戰推翻。讀完我的故事，你應當能夠看出我已進步多少，而那一點距離也許根本不算遠。地球是圓的，當你環繞世界，你最後還是回到起點。

一旦認清我的獨立性格，我也可以看出它如何幫助我旅行。因為當你旅行時，總有事情會出差錯：行李會失蹤，你的腸胃會跟你作對，你會發現自己孤獨一人在一個貧窮、陌生的國度，而你不會說當地語言。狂讀旅遊指南、計畫路線、與朋友的朋友（的朋友）通電子郵件……激發你一切盡在掌控中的幻覺，但在出發之時卻突然蒸發，只留下無依無靠的你。金錢和經驗能幫你隔離災難，但絕非完全絕緣。一言以蔽之，你必須為你自己的快樂負責。你準備好承擔這種責任嗎？我並非一貫如此，但現在我準備好了，我猜。

這是為什麼我不能把這本書當作某種詳盡的說明書呈獻給你，教你成為一個優秀的旅行者。不，它僅僅敘述我如何及為何做我所做之事，用我希望是娛樂性和戲劇性的體裁寫出來。如果我宣稱你應該做同樣的選擇，那會比自以為是還糟糕，畢竟你不是我，那會是很危險的。

如果我有什麼期待的話，我希望你也成為一個獨立的旅行者，不論你在哪裡，自己替自己思考和行動，不靠旅遊指南，不靠我為了謀生而寫的報導文章協助。我希望你自己去體驗、去瞭解旅行時可能發生的倒楣事，學習如何應付它們，並像希臘神話裡的薛西佛斯（Sisyphus）一樣，超越它們，在談不上失敗但近乎失敗的必然性中，找到樂趣。我希望你離家，然後帶著故事回來，這些故事不是你如何用我的方法處理災難，而是你如何隨機應變想出你自己的解決辦法。這本《何苦去旅行》應該是你最不需要的旅遊指南，但如果你告訴我這本書真的幫助到你，那麼，我會像書中那位與土耳其國父同名的蘋果農凱末爾．果庚（Kemal Görgün）一樣，說：「哇嗚！」

目次

1

薛丁格之……登機證1

不出發，你怎麼知道結果呢？

我覺得自己準備不充分，心裡非常不安，但還是啟程，去了越南、突尼西亞，以及好多國家……

八月初某夜，我二十二歲生日後大約一周，我開車在馬里蘭州東海岸與一輛小貨車迎面對撞。那天我從華盛頓特區南下，前往維吉尼亞州欽柯提格島（Chincoteague）與我父母會合，共度一個短暫的海灘假期；我的女友天美坐在我旁邊。一路上大雨滂沱，交通壅塞，但接近莎莉斯堡鎮時，雨停了，路也清空了。我鬆懈下來——但太早。不熟悉的公路突然彎曲，我急踩煞車，我的淡紫色普利茅斯讚美車打滑，橫過車道，直接衝上迎面而來的小貨車。砰！

頃刻後，馬路寂靜無聲。天美和我對望，兩人都沒受傷。小貨車司機正從他的車子爬出來，也沒受傷。警車迅速抵達現場。警員告訴我們，這是該晚同一個地點第三起車禍。然後他把我們載到警察局，我從那裡打電話給住在欽柯提格島民宿的母親，請她來接我們。

等候之際，我給天美拍了一張照片，暈黃燈光下，她看起來憔悴又疲憊不堪。此時一股安詳在我心中沈澱下來。我想，對一個剛剛死裡逃生的人來說，這是可以理解的。但我的幸福感更多來自如釋重負——那輛車終於報銷了。

註1：薛丁格（Erwin Schrödinger）是奧地利物理學家，諾貝爾物理獎得主。一九三五年提出著名的「薛丁格之貓」假想實驗，試圖證明量子力學在宏觀條件下的不完備性。「薛丁格之貓」後被引伸為「很多事情不去做，是不知道結果的」。

因為自從我獲得那輛車子起，它就不斷給我添麻煩。讚美車變成我的財產，只因為前任車主，我的外婆，三個月前過世。外婆生前住在德拉威州威明頓市，我住在附近的巴爾的摩市，剛從大學畢業，無車，因此不費吹灰之力，車子就變成我的了。

但不久後，大約是將車子開回巴爾的摩後不到一星期，某一晚它從街上消失了。被偷了，我估計，尤其因為外婆蘿薩琳在車上裝了最新潮的行動電話。幾天後，警方發現車子纏繞著一支路燈桿，裡面當然**少了**行動電話，立即去函通知我已過世的外婆，後來在我打電話詢問車子下落時，他們才指示我去拖吊場。

除了神奇地對科技有先見之明，外婆蘿薩琳也未雨綢繆地給車子買了零自付額的保險，因此把車子送進修車廠不花一文，兩周後，它幾乎完好如初地重出江湖（對淡紫色讚美車而言，完好如初實在稱不上多好）。車子相對健康地又吭吭吃吃跑了兩個月，直到在華盛頓的某一天（我花了五星期在那裡學習如何教外國人英語），我發現它每小時最多跑三十五哩。變速器壞了。更糟的是，此時保險理賠已不包含這一項。

過了一星期，荷包縮水約六百美元後，我從另一家修車廠取回普利茅斯，把我的旅行袋和書扔進行李箱，前往巴爾的摩接天美，與我的家人共度一個美好假期。

砰！

計畫永遠趕不上變化

要不是我在欽柯提格島之後的計畫，這一系列災難根本沒有任何意義——只不過是一輛普通美國轎車太過短暫的生與死罷了。按計畫，車禍後不到一周，我將搬到越南胡志明市。

那一年是一九九六年。我剛從大學畢業，拿到文學創作學位，一張證明我不適合就業的昂貴文憑。我不確定接下來要做什麼，於是把眼光放在最近剛與宿敵美國恢復外交關係的越南。它將是我的前途，我的宿命，我的救贖。我將去那裡，並且……做某事。我不確定什麼事。我有一些模糊的想法，關於精通越語和加入共產黨之類的（與其說是意識形態上的目標，不如說是一條通往權力和影響力的康莊大道）。另外，在此同時我將寫出幾部厚厚的、重要的、暢銷的英文小說。但最主要的，我實在喜歡越南料理。如果要住在國外，就應該住在一個我真正愛吃當地食物的地方。

換言之，在改變人生的遷移之前，接連數月，命運之神似乎向我發出一連串不祥的、旅行相關的警告，那種凶兆在爛電影中會預示主角之死將與旅行有關。如果我能退一步用更分析（也許更疑神疑鬼）的態度觀察事件，我可能會延後或取消計畫，或至少更擔心有什麼東西會在前西貢等著對付我。

相反地，我不以為意，一如過去大部分的歲月，渾然不覺世事無常，福禍難料，意外隨時可能發生，並對我造成身心傷害。就像電影《富貴逼人來》（*Being There*）的主角「僥倖佬」園丁，我懵懵懂懂在世間行走，無視於逼近的危險和潛在的災難。

例如，在準備搬去越南的過程中，我做了最低限度的研究。我去華盛頓上了教師培訓課程，主要是因為我毫無英文教學的概念，而非因為我認為有張證書能幫我找到工作。即使如此，那只是很籠統的準備——與胡志明市這個特定且獨一無二的目的地無關。

那些日子，網際網路對旅行者用處不大。那是在 TripAdvisor 旅遊評論網站之前、Travelocity 和 Expedia 等線上旅遊服務之前、部落格之前、Google 之前的時代（如果你能想像這種事的話）。我不曾張貼我的計畫在任何線上論壇，從未看過一張胡志明市地圖，也不知道自己將住在哪裡，更不確定父親的朋友的熟人黎氏清會不會來機場接我，或者黎女士在信上（用真正的國際航空信）告訴我的教書工作會不會實現。

相反地，我用書來補充我先前已有的越南知識——完全來自電影和電視。我讀的不是嚴肅的戰爭史，如史坦利．卡諾（Stanley Karnow）或菲力浦．卡普托（Philip Caputo）等人的著作，那些書還可能給我一些關於越南的觀點；我讀的是當代越南小說的翻譯本：楊秋香（Duong Thu Huong）的《無名小說》（*Novel Without a Name*），以及保寧（Bao Ninh）的《戰爭之悲》（*The Sorrow of War*）。兩本小說都很有意思，但它們的焦點在戰爭時代，對我毫無幫助。我是說，我知道越戰，或至少通俗文化版本的越戰，我也知道它影響我父母那一代多深。但所有這些戰爭故事遺漏了一件事，那就是越南本身。這是一個什麼樣的國家？越南人過什麼樣的生活？他們如何思考和行動？還有，在戰爭結束超過二十年的今天，這地方變成什麼樣子？

我決定尋找答案，不是靠閱讀紀實文學（當時此類書籍尚未出版）或旅遊指南（我不記得我曾去找過），而是一頭鑽進更早期的越南文學。我在從華盛頓經巴黎去胡志明市的飛機上讀了一本書，是一九二〇年代法屬印度支那的報導文學，作者是一名越南記者，偽裝成三輪車伕，穿梭在西貢大街小巷祕密訪查。我記得那本書叫做《我是三輪車伕》（*I Am a Cyclo Driver*）。雖然它不能告訴我多少關於當代越南的事，卻給了我基礎去討論法國殖民政府統治下的勞工議題和種族歧視。

不過，我確實擁有一本旅遊指南——雖然，很遺憾的，不是寂寞星球（Lonely Planet）出版的，我後來才知道該出版社獨霸東南亞旅遊指南世界。那本書應該是我母親送我的生日禮物，是一本次要的旅遊指南，有很多泛泛歷史和文化資料，但缺乏實務細節，比如如何取得長期觀光或商務簽證、開銀行戶頭、找工作、學語言等，所有與存活有關的事務。當飛機接近終點時，我突然意識到那些才是我的當務之急，於是前前後後翻遍全書，焦慮感不斷上升，直到最後我看到了版權頁。

我注意到，這本書出版於斯洛維尼亞共和國。似乎不是好兆頭。還是謝啦！老媽。

我想變成白紙，翱翔太虛幻境

十四年後，我還是老樣子，但一切都改變了。經過幾十趟海外旅行，去過五大洲、六十個國家，寫過數百篇報紙和雜誌報導後，我再度一無所知的出發去探險——可能比我飛往越南時還無知。因為這一回，當我在布魯克林地鐵站等候去甘迺迪機場的A線地鐵時，我甚至不知道我的目的地。在二〇一〇年六月的這個星期六，我唯一知道的是一張法國航空公司機票已經替我買好，我必須在這一天，大約這個時間，去甘迺迪機場報到。

其餘一概不知是整個重點所在。這趟摸瞎之旅是《遠方》雜誌贊助的，這個總部在加州、彼時仍新的旅遊雜誌，找我寫一篇「旋轉地球」的報導，由編輯隨便挑一個目的地（據稱靠旋轉他們辦公室的地球儀），幫作者買一張機票，但不透露地點。當然，若干細節必須預做安排，諸如我何時有空、我是否需要簽證或打預防針、天氣狀況等，但事實仍然是：我將飛上蔚藍天空，前途茫茫未卜。我的興奮之情猶如以往。

不過，如果我要線索的話，有一個就在我腳旁。潮濕的月臺上躺著我在一九九〇年代末買的黑色皮製周末旅行袋，裡面有適合溫暖氣候、夠穿四天的衣服，衣服上面擺了一個牛皮紙包的小包裹。包裹是我太太劉珍放的，《遠方》雜誌的編輯曾提供她關鍵資料，譬如我的出發時間和目的地。「那是你去哪裡的線索。」她說。

我想要那個線索想得要命，但我同樣迫切想等待。這個謎維持越久，我越珍惜。因為這年頭有誰真正被送進太虛幻境？而我即將出發探險，這場探險的吸引力幾乎就在於我對探什麼險一無所知。此刻，我在骯髒的布魯克林地鐵站，但幾小時內我可能在巴黎，或塞內加爾首都達卡，或塔吉克首都杜尚別。在這個區，這個城，這個國家，誰能夠以同樣的（不）確定性說這句話？

不知道是關鍵。當然，全球各地有千千萬萬人即將在瘋狂的地方做瘋狂的事情，但有多少人完全不做任何計畫？有哪個勇士願意放棄一切掌控，盲目進入陌生國度？

我認為，必須特別勇敢才能如此。成千上萬美國人待在家裡，拒絕旅行，恰恰因為缺乏知識——因為他們沒有時間充分計畫旅行，因為他們不知道他們的選擇，因為他們害怕面對一旦離開家的範圍幾乎等於**某事將會發生**，可能動搖他們對世界及他們自己在世界位置的基本認知。至於我，我想被撼動，我想變成一張白紙，讓世界在上面潑墨。

但我也極度渴望知道我將去哪裡。當然，答案很快就會揭曉——比如當我在機場法航櫃臺報到時。我擔心，屆時我的夢會破滅。光是知道搭法航就夠危險的了。這表示，我極可能前往加勒比海、加拿大、北非或法國本身。也許我已經認識目的地的某人，或那是一個我曾經大量閱讀過的國家或城市——甚至可能報導過，雖然從未去過。經過幾十年的旅行和多年的新聞工作經驗，這樣的地方很多。即使那是一個全新和陌生的地方，僅僅知道地點就可能會令我失望。**摩爾多瓦，當真**?在那架飛往某地的飛機上，我將只是另一個知道自己該在何地下機，到了那裡可能做什麼的乘客。

A線地鐵終於來了，我上車。我的旅途開始了。我已經忍耐夠久了。我大可打開包裹，揭露我的線索。於是我解開繩子，剝開牛皮紙。

裡面是一本精裝版的《福多的突尼西亞旅遊指南》（*Fodor’s Tunisia*）——出版於一九七三年，在我出生之前。大概十年前，珍和我在一家舊書店找到這本書，我至今未讀，但幻想有一天能用它來探索該國。那一天顯然就是今天。

當我開始翻書時，感覺矛盾情緒在心中擴大。首先，我感到溫暖。記得大約三歲左右，我看了《星際大戰》（*Star Wars*），片頭的沙漠星球場景就是在突尼西亞的泰塔溫鎮（Tataouine）附近拍攝的，自此我就一直幻想某日可以親臨，現在終於有機會到訪，不禁感到欣喜。太感激了，能擁有這本旅遊書真是好運，彷彿我十年前就祕密計畫了這趟旅行似的。也謝謝珍把書收進我的旅行袋，真貼心。**我娶對老婆了**，我想。

同時，我可以感覺到我的旅遊作家本能——經由替《紐約時報》及其他刊物做的無數次職業旅行磨練而成——啟動了。我知道，在甘迺迪機場，一通過安檢，我就會立刻上網，瀏覽「沙發衝浪」（CouchSurfing.org）及理論上只為會員服務的「小世界」（A Small World）社交網絡，尋找門路。我會上臉書和推特，讓我的朋友和讀者知道我將去哪裡，也許他們會給我建議。我的老同事瑪莉法蘭絲小時候不是住在突尼西亞首都突尼斯（Tunis）嗎？她會直接收到我的電子郵件。珍本人不是也去過一次突尼斯，並和當地一個男人眉來眼去，後來還收到他的明信片嗎？她是否仍保留那些明信片？我能否追查到那個曾經追過她的男人？嘿嘿，事後我可有故事說了！

以上策略只是用來填補我**不是**已經知道的事情。我已經知道的是，突尼西亞是一個相對較小、比較世俗的阿拉伯回教國家，它的濱海城鎮是歐洲人喜愛的度假勝地，它的政府穩定，因為它的萬年總統班阿里（Zine El Abidine Ben Ali）採用警察國家的治國手段（例如把部落客關進牢裡）。那裡的人法語說得比我好，遑論阿拉伯話。我可以去市場找富含香料的哈里薩（harissa）辣椒醬；我可以看看突尼西亞的羊肉香腸（merguez）是否比得上摩洛哥和阿爾及利亞的羊肉香腸，後者我在其他地方吃過；我絕對要嘗嘗布里克（brik），一種包了鮪魚片、香料和蛋餡的油炸酥餃。哦，還有柳橙汁——很多很多的現搾柳橙汁。

此時，A線地鐵也許才到去機場的半途，我已經在腦海中規畫好未來的幾天。老實說，我並不想這麼做。我希望盡可能維持久一些無知便是福的感覺，但盡可能久根本不久。現在我又有這本旅遊指南，它無疑會向我吐露更多突尼西亞的祕密，如年代久遠的家庭客棧，至今仍在海邊懸崖洞穴紡紗織布和雕刻木頭的第十代工匠。現在還有必要去嗎？

但是當我更深入讀這本書時，我領悟到另一件事：福多旅遊指南毫無用處。部分篇幅討論突尼西亞歷史，包括近代和古代，這些我多少知道，其餘篇幅討論「文化」，從迦太基藝術（「很少遺留」）到當代地毯製造業。現在的旅遊指南必然包括去哪裡吃飯和睡覺及如何消磨時間的豐富資料；相較之下，《福多的突尼西亞旅遊指南》十分粗略。在中等價位旅館列表中，只出現四家旅館，而且只有地址，沒有任何鑑定細節或說明。餐廳則偏重走觀光路線的地方（「很多令人垂涎的特色菜……東方舞孃也誘人」）。但有一節卻詳細到走火入魔的地步──花了整整兩頁描述巴杜博物館（Bardo Museum）內每一個值得看的殯葬石碑和羅馬石棺，巴杜是突尼西亞收藏古物的國家博物館。但不知怎地，這一切非常詳盡的資料卻讓人感覺瑣碎和多餘；誰在博物館**裡面**需要一本旅遊指南？

此事有點令人失望。我曾希望用這本書追查到突尼西亞一些更古老的行業，或發現被遺忘的景點，但在洋洋灑灑的兩百六十一頁中，並未真正觸及這類事情。相反地，它是一本虛有其表的指南，不是寫給大無畏的流浪者（如我想像的我自己）看的，而是寫給那些在旅行社百煉成鋼的行程安排下，蜻蜓點水般掠過西北非的一九七〇年代遊客。

這表示我在抵達前的知識起碼還有一些漏洞──感謝老天。因為許久以來，這種洞已變得越來越難覓得，或創造。身為二〇〇六至二〇一〇年《紐約時報》「省錢旅遊達人」專欄作家，我必須變成一個擅長研究旅行每一面向的專家。我變成Google高手，按幾下滑鼠，就能挖出波多黎各剛開張的精品旅館和新墨西哥州偏遠角落鮮為人知的民宿。透過臉書、沙發衝浪和小世界，我聯絡到從羅馬尼亞首都布加勒斯特到印度青奈的陌生人，確保我會有友善的當地嚮導帶我去認識奇特的、新的文化。我搜遍美食部落格，以及Chowhound.com和eGullet.org網站，以便知道在首爾和布達佩斯吃什麼。我開銀行帳戶和辦信用卡，以盡量擴大常客累積里程數及盡量減少手續費。我搞懂如何將高解析度的Google地圖存在我的iPhone上，以便在國外查地圖不必付國際漫遊費。

「計畫」或「不計畫」，都是難題

在「省錢旅遊達人」專欄的一篇文章裡，我寫了我能拿到最便宜機票的辦法。我認為那是一個高度合理的系統，包含十來個步驟——也或許二十個，涵蓋航空公司網站、第三方線上旅行社、票價預測系統及座位建議系統（哪一個較優，SeatGuru.com或SeatExpert.com？）整個範圍，我甚至還沒談到國際航班批發業（consolidator）呢！

果然不出所料，這篇專欄獲得很多回應：兩百一十七人投書，大多是謝謝我的建議，有些則提供他們自己的妙計，但也有不少批評指教。其中一位將我的方法比作「牧貓」[2]；另一位說她看了頭暈。某位來自德州休士頓市，署名「老弟」的人寫道，「說來聽聽，這一切努力花了你多少小時？省了你多少錢？你的時間究竟對你值多少？」

碰巧，這正是我已經開始問我自己的問題，只是問法稍稍不同：這一切準備工夫究竟有何意義？這不表示我對我的旅行方法完全不滿意。我從不覺得我**過度**研究一趟旅行，直到我只是按照擬定的計畫穿越巴黎或布拉迪斯瓦拉。然而，旅行總有隨機、即興和意外發現的時刻。有回在法國蔚藍海岸，一個小餐館老闆提議，如果我能將拍攝好的他的餐館影片傳給他，就請我免費吃一餐。有天下午，我拖著起泡的腳、抬不起來的腿走進一個斯洛伐克村莊，遇到一家人，邀我去他們家吃剛出爐的烘焙點心，喝自家釀造的紅酒，並提供我一個避雨和躲吉普賽人的過夜處。還有另一回，在加拿大英屬哥倫比亞省的海灣群島，我走在滿布岩石的海灘上，不知何故引起四個裝扮時髦、二十出頭的本地人注意；幾分鐘內，我們全都剝光衣服，在冰冷的浪花中裸泳。雖然事後他們告訴我這裡是「天體海灘」，我在網路上卻找不到任何關於它的資料。你不妨試試Google「天體海灘」，看看你會找到什麼。

這些插曲使我懷疑我是否需要事前做研究，它們發生得如此自然和美麗，奪去旅行尋常部分的光彩：入住旅館，搭巴士或火車從一點到另一點，盡責地參觀咸認為具有歷史或文化重要性的景點。更洩氣的是，當我坐下來寫我的文章時，我會發現一旦寫完尋常事物（刊物

註2：大部分的貓都喜歡自由，如果想要馴服貓可得花費相當大的工夫，卻不見得有成效，用以比喻事情的難度極高。

通常要求這些東西，因為它們從事告訴讀者如何旅行的行業），就沒有多少空間能寫令我感覺不虛此行的意外收穫。但如果你想當職業旅遊作家，就不可能完全停止研究你的目的地，或放棄建議讀者如何旅行。這一行不是這樣運作的。你不能打電話給某編輯說，你想去摩洛哥或愛爾蘭兩星期，叫他開一張大額支票給你。通常你也不會花自己的錢去這些地方，指望事後能把探險變成一篇賣得掉的故事。那是破產之道。

不，如果你想去，比如說東京，首先你得想出一個角度：某個活動子集或特定的主題取向。例如，拉麵。拉麵在美國大大流行，包括大學生吃的便宜泡麵和高檔紐約餐廳的現做拉麵；而在日本，拉麵更是一個盛開的文化現象。日本有拉麵雜誌、拉麵電視節目、拉麵部落格、拉麵博物館，光是東京一地就有五千家拉麵店。因此，由試圖瞭解拉麵店和拉麵迷，去觀察和認識東京——透過鏡頭下的麵條看東京，這就叫做角度。

然後，你得計算報導這個故事需要花多少錢（或其實，你要計算如何盡可能便宜地報導它，因為雜誌和報紙的預算總是拮据），以及你何時能做此事，而編輯必須權衡這個故事是否與其他預計要登的故事抵觸。最後，編輯同意了，你簽下合約，上面註明你能花多少錢和你將獲得多小的報酬——然後你出發去東京！

我在二〇〇九年十二月撈到一個去東京的機會，而取得那次機會的途徑大致如上所述。在搜遍網路貼文和圍捕東京的拉麵部落客之後，我花了一星期每天吃四碗拉麵：豬骨拉麵、

味噌拉麵、起士拉麵。那是一趟美味透頂的旅行。若非密集準備，我不可能做到，不論現場採訪或實際寫作。

但見鬼的密集準備！也許我只是老了，但我似乎記得從前……在我成為旅遊作家很久以前，我不但沒有準備，而且不可能準備。我沒有工具去預先計畫，因為那些工具尚未發明。但那些探險對我來說似乎更真實、更包羅萬象、更改變人生、更客觀地重要。我懷舊地回顧它們，知道它們使我成為今天的旅行者，儘管它們似乎發生在一個截然不同的人身上。簡言之，我發現自己面對了所有旅行者面對的問題，但在一個更深沈、更存在主義的層次：我如何從我的起點來到這裡？我又如何再回到那裡？

八歲男孩轉大人——我的海外闖蕩初體驗

我最早的旅行記憶很簡單：大約四歲大，或者五、六歲，坐在家庭旅行車後座，望著窗外。外面在下雨，而且雨相當大。大到雨滴可以違反地心吸引力，向上竄流，滾過車窗；速度慢到我能以目光跟隨它們的進度，順著它們搖擺不定的尾巴，直到它們碰到垂直橡膠條止住。然後我拉回目光，去尋找一滴新的水珠。

那天我們葛羅斯們要去哪裡？在我記憶中，永遠是去我爺爺奶奶家，在康乃迪克州橋港市（Bridgeport），離我們在麻薩諸塞州安姆赫斯特市（Amherst）的家約兩小時車程。兩小時對一個小娃兒來說是長時間，旅行的抽象性使它感覺更久。什麼是安姆赫斯特和橋港？它們在地理上如何連接？事實是，我不知道，而且無知到甚至不曉得問問題。我記得一些必要的步驟。我們會走柯立芝橋跨過康乃迪克河。在某一點，我們會開上某條叫做瑪莉特公園道的公路。最後，我們會轉入迪克森街，這條街的盎格魯薩克遜新教徒名字似乎如此正派和莊重，以致叫葛羅斯[3]的人住在那裡幾乎是笑話。

僅此而已：道路、雨水，滴進我意識的不重要細節，我們從一個地方開始，在另一個地方結束的感覺，還有，如果我夠有耐心的話，我會得到來自奶奶的擁抱和禮物的獎勵。除此之外，我什麼都不知道——也不期待。這就是旅行。你從一個地方出發，抵達另一個，花大部分時間介於兩點之間，處於半無聊狀態，隨時可能轉變成對即將來臨的快樂坐立不安、不切實際的預期。以上是我對旅行最早的認知，而且有很長時間維持不變。我父親，一位專攻獨立戰爭時期麻州協和鎮（Concord）歷史的學者，在我快滿八歲時第一次帶我出國，去丹麥和英國，我沒有地圖或旅遊指南幫我預做準備，只有大西洋彼岸某處有樂高積木天堂和我沒看過的《神祕博士》（*Dr. Who*）影集等待著我的感覺。也許那是我唯一需要的，因為沒有一本書能預測發生在那次探險的任何重要事情。

那是一次重要的旅行，也許是我一生中最重要的一次。一九八二年夏季某日下午，抵達哥本哈根的麥特．葛羅斯是一個奇怪的、近乎野生的動物：一頭亂糟糟的鬈髮，既不服貼也沒碰過刷子或梳子；粗布牛仔褲膝蓋處有草跡；大大的藍眼睛一眨也不眨，像外星人。而且，在他身邊，永遠有一條鉤針編織的黃色化纖毛毯，因多年寵愛而變軟，提供他安全感，尤其搭配含在嘴裡的大拇指。活脫脫《花生》漫畫（*Peanuts*）裡的萊納斯和乒乓的綜合體。

這個麥特進旅館房間後做的第一件事是看窗外，他發現了一家書店的鮮紅霓虹招牌。**書！**太棒了。他原本不知道該從哪裡開始探險，或他和父親去比隆（管它是什麼地方）的樂高樂園之前的幾天要做什麼，但現在這裡有一間書店。他能閱讀，而且讀得相當好：《百事

註3：Gross在英文裡有粗俗、下流之意。

通布朗》（*Encyclopedia Brown*）、《神祕博士》劇本改編的小說、托爾金（John Ronald Reuel Tolkien）的作品。對一個編輯和一個歷史教授的孩子來說不奇怪。因此當他看到書店時，他雀躍地指給父親看。不料，發生了一個問題。一個棘手的問題。爹地不確定該如何解釋，或不如說……他知道如何解釋，但不確定麥特聽得懂。所以他直接說了。

「麥特，那是**成人**書店。」

麥特懂嗎？他懂，不知何故。它與性有關，不管那是什麼，與一個他意識到存在但超出當時理解範圍的世界有關。其實，此時仍超出他的理解範圍，但在這裡，他在丹麥的第一天，那個世界離他更近了。他可以看到它，他可以被告知它在那裡，雖然不准他進去，這一步，這個知識已足夠。他已進步了一點點。我想像，他笑了，父親跟著他一起笑。滑稽的是，即使他不真正瞭解，他也能瞭解。再說，反正他帶了其他書來讀。

從那時起，開竅和意義重大的時刻開始湧現，似乎以一天一個的速度。在提佛利花園（Tivoli Gardens）——位於哥本哈根市中心的一座富麗堂皇的遊樂園，麥特嘗試吃一個從速食攤買來的漢堡，但抗拒它，嫌它噁心，不能吃。父親不相信，哄騙啼哭的男孩吃完它，直到最後他自己咬一口那個臭烘烘、灰乎乎的東西。漢堡進了垃圾桶，他們改吃炸薯條。就他記憶所及，那是麥特生平第一次在大人的領域：品味，證明他是正確的。然後，他很快又學到更多東西。在樂高樂園，他第一次吃義大利肉醬麵，一吃就喜歡，喜歡到這道菜變成他判斷餐廳的主要標準，當缺乏誘人的替代品時，他可以依賴的食物。他在進步。

雖然有時感覺不像進步。在丹麥待了幾天後，麥特和他父親啟程，搭火車和渡輪前往英國。那是一段令人難以置信的旅程，麥特目瞪口呆地發現，火車真真正正地**開上渡輪**，而且任憑海水搖晃，並伴著隨之而來的暈船，但他仍能在渡輪交誼廳玩「蜈蚣」電玩，技術好到贏了一局免費遊戲，這是另一個突破。然而，抵達英國後，麥特驚恐地發現：他的毯子消失了！他是不是把它留在哥本哈根？樂高樂園？火車上？唯一確定的是毯子不見了。但麥特沒哭，不像在提佛利花園為漢堡而哭。眼淚再也沒用，再說，他快八歲了。

之後多年，我常納悶我的毯子何以失蹤。在我的成長故事脈絡中，我幼兒時期最明顯的象徵就是這條毯子，它的邊緣磨損，超級柔軟，有著早餐麥片 Cheerio 大小的圓圈圈圖案，甚至在三十年後的今天，我還能想像它摩擦我蓄鬍臉頰的感覺。然而，就那麼恰巧失蹤了，感覺幾乎太完美了。我始終懷疑，一定是我父親從我們的行李中拿走，但每回質問他，他都喊冤。我猜我只能相信他。

沒有任何工具能預測你的旅程

重點是，當你旅行時，你永遠不可能真正知道會發生什麼。或至少我從來不知道，當我騎上我的重型藍色 BMX 自行車出發去漫遊安姆赫斯特的山丘時，我不知道會發生什麼；當我父親接受威廉瑪麗學院的新教職（部分原因是由於我的請求），將全家搬到維吉尼亞州威廉斯堡（Williamsburg），在那裡的中學，我是全校唯一的猶太人，而且還是個北佬和滑板手，在滑板運動一點也不酷的年代，我不知道會發生什麼；當我選擇去約翰霍普金斯大學念數學，是因為參觀了一天校園，對那裡的學生從一個院區走到另一個的專注態度大為佩服，忘記自己天性懶散隨興而非努力用功之徒，我也不知道去那裡念書會發生什麼。在我早年人生的大部分時間裡，我要麼懵懂無知，要麼孤陋寡聞。

而且我不在乎。風險是推動我的力量，雖然有很長一段時間我看不出兩者的關聯性。失敗——迷路、受傷、被排擠——的可能性，使最後的成功更加甜美，雖然同樣的，這是一個無意識的心理作用。我不希望任何人以為我是天不怕地不怕的傢伙，不怕死或丟臉，不管三七二十一做了再說。不，恰恰相反——我根本不知道另一邊有什麼東西在等著我，僅僅在我發現潛伏的危險時，才意識到自己多幸運逃過一劫。但那個發現往往來得太遲，甚至有時從未出現。

這是我抵達越南的狀態：二十二歲，愣頭愣腦，好運。從空中俯視，我立刻發現，越南似乎與我去過的任何地方不同。不是因為稻田或農村，我在電影和電視上看過這些越南的影像，而是樹。當法航飛機滑行下降新山機場時，那些樹看起來緊密又多瘤，樹瘤就像青花椰菜的花苔，樹葉比我在其他地方見過的更矮、更茂密。我不知道為什麼這個景象給我如此強烈的印象。我過去從不特別關心樹，但北美洲的楓樹、樺樹和松樹已深深植入我的意識，以致看到其他種類的林木植被不但立刻感到新奇，而且形成難以磨滅的外地印象。

我的斯洛維尼亞出版的旅遊指南沒說：這裡的**樹**會看起來不同。它也沒說其他任何事，從停機坪上迎接飛機的巴士全身漆滿百事可樂商標，到機場大廳四處電視螢幕上播放的MTV，統統沒說。後者至少比較容易融入我的意識，因為這個共產主義國家正向西方資本主義跨出第一步，**當然**會立刻抓住通俗文化和速食。我可以袖手旁觀，然後安全地思索其中的反諷。那個姿態我懂。

但我不能用同樣的姿態看待樹，還有一旦離開機場的越南現實。身材嬌小的黎氏清帶著她的學生阿福在機場門口等我，她是文學教授，在類似社區大學的胡志明市公開大學教書，我們三人匆匆擠進一輛計程車，開始三十分鐘的進城路程。除了雨季的熱度和濕度外，我感覺到幾乎透不過氣來的密閉。街道狹窄，塞滿摩托車和腳踏車，在汽車、行人和彼此之間橫衝直撞，左閃右躲。翻滾扭動的交通大海，被兩旁數不盡的水泥商店和住宅困在中間。所有房子都是四米寬，樓下做生意（「產品消費店」是其中一家的英文店名），樓上住家。亂七八糟糾結的電線吊在電線桿之間。我聞到一股味道，最後斷定是過熟的水果和車輛排氣，正透過計程車窗滲進來。招牌和看板上的越南文字也許是使用改良的拉丁字母，但我一個字也不認識，只能勉強對一些應該讓我咯咯笑個不停的詞（譬如，「Mỹ Dung」[4]）輕笑一聲。這個城市又吵（所有摩托車都不斷按喇叭）又髒，我雖被眼前景象嚇壞了，也能感受到一股不熟悉的活力在街上奔騰跳動，如此猛烈和雄心勃勃，使我既振奮又害怕，以致一路上黎女士、阿福和我幾乎沒有說話。

然後我們到了。露西飯店，從范五老街（Pham Ngu Lao）轉個彎即到，在背包客聚集區邊緣，外表和它的鄰居差不多：狹窄，七層樓高，霸占人行道為車道。黎女士解釋，它是俗稱的迷你旅館，接待觀光客和長期訪客的住宅樓，這一帶充滿這類旅館。但即使從外面看，露西也透出了隱約的精緻。水泥外牆看起來剛漆過，白色的活動柵欄隔開飯店入口與鋪了陶磚的停車區。一扇門為我打開。我走進去。

裡面涼爽寬敞。磁磚地板。挑高天花板。某處噴泉水聲淙淙。一位婀娜少女在練鋼琴，音符輕柔地在牆面之間回音繚繞。我在一張躺椅坐下，鑄鐵的框架上擺著乾淨柔軟的白亞麻布靠枕，一位纖瘦、和藹的中年婦人遞給我一杯水，她說了一口極好的法語。也許我被長途旅行累昏了，有點難以置信這就是我在新越南的落腳處——一個安寧又有秩序的綠洲。我後來就會知道這多半是我的幻覺，但此刻有此幻覺已足矣。

我的房間在頂樓，十三乘十三呎的正方形，有一張加大雙人床，一張寫字檯，一臺電扇，一間寬敞的浴室（唉呀！沒熱水，但外面氣溫高達攝氏三十二度），一個大衣櫥，一扇可以俯瞰蔓生西貢（人人似乎仍沿用這個舊名）的窗子，一個由土黃色建築和電視天線組成的雜亂視野，如果仔細看，可以辨出一棟法國殖民建築徐娘半老、風韻猶存的曲線，或一座佛教寺廟新刷的明亮油漆。房間談不上別緻，但它的設計師有審美眼光：所有東西非黑即白——沒有俗豔色彩、刺眼布料或塑膠擺飾。更棒的是，我有女傭服務，由阿翠和阿媛提供，兩個臉蛋甜到不行、害羞傻笑的鄉下女孩，每天從地板撈起我的汗臭衣服拿去洗。

房租一個月三百美金。

我坐在我的新家，觀察厚厚雲層窘迫地壓在城市低空，我……我做了什麼？這是那些被歲月抹去的記憶，怎麼想都想不起的事情之一。我是否意識到我誤入一個超出我能力範圍的險境？或我認為我會逢凶化吉？我相當有信心地說，我並不害怕或沮喪——至少當時還沒有，那些情緒會留下太深的疤痕，不容易消褪。

所以我一定什麼都沒想。我處於那個古怪的時差狀態，既精疲力盡又完全警覺，而且我有若干事要處理，例如問黎女士我何時開始在公開大學教書，安排去某處學越南話，認識周遭環境，還有，最立即的，找東西吃。我走下七層樓梯，來到街上。

范五老街凌亂不堪。街的一邊在一九六〇和七〇年代是該城的火車站，現在是一大片貧

註4：英文讀音是「我的糞便」。

民窟，臨時搭建的鐵皮屋，販賣盜版越南流行歌曲CD和看起來髒兮兮的湯麵。另一邊是正規建築，大部分是迷你旅館及其他四米寬的水泥房子，情況較佳，但好不了多少，主要因為所謂的人行道一半是瓦礫，沒有瓦礫的另一半擠滿小貨車、本田機車、路邊攤，以及矮小、喘氣、短毛、乳頭凸起的狗。當我小心翼翼走下街廓，一群三輪車開始在馬路上跟隨我——三輪車！我剛剛才在古老的報導文學中讀到的交通工具。

「三輪車，你！」精瘦的車伕喊。「三輪車！三輪車你！」

「我走路。」我堅定地說，對我自己，也對他們。他們不放棄。

那個傍晚，我吃了一碗不大辣的鮮蝦椰奶咖哩，一道我知道不大像越南的料理，在一個我知道不大像越南的餐館，但話說回來，我實在不知道去哪裡吃飯。我沒有地圖，也已放棄我的旅遊指南，尚未意識到寂寞星球的存在，或它的「花小錢遊東南亞」指南的盜版，正在我周遭四處販賣。飯後，我沿著范五老街再走遠一點，直到我發現西貢小館（Saigon Café），一個髒破的街角酒吧，它的折疊桌上擺滿高啤酒瓶，它的椅子被白人外籍居民占據，個個被高溫和酒精醺得神智不清。我坐下來，點了一瓶啤酒。我到西貢了，終於。

人類因盲目而膽大

我無法在當時和現在之間畫一道完美的弧形。我只知道，接下來一年，我的無知一方面阻礙我，同時又保護我，允許我犯錯，但直到事過境遷很久，太遲感到尖銳的痛苦和恥辱，才知道錯誤。但在那一年期間，無知逐漸褪去，待我回美國時，我已是一個更精明的旅行者，對盲目冒險的概念習以為常。

但真的嗎？我不是一向習於盲目冒險嗎？中學時代，我和我的滑板手朋友開車跑遍維吉尼亞州，尋找新地點練習我們的嗜好。下午和周末，我們不帶地圖，從蘇瑞郡流浪到華盛頓特區，追隨哪有乾排水溝或後院半管式滑道的謠言，吃塔可鐘速食店，睡沙發。我記得我從無一次感到任何猶豫，從未意識到事情可能出差錯，造成可怕和永久的傷害。幸運的是，我的確沒出過事，除了一張超速罰單，以及當我回家太晚、錯過晚餐，豐田車油箱又幾乎空了，父母臉上失望的表情。也許我應該出點事，給我的青少年腦袋上一堂「天有不測風雲，人有旦夕福禍」的課。相反地，我運氣好，而且一直有好運。

決定去越南與決定瞞著父母偷偷溜去華盛頓有點不同。前一刻我還在疑惑我到底該不該去，下一刻我知道，僅僅疑惑此事，我已做了選擇。從那一刻起，我不記得我曾對任何目的地感到猶豫，不論二十幾歲時的偶爾旅行，或三十幾歲時的職業旅行。在政治不穩定之際去柬埔寨？行，那裡有電影節要報導。去墨西哥恰帕斯州左翼革命軍盤據的村莊？沒問題，我可以偽裝身分混進去。從維也納徒步走到布達佩斯，騎馬遠征吉爾吉斯坦（Kyrgyzstan）的山脈，沒有地圖開車橫越陰鬱的愛爾蘭——有何不可？

當然，這些旅行沒有一個特別危險。我沒有去過戰區，僅僅一陣風似地穿過蠻荒之地。但我仍認為這種冒險可能令許多旅行者躊躇：**這真的是缺乏特殊知識或訓練的我能做的事嗎？**我不想把自己形容得太特別，但這個問題毫無意義。因為我已經知道答案，答案是：「去了就知道了嘛，儘管我不會說吉爾吉斯話，而且自從十四歲那年在夏令營騎過一次馬，再也沒騎過。」

也許這是想像力失靈。如果無聊（對規律生活）驅使我做廣泛和奇特的旅行，那麼無聊，我假定，也會支配我的流浪。倒不是我的探險本身會無聊，而是不管接下來會發生什麼戲劇性事件，都會是溫和的：我不會死，或搞到身敗名裂，任何我遭遇的困難都會是心理上和感情上的，這類困難我認為（我希望）我能應付。

天真與天兵僅一線之隔

有時候，這個假定錯到非常接近災難的地步。

二〇〇六年七月某日，我騎馬進入吉爾吉斯坦天山山脈的山麓，陪同我的是巴庫，伊塞克湖（Lake Issyk-Kul）南邊圓頂帳篷營區的中年業主，我前一晚住在那裡。那天早上碰到一個小麻煩——巴庫在他所謂的「惡地」迷了路，遲到兩小時才帶著馬出現，但我依然樂觀。馬個頭小，似乎容易控制。

「向左拉，左轉。」巴庫示範給我看。「向右拉，右轉。向拉後，停止。前進，說『咻！』」

「咻！」我說，馬踏步前進。這個我應付得了。

我們騎馬小跑，所經之地荒涼乾旱，只有矮草叢和偶爾從沙地冒出的薰衣草。白雪覆頂的巨大山脈在我們緩緩攀登的山脊之外，若隱若現。天空蔚藍，萬里無雲。我覺得我可以永遠騎下去。

然而，大約騎了一小時，我才想起我把我的帽子、我的太陽眼鏡和我的水壺留在帳篷，雖然巴庫保證我們會在山裡找到天然泉水，但我們正騎過一個乾旱沙岩峽谷的事實卻暗示著沒有水源。但我閉嘴，決定信任巴庫。這個鑲金牙的半游牧人怎麼可能帶錯路？

他很快證明他認識路：我們來到一個寬闊的綠色高原，遍地的高草可讓我們的馬兒吃個飽。馬吃草的時候，巴庫和我在灌木叢下乘涼休息，他問我做什麼工作，我不大確定要如何回答。這趟旅行是省錢旅遊達人環遊世界三個月行程的一部分，我已習慣躲閃關於我雇主的問題。告訴餐旅業的人你替《紐約時報》工作，他們的態度會立刻轉變。他們會變得更友善、更殷勤，絕對會讓你獲得你需要的一切，不管是什麼，往往還不讓你付錢。但我想當一名普通旅行者，因此我保密。

但在吉爾吉斯坦的山脈中，隱藏這些祕密似乎很愚蠢。前幾天在首都比什凱克（Bishkek），我遇到一個受過教育的吉爾吉斯青年，他甚至沒聽過紐時。金牙巴庫肯定不會更見多識廣。

「新聞記者（journalist），」我學著法語、俄語般的腔調，將j發成zh的音。

「哦？」巴庫說，露出金光閃閃的微笑。「《紐約時報》？」

「哈哈哈！我作夢！」

話題到此為止。我們再度爬上馬背，跑了更多地方，感受蒼茫浩瀚的景色，一路延伸到湖對岸更多山脈。陽光在遠方清真寺的鋼製圓頂閃爍。空間感覺無邊無際——與越南相反，那裡只有稠密和潮濕。

隨著時間過去，我越來越渴，我們仍未找到任何水。更糟的是，我們已離開有草的區域，進入步履維艱的紅色峭壁地帶，酷似舊西部片的場景。巴庫決定，我們應該從這裡下山，當狹窄不通的路因沙而變得滑溜時，我們下馬，牽著馬兒往下走。但即使如此，馬還是站定不動，我們發現自己置身險境，一邊是垂直墜落的深谷，一邊是無法攀登的高山，而馬拒絕找路下山。

「咻！」巴庫吆喝，猛拉第一匹馬的轡繩。「咻！」他吆喝，用全身重量往後仰，身子懸在懸崖邊緣。「咻！」他吆喝，然後停下來，咯咯笑，轉頭對我會意地說，「沒轍了。」

在此同時，我坐在山上，兩手抱頭，試圖想像如何讓這個局面以喜劇收場。很難。如你可能料到的，我快急瘋了。但除了看巴庫在斷崖上搖搖晃晃，我什麼都做不了，於是我的想像力發作。在午後豔陽照射下，我看到馬兒滑跤，帶著巴庫一起翻落懸崖，最後一聲「咻！」隨著他們下墜響徹峽谷。然後呢？幾乎像是這個發展對我比較容易似的，我會拴好我的馬，徒步下山，找到巴庫重傷的身體，然後回帳篷營區求救。正因為我知道我很快就必須替紐時寫這場冒險，而且必須寫得戲劇張力十足，所以即便想像這個情境令人毛骨悚然，但至少讓我有事可做，讓事情有所進展，而非僅僅在這裡枯等，苦思可怕的最終結果。

它的確充滿戲劇性。疲倦，口渴，無力處理眼前情勢，我很擔心。但沒有擔心到魯莽行事，譬如企圖幫巴庫拉馬下山，或自己盛怒而去。相反地，我記得悉達多（Siddhartha，釋迦牟尼本名）的宣言：「我可以思考，我可以等待，我可以禁食。」並如法炮製，就在天山山麓，距離佛陀誕生地北方僅一千哩之處。坦白說，我一向喜歡等待、觀察和思考，也許超過我喜歡動手、行動和講話。等待、觀察和思考使我不但能熬過不計其數的洲際飛行，以及沒完沒了的巴士車程，而且變成喜歡它們、期待它們的原因。那些空檔給予我罕有的自由，免於行動和互動的自由，不像我在家裡和抵達目的地之後必須做的；還有想像未來的自由，陶醉在它美妙的可能性中：誰知道在海關另一邊會發生什麼？在伊斯坦堡的茴香酒吧？在教堂山（Cerro Catedral）的斜坡上？在重慶火鍋周圍？我不知道，但我可以讓我的腦子天馬行空，不受現實束縛。這些幻想——悲劇和英雄性質平分秋色——沒有一個可能實現，但我透過冥想極端情況，使自己準備好面對比較容易應付的現實，譬如被頑固的馬困在離家遙遠又無水的沙岩山上。

旅行讓我進化

如果說，我在越南的盲目冒險與我在吉爾吉斯坦的盲目冒險有所不同，其差別如下：我在兩個例子都不知道我會碰到什麼情況，但我在前者是絕對天真，到了後者已減弱為僅僅無知。實際上，我在剛到越南的前幾個月就思考過兩者的差別。我扛到越南的許多書中，有一本是約翰．巴思（John Barth）的《菸草代理商》（*The Sot-Weed Factor*），描述英國詩人伊本奈瑟．庫克（Ebenezer Cooke）在十七世紀末的探險，以及他在殖民地馬里蘭旅行時如何保護他的天真和童貞（或多或少是同樣東西）。小說一再回到天真和無知的問題，如伊本奈瑟與他過去的家庭教師柏寧甘爵士下面這段對話：

柏寧甘顯得越來越惱怒。「天真和無知究竟有何不同，願聞其詳，除了一個源自拉丁文，另一個源自希臘文？它們本質上相同：天真即無知。」

「如果你的意思是，」伊本奈瑟立刻反駁，「世上天真的人通常無知；沒有人能反對。但關於正義、真理和美，最確定的事情是，它們不活在人間，而是超然存在，是本體的和純粹的。處處有人說，兒童常能立刻察覺真相，他們的長輩卻被世故誤導。這個證據難道不是證明天真有眼能見到經驗所不能？」

伊本奈瑟當然是一個高估自己又不食人間煙火的傻瓜。當我在露西旅館頂樓炎熱的小房間裡讀他的故事時，我同樣是個傻瓜，因為我看不出它如何適用於我。或者，姑且讓我對自己寬厚一點，我也許是程度稍輕的傻瓜，因為巴思對天真與無知的沈思引起我的共鳴。當巴思（透過伊本奈瑟之口）解釋，亞當和夏娃遭到懲罰不是因為違反上帝的戒律，而是因為根本不知道什麼是罪，我覺得很有道理。一個人唯有知道和瞭解罪之後，才能有意識地選擇犯罪或避免犯罪。換句話說，你必須失去你的天真，才能開始接受你的無知。不幸的是，天真，不同於童貞，不是瞬間失去，也從來不會完全消失。

二〇〇七年末有天晚上，在聖馬丁島（St. Martin），帶著一點微醺，我甚至嘗試向一對我在海濱木棧道上遇到的陌生人解釋這個論點，聽到他們心愛的亞當和夏娃被形容為「無知」，他們一點也不覺得有趣，因為這個詞在加勒比海不表示缺乏知識，而是粗魯、憤怒、內化的愚蠢。在說英語的加勒比海國家，你不要輕易地罵人無知，那是一個找架打的詞，當我了解這一點後，我迅速讓步並道歉。一個天真的錯誤，是嗎？

但也許只是改不了的無知，因為我早該學到教訓了——這一切其實以前也發生過，在二〇〇六年秋天，我從吉爾吉斯坦倖存後幾個月。我和我的朋友麥可．帕克出差去約斯特范戴克（Jost Van Dyke），英屬維京群島的一個小島，抵達才幾分鐘，我們已安頓在一個東倒西歪的海濱酒吧，吃過時的午餐，喝啤酒和一、兩杯當地的藍姆酒。如在加勒比海常見的情形，我們很快就捲入了全酒吧的辯論大會，他們稱之為「討論」，從誰更壞，伊拉克總統海珊或烏干達總統阿敏（「阿敏吃小孩。」我宣稱），到一個男人大嚷：「針對所有白人的暴行都是合乎正義的，因為該區制度化歧視黑人的種族歧視歷史……」根據麥可事後轉述。

我不確切記得麥可回答的具體細節，但顯然包括「**無知**」一詞。那位男士的反應可以預料——或原本可以預料，如果麥可或我知道我們在做什麼的話。他很生氣，醉醺醺又充滿戰意，要不是有人介入調停和安撫雙方情緒，形勢可能升高至真正的毆鬥（麥可也有脾氣問題）。怪的是，那個和事佬居然是我。為什麼我不記得這一段——我做了什麼？我說了什麼？為什麼它不像我犯的錯誤一樣栩栩如生？為什麼失敗、痛苦和屈辱的記憶永遠來勢洶洶地糾纏我，而成功（我的成功，當我表現值得讚美的時刻）卻被淡忘？

我只能想像這是某種自我保護機制，一個潛意識作用，在萬一過度自信（甚或僅是自信）可能葬送我的時刻，提醒自己：我是多麼容易犯錯。我或許不像我在此處宣稱的那麼無知，但我絕不允許自己另做他想。我充其量只會承認一種倫斯斐式[5]的進步：我無知地離開我無知的地方，無知地進入我知道的領域。我不知道我在做什麼，或接下來會發生什麼，並承認那些局限帶給我不可思議、意想不到的喜悅。

回到吉爾吉斯坦，馬終於讓步，巴庫和我走下斜坡，來到一個天然泉水灌溉的杏樹園，躺在陰涼的草地上，吃著快熟的水果，消解一天飢渴。

在經巴黎去突尼西亞的飛機上，我呼吸空中巴士A三八〇的乾淨空氣，喝小瓶紅酒，並盡可能伸展我的腿。

在西貢小館，我把啤酒倒進玻璃杯，杯中裝滿迅速融化的可疑冰塊，並猜測明天會發生什麼。

註5：倫斯斐（Donald Rumsfeld）是美國前國防部長，在回答美國在伊拉克找不到大規模毀滅性武器的證據時，發表以下名言：「有些事情我們知道我們知道。有些事情我們現在知道我們不知道。但也有些事情我們不知道我們不知道。」

2

辣椒萊姆烤蚱蜢、炸蜘蛛、咖哩羊腦

舌尖上的世界，你敢不敢？

路邊攤能不能吃？自來水敢不敢喝？
旅途上生病很煩，卻使我成為意志堅定的旅行者。

梨形鞭毛蟲（Giardia Lamblia），我命中剋星，我腹中之火。我的細菌，我的笑話。唉——行——變——冒——衝：我踮腳三步併一步去廁所，去蹲，去扭，立馬當下。唉？行。變！冒衝啊啊啊……

胡志明市從來不是一個平靜的城市。二十世紀前半段，西貢——彼時的名字——是法國殖民地印度支那繁忙熙攘的商業中心。一九六〇、七〇年代，它是美國支持的南越政府夜夜笙歌、紙醉金迷的大本營。待我抵達時，這個城市嘈雜喧鬧猶勝以往，新摩托車、建築工人和觀光客四處旋轉，瞠目結舌看著這個名義上為共產主義據點的七百萬人城市，如何將自己轉型為精力充沛的資本主義堡壘。

胡志明市唯一靜下來的時刻似乎是正午剛過，此時人人若非在吃午餐，就是飯後在高溫下午睡。有一、兩個鐘頭，你可以聽到電風扇葉劈開靜止的空氣，你可以翻閱今天的《越南新聞》（*Viet Nam News*）或上星期的《時代雜誌》（*Time*），你可以呼吸和放鬆和思考。這個永久混亂中的暫緩，很可能是我抵達越南兩周後的某一天，坐在鬧區一家餐廳等候午餐時，我注意到帶槍男人的唯一理由。

他在對街，正從一家店面出來，清晰暴露在明亮的陽光中。他是越南人。也許三十多歲或四十出頭。他戴太陽眼鏡。在他身側，一隻手中握著一把烏茲衝鋒槍——我猜是烏茲，我對衝鋒槍的認識僅僅來自電影和音樂。然後他消失在隔壁店面。如果當時街上充滿了一百西西的本田摩托車，就像一小時之前那樣，我會完全錯過他。

那是一個非常古怪的景象，尤其在越南這樣嚴格管制的國家，我想問某人——任何人：他是搶匪嗎？警察嗎？這個謎有待解開。

然後我的食物來了。我不大知道該點什麼，但菜單上有樣東西引起我注意：lươn nướng mía（烤甘蔗鰻魚）。它是從 chạo tôm nướng（烤甘蔗蝦）變化而來，烤甘蔗蝦是流行菜餚，將蝦肉剁成泥裹著甘蔗在炭火上烤，甘蔗鰻則是用淡水鰻魚代替蝦，用一根蔥將鰻魚綁在甘蔗上，打個蝴蝶結。鰻魚豐腴多油，表皮被炭火烤成焦糖，充滿蒜頭、魚露和甘蔗的天然甜味。當我一口咬下，甘蔗噴出糖汁，帶了些許鰻魚的腴美浮油，讓我立刻愛上它。

我知道，這就是我不可能再去威廉斯堡唯一的越南餐廳 Chez Trinh 的理由，也是我拆營拔寨移師越南的理由——為了食物。事實上，鰻魚好吃到我想昭告天下，我想轉頭告訴鄰桌客人：這道菜證明了一切——如果他們是觀光客，用英語；如果不是，用洋涇濱越南話。

但鄰桌無人。我是這家餐廳唯一客人，孤單又困惑。畢竟，這裡似乎是優質的用餐地點；鰻魚可以證明。那麼其他人在哪裡？或，說真的，我做錯了什麼？

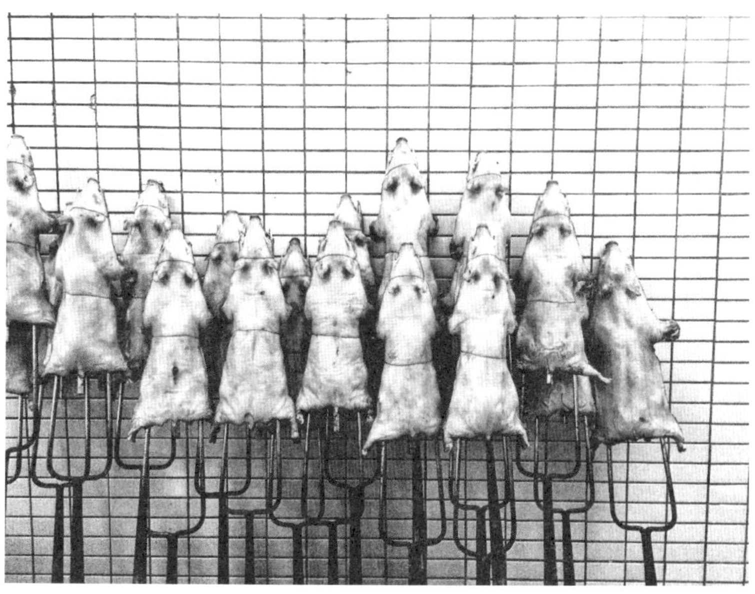

飄洋過海吃好料，但我的腸胃……

這是我在越南頭幾個月經常問自己的問題。我告訴所有人，我搬到越南是為了越南料理——烤肉、驚人的香料和清脆的蔬菜，還有，當然，phở，香噴噴的牛肉河粉，越南國菜。我喜歡越南菜是事實，但喜歡一種料理不等於懂得如何吃它——如何點菜，何地、何時和為什麼點它。這些我一概不懂。例如，我午餐吃河粉，通常去著名（名不符實且太貴）的和記河粉巴斯德店（Pho Hoa Pasteur）吃一碗，加幾根小而甜的香蕉當甜點。但是當我告訴我英文班上的學生時，他們會疑惑地看著我。對他們來說，河粉是早餐，不是一日當中的主要餐食。

我會抗議，指出很多越南人在和記吃午餐。然後我的學生會讓步。他們會說，噢，當然，你可以在任何時間吃你想吃的任何越南食物。Không sao——沒問題。

但它顯然是問題，而且我知道問題的根源。美國的越南餐廳，例如 Chez Trinh，賣各式各樣的食物——麵、湯、炒菜、春捲，夯不啷噹一起端上來；但在越南，餐館通常專做一道菜或一組菜餚。和記賣河粉，不賣其他種類的湯麵——沒有麵條，沒有米粉，沒有米苔目。如果我想吃 gỏi cuốn（潤餅，英文叫做夏捲，以春捲皮包細米粉、蔬菜、香料和豬肉或蝦的料理），或是其他米粉、蔬菜、香料和豬肉或蝦的綜合體，我可以在宏偉的檳城市場後面窟窿似的小舖子買到。

適應此事比我預期的困難。只知道一小組越南菜，只會說幾個越南字，我甚至不知道在這些獨沽一味的館子要點什麼。雖然我知道我應該不管三七二十一走進去，指著其他桌子上任何我看到的食物，然後享受結果，但膽怯和害羞使我卻步。天下還有什麼比不懂如何吃更讓人感覺疏離？

「懂得吃」是一件大事。若用越南話問：「Anh biết ăn cá không？」直譯是「你能吃魚嗎？」但實際上的意思是「你懂得（如何）吃魚嗎？」這讓我很難不注意到它的弦外之音：也許我**不**懂如何吃魚，或以此類推其他任何食物。

這不表示我成天餓肚子或吃得不好。有天晚上，我找到一家只賣 cua（即螃蟹）的館子：**chả giò cua**（炸蟹肉春捲）、**miến cua**（螃蟹炒粉絲）和 **cua lột chiên**（炸軟殼蟹，配生菜和香料），令我這個在維吉尼亞州螃蟹產地附近長大的年輕人大開眼界。即使和記的二流河粉也比我在美國吃過的好上千萬倍。

但是，一到用餐時間，我仍不知如何是好，最後常落得去背包客和觀光客區的外國餐廳吃飯。這些館子個個好得出奇：新鮮番茄和羅勒構成傑出的義大利菜，忠誠的外籍居民客群要求正宗日本料理，長達一世紀的法國殖民意味鵝肝醬、紅酒和洋蔥湯已成為本土飲食。但持續吃這些館子，提醒了我在深入越南文化上的持續失敗。

要不是我同時不斷生病，這也許還不算太糟。我的腸胃在我抵達越南幾天後，在參觀古芝地道（Cu Chi Tunnels）途中開始造反。古芝地道是越戰時期越共游擊隊藏匿的地方。去程花了四十五分鐘，坐在摩托車後座，起初我誤以為我腸子的咕嚕咕嚕聲是被城外凹凸不平的道路震出來的。但當我抵達，開始笨手笨腳地爬地道，如同其他任何手腳不靈活的西方人，我知道某事不對勁了。全憑堅忍不拔的括約肌力量，我才能勉強前進：我看到地下醫院和地下食堂，並對人類曾花這麼多時間待在地下（甚至有長達數年的例子），在地球的腸子裡過日常生活，感到十分訝異。他們在地下吃飯、睡覺、密謀戰略、躲避轟炸、布置陷阱，我記得，甚至在地下看電影，直到戰爭結束的那一天，他們才從地下魚貫而出，集體進入陽光。在我的想像裡，那一定是通體舒暢的解放。回程我改搭計程車，不搭摩托車。但回家上完廁所還不夠。接連幾天，我腹部絞痛，我不停打嗝，我拉肚子——唉，細節不表，只說我有腹瀉問題就夠了。最後，我終於受夠了。透過英文報紙，我找到一位荷蘭籍醫生，他立刻診斷出我的毛病：我得了「梨形鞭毛蟲症」（Giardiasis）。

離開美國前，我曾採取一些健康預防措施：打傷寒、A型肝炎和日本腦炎預防針。遵照維吉尼亞醫生的建議，我甚至開始服瘧寧（Lariam），一種抗瘧疾藥，又叫做甲氟喹（我們兩人都不知道，西貢並無滋生瘧蚊的沼澤）。但這些措施沒有一件能預防我到西貢第一晚吃的鮮蝦咖哩；或我每天吃的河粉；或我在街角那家小巧玲瓏的泰國餐館吃的碎豬肉煎蛋餅；或我刷牙用的自來水；或我啤酒裡的大冰塊——冰塊是在消毒過的工廠內製造，然後放在摩托車後座迅速穿過城市，只靠一片骯髒潮濕的帆布遮沙擋灰；或我無意識的咬指甲習慣。

上述任何一項都可能在我的腸子裡安置一種叫做梨形鞭毛蟲的原生寄生蟲。這種單細胞原蟲是地球上最原始的有機體之一，寄居在人類和動物的腸道，並經由遭排泄物汙染的水，從一個宿主傳到另一個。在顯微鏡下，這個有鞭毛的厭氧性生物像長了五條腿、披著斗篷的屁股。它的宏觀效果恰是我所經歷的，至多相差一點：嘔吐。

對我來說，唯一奇怪的一點是我這麼快就發病；根據美國疾病管制局（ＣＤＣ）的統計，梨形鞭毛蟲症狀需要一至兩周才會出現。但我不管ＣＤＣ怎麼說，如果荷蘭佬說他能治好我的病，我願意相信他。他開了五天療程的抗生素滅滴靈（Metronidazole）。我買了滅滴靈。我吃了滅滴靈。瞧！我好了。

只好了一會兒。

幾天內，腹瀉又回來了。我服用更多藥後，它走了。然後它又回來。我在越南那一年的前半段時光裡，一直有這該死的毛病。

恭喜榮獲旅行家俱樂部條紋肩章

在第三世界國家旅行的人最愛討論的話題莫過於他們的腸胃。這個話題在骯髒的小餐館可以打破沈默，讓陌生人爭先恐後發言，如果你的腸胃慘劇不能超越桌友的話，就彷彿會被趕出真正旅行家俱樂部似的。因為你尚未贏得代表這個階級的條紋肩章，雖然那些條紋不過是內褲上的條狀汙跡。

在比較文雅的場所，非背包客混的地方，消化也是一個話題，但需透過隱晦的語言小心進入，例如「你的健康如何？」、「你吃路邊攤嗎？」、「你用自來水或瓶裝水刷牙？」。

這些問題是試探性的突擊，用來辨認陶醉在自我苦難中的被虐待狂同好。如果你給予正確答覆，那我們可以言歸正傳，描述湄公河三角洲的惡臭茅坑，或是在中央高地瘋狂尋找樂必寧（Imodium）止瀉劑的經過。在此我略過不表誰的後端冒出什麼及如何冒出的誇張描述，但相信我，那些描述鮮少漂亮。

儘管腸胃毛病使我們能夠溝通，但我很快就厭倦了這類談話。它們千篇一律：悲哀的故事，被誤導的健康和衛生觀念，通常帶了一點種族歧視——原住民能吃也願吃任何東西，不管多髒，因為他們的胃天生適應髒東西。這完全是胡說八道，如果你曾跟任何所謂的原住民談過話，或觀察小孩子不舒服地蹲在人行道邊上，就知道了。在共產主義的越南，拉肚子是民主的。

很快地，儘管我仍在與我的腸子搏鬥，但我開始不理會那些隱晦的開場白。腹瀉經驗有令人洩氣的相同性，我幾乎從未聽過這個主旋律的任何變奏，永遠是觀光客吃了某東西，生病，抱怨，好轉，抱怨。

再說，似乎沒有一人的症狀真正比得上我，因為我在腹瀉的同時，還會……便秘。是的，我會奔進廁所，坐（或蹲）下，然後什麼都沒發生。直到後來，也許，可能，如果我幸運的話。我的天，何其挫敗！為什麼我的身體不能拿定主意？

絕望下，我終於回去找荷蘭醫生。在診間，我偶然第一次提到我在服瘧寧。他立刻搬出《美國藥典》（*Physician's Desk Reference*），一本厚重黑色的市售藥物百科全書，翻到瘧寧，然後把書轉過來對著我，指給我看標示著「副作用」的那一節。

噁心、嘔吐、腹瀉……和便秘。嗯。暈眩。瞌睡、失眠。焦慮、緊張、頭重腳輕。哦。噩夢、幻覺、精神錯亂。唉呀！

我還沒全部經歷過一遍，但當你剛搬到一個新國家，不會說當地語言，不認識任何人，不確定你該做什麼，此時服用一種可能引起焦慮的藥似乎是個壞主意。我停用瘧寧，腸胃問題消失了……一陣子。

然後復發，再消失，再復發，一個慢慢蠶食我心智的低度酷刑。有時我會服用更多藥，但通常只是努力忍過去。還記得一個失眠特別嚴重的痛苦夜晚，下腹的咕嚕警告聲怎樣都不肯停止。我下床，在沒有空調的露西旅館頂樓房間，踉蹌走進浴室，然後……什麼都沒發生。然後我又踉蹌回到床上，直到二十分鐘後咕嚕聲再度響起。

我做了一切可能放鬆自己的事情，從深呼吸到淋浴（微溫，因為我沒有熱水），在情緒低落、絕望的時刻，自慰（僅供參考：無效）。但不知何故，我忘記可以從街上買杯濃郁、含強烈咖啡因的越南冰咖啡——我從未在需要的時刻喝這種美味的瀉劑。

在太頻繁跑廁所而出不了門的夜晚，我會早早上床，躺在那裡，失眠，聆聽腹部的攪動，恨不得用一粒藥解除痛苦，但我也知道，只要我堅持下去，收拾好我的爛汙（可以這麼說），我就會好轉，恢復以往活蹦亂跳的自己，回到「活」和「吃」這兩件人生大事。

我做到了。

小心梨形鞭毛蟲就在你身邊

接下來二十五年，隨著我旅行到離家越來越遠的地方，我的健康一次又一次出問題，雖然不是每一次旅行都生病。很多（可以說是大部分）旅行完全不涉及生病，但即使生病，我也從未被「觀光客腹瀉症」（Montezuma's revenge）判出局，變成掃了其他人興致的傢伙。我從來沒住過院，從來沒縮短過行程。我忍，如所有旅行者在某一時刻必須做的。生病在所難免，旅行中固有的艱苦、不適和調整，幾乎可以保證某個微小病菌最後會突破我們的免疫系統，進而大搞破壞。我們靠「忍」來應付可怕的身體錯亂，它使我們成為意志堅定的旅行者，但它也使我們成為身體虛弱的人。

國際傳染病的代表——流行性感冒，就不只一次把我打倒。例如，一九九九年除夕，一群朋友和我去柬埔寨，觀看一萬名僧侶在吳哥窟的沙岩廟宇誦經迎新千禧年。當我的好友忙著跟馬來西亞美眉狂歡作樂到日出時，我卻在旅館房間發燒發抖。

但我也得過普通感冒（僅僅使你喪失活力，不是真正嚴重的那種），也曾過敏發作，或被蟲子叮咬（包括噁心的恙蟲病），更不必說偶爾會遇上特別驚險的意外了。接近我在越南那年的尾聲，我去濱海城市芽莊（Nha Trang），玩了一天潛水和浮潛，沒擦防曬油，也沒怎麼喝水。回到旅館時，我已從脖子到腳踝全身曬傷，發燒至攝氏三十九．四度，嚴重脫水到旅館找了一位越南醫生來幫忙。當我看到他準備生理食鹽水要給我吊點滴時，恐慌襲上心頭：讓越南醫生扎一根針到你身體，是旅遊指南告訴你最不該做的事情（此時，我發現了旅

註1：原文「蒙特祖瑪的復仇」是戲謔之詞，指觀光客在墨西哥容易腹瀉，係遭蒙特祖瑪大帝報復西班牙人侵略所致。

遊指南）！於是用神智不清、胡言亂語的法語（我跟醫生溝通的唯一工具）求他千萬確保針頭乾淨，且針管裡面沒有氣泡。他點頭，叫我放心——他在巴黎學的醫。

讀者，我活下來了！接下來幾個星期，我的背紅得像龍蝦一般，每一吋起皺的皮膚都在煎熬著我的末梢神經。就像每一次得了流行性感冒；或是從維也納走到布達佩斯而雙腳起泡；或是我女兒出生不久後，我在明尼阿波里斯市因壓力引發帶狀皰疹的期間，陣陣劇痛射穿我的頭顱；記得當時唯一能安慰我的一定是：**至少我沒得梨形鞭毛蟲症**。

因為梨形鞭毛蟲永不放棄它的目標。二〇〇三年，它的造訪使我蒼白虛弱地踮腳蹲在新德里火車站內一輛車廂的廁所；四年後，它又讓我在喜馬拉雅山大吉嶺外另一間印度廁所吐了一夜。梨形鞭毛蟲還闖入我和妻子的假期，那次我們開車從墨西哥市南下瓦哈卡市（Oaxaca），再沿太平洋海岸北上；當珍在高速公路休息站吃牛舌塔可餅、在阿卡波可（Acapulco）游泳池仰游時，我躺在冷汗中，靠開特力運動飲料維生。然後，第二天早上，**我**照樣爬起來開車載我們去下一個城市，奔馳在乾旱的道路上，碾碎車輪下的蜥蜴和類似路緣的減速帶，疑惑什麼是真的，什麼又是我在細菌引發的渾沌中想像出來的。有兩次，梨形鞭毛蟲甚至在我的旅程開始**前**就突襲我，一次在我飛往瑞士的前一天晚上發動攻擊，另一次突然出現在去緬因州陸路旅行的前兩天。有一回，在肯亞的裂谷（Rift Valley），梨形鞭毛蟲仁慈地等到最後一天，才用它不溫柔的鞭毛盤繞我。

愛吃鬼的宿命：吃，生病，抱怨，好轉，抱怨……

在這一切悲慘的經歷中，我始終有一個簡單的解決辦法：我可以改變我的飲食習慣——換言之，注重飲食安全。不再吃自來水沖洗過的鮮果或生菜。不吃沒煮熟的肉。不用手抓東西吃。不進小窟窿館子。不吃路邊攤。

不行！

首先，那等於投降。要知道，我對梨形鞭毛蟲最痛恨之處不是腹瀉（雖然我不會說我喜歡它），也不是缺乏活力，也不是打嗝放屁。不，真正氣瘋我的是喪失食欲。在梨形鞭毛蟲症發作期間，食物絕對令我作嘔，除了添加香味的水，很少東西能經過我的嘴脣，直到病菌撤退或我服完一個療程的抗生素。我猜，對很多人來說，不吃只不過是多一項必須忍受的困難而已，但對我來說那是天崩地裂的災難。奪走我的胃口等於剝奪我的身分認同。

幾乎自我有記憶以來，我就用愛吃來界定自己。這個嗜好是逐漸養成的。小時候，父母就很在乎我們要吃得好——不光是全家人圍坐吃自家燒的晚餐，而是真正的烹飪野心。一九八〇年代初，我母親自己揉麵，用美麗的義大利製不銹鋼切麵機切成麵條，掛在食品儲藏室晾乾。我父親，雖不是我們家最常下廚的人，也能指望他一年一度製作填滿乳酪和香腸肉的義大利千層麵（我會第二天早上吃冷的當早餐）。印度、中國、泰國、墨西哥料理，這些我們出去吃，而且我們經常外出用餐。

我與食物的第一次更深層接觸發生在國中一年級，我上家事課，學切、煮、烤，並贏得「麥特吸塵器」的小小名聲，因為我有吸塵器一般讓食物消失的能力。在高中，我帶去學校的巨無霸火腿─烤牛肉─香腸─瑞士乳酪三明治午餐，引起我的朋友注意，而我裝在褐色玻璃中的豪華麥根沙士還引起了校方注意。當時我不是有意炫耀我的口味，那只是我們葛羅斯家的飲食方式，雖然我開始明白不是人人跟我一樣熱愛美食。有天晚上，朋友來我家過夜，對我從冰箱挖出來的咖哩羊肉丸不屑一顧。我大惑不解。他們怎麼可能不喜歡這玩意兒？

不好吃絕對不是食物的錯

這不表示我什麼都愛吃。我仍然對「軟綿綿、濕答答」的食物有意見，例如：優格；我也不碰美乃滋，因為茱蒂．布倫（Judy Blume）的小說《超級牛奶軟糖》（*Superfudge*）中有個人物痛恨它；基於我不再揣測的理由，我排斥南方的手撕豬肉，它顯然不符合我新英格蘭式的燒烤概念（即肋排），因此我在威廉斯堡住了三年沒吃過一次手撕豬肉——這個決定我後悔至今，雖已事隔二十年。

但接著我離家上大學，某事發生了：咖啡。這不是新發現，我早就知道大學生開夜車會用全世界第二受歡迎的含咖啡因飲料提神，但我遲遲不肯嘗試。在葛羅斯家，每天早晨一定滿屋飄著咖啡滴下 Chemex 手沖咖啡壺的芳香，但我不能忍受喝它。那麼暖烘烘又舒適宜人的香氣，怎麼到了嘴裡會變成如此苦澀的味道？但一天半夜，我大一宿舍的鄰居提議為我泡一杯，記得好像是法國香草口味的即溶咖啡，我勉強喝光一整杯。

那不是容易的事。我不確定我喜歡這玩意，但我知道我想要喜歡它。我知道我**需要**喜歡它。咖啡是成人世界的一部分，一個除了我之外其他每個人似乎都參與的儀式，我也想成為那個儀式的一分子。因此，接下來六個月，只要有人請我喝咖啡，我就喝。通常是即溶咖啡（那是星巴克革命之前很久的年代），但不管什麼我都大口灌下。我忖度，給我足夠的時間和重複次數，我會逐漸喜歡這個味道。

大二那年，我開竅了，從此改變我對食物的整個態度。那是一個深夜，我在朋友的宿舍套房喝蹩腳咖啡，突然悟出了一個道理：**如果我不喜歡某食物，未必是食物本身的錯——反而是我自己的錯**。咖啡天生就是這個味道，我必須學會欣賞它，如同我必須學會不要妄想優格更硬，或者卡羅來納州的燒烤要更以肋排為主。那些東西永遠不會改變，但我的味覺，以及我如何在心理上處理來自我嘴巴的感覺，可以改變。而且會改變。而且確實改變了。

來自陌生食物的戰帖

金邊的日本背包客餐廳幾乎全生的牛肉。京都的馬肉刺身和威尼斯的燉驢肉。田納西州的奶油蒜頭煎蟬，瓦哈卡市的辣椒萊姆烤蚱蜢，柬埔寨的炸蜘蛛。突尼斯的半個烤羊頭，仰光的咖哩羊腦。首爾的冰淇淋甜筒裝義大利麵。在首爾，仍在扭動的章魚觸鬚吸住我的臉。內布拉斯加州奧什柯什市叫做「落磯山牡蠣」的牛睪丸。韓國城的生醃螃蟹。臺北的臭豆腐。臺北的豬血糕「冰棒」。臺北的臭度不一的豬腸（還有鵝腸）。烤袋鼠。烤豪豬。金三角的炒芒果葉。成都的麻辣兔子頭——我戴著塑膠手套撕開來吃。成都的豆腐燒豬腦。各地的魚醬和蝦醬。各地的心臟、胃壁、腎臟、食道。到處都有且常見的雞腳、鴨舌、豬耳朵。凝結的血——到處都有。

是的，差不多就是這些了。這些是從一九九六年以來我吃過的怪東西——就是TLC旅遊生活頻道主持人安德魯·席默恩（Andrew Zimmern）所謂的「古怪食物」，我猜我們得這麼稱呼它們（據我所知，它們沒有一樣讓我吃出病來）。也許有些人讀到這張清單會覺得毛骨悚然，我確定甚至還有人會帶著自鳴得意的優越感說：**什麼，沒有蛆，沒有狗，沒有大便？**但對我來說，當我坐在書桌前試圖回想這些年來放進嘴裡的古怪食物時，我感覺相當中立。當然，我喜歡這些菜餚，其中大部分我會毫不猶豫再吃一次（不過，我會找比較新鮮的蜘蛛、比較少軟骨的豪豬、炸得比較嫩的牛睪丸），但吃古怪食物從來不是我的明確目標。相反地，它是我對待食物的態度所導致的必然結果。

我的意思是，在一個非常基本的層次上，我愛吃，而且面對新的味道和口感，欣然接受的能力隨著每一口冒險的嘗試不斷增長，從華盛頓特區松露鑲牛──綿羊──山羊乳酪的多層次豐富感，到夏威夷卡艾島肥沃森林地拾起的黃色百香果的濃烈甜酸味。即使在我們熱愛的飲食文化中，也很難解釋吃得好的深度吸引力，因為這個樂趣本身是與生俱來且非常個人的。為什麼我們喜歡某事物？因為我們喜歡它！

不管什麼原因，食物令我快樂，並影響著我。大二那年的頓悟（不喜歡某食物是我的錯，不是食物的錯），啟動了瞬間轉變，擴大我的味覺至我料想不到的範圍。現在我知道我能夠也願意吃任何東西，而且吃得津津有味。

或幾乎任何東西。旅居越南幾天後，黎氏清，我在這個七千五百萬人的國家中唯一認識的人，邀請我去她家吃午餐，她家位在我希望能盡快開始任教的公開大學轉角處。黎女士的公寓不小也不大，在一棟不特別破舊的水泥建築一樓，也許有四間涼爽、漆成藍色的房間，桌上和架子上高高堆疊著英文和越南文的書籍和紙張。室內一角有個小神龕，幾碗水果和幾支點燃的蠟燭圍繞著她祖先的黑白照片。

吃飯時，黎女士、她的丈夫、她的姪女和我席地而坐，坐在薄藤墊上，鬆脆的報紙攤在地上當桌布。我笨拙地盤腿，感覺腳踝凸出部分正摩擦著底下的硬地磚。我坐得不舒服，但努力不顯露出來。

姪女從狹窄的廚房端出很多道菜，但我只記得兩道：一個小沙鍋盛了一片厚魚塊，用文火燉到含胡椒的魚汁已收乾變濃稠；另一道菜是半孵化的蛋或炒蛋（hột vịt lộn）之類的。

嗨，我聽過半孵化的蛋，曾好奇想嘗一顆。這個概念很簡單，雖然恐怖。選一顆受過精的鴨蛋，讓它的胚胎生長幾星期，然後，通常將整顆蛋連殼煮熟，用湯匙舀裡面的蛋白和半孵化小鴨的混合體出來吃。我聽說，這是小孩子上學途中吃的流行零食。

眼前黎女士地板上的東西和我的預期不同。它不是水煮的，而是炒的，因此鴨的胚胎攤在黃色炒蛋裡，像跳樓自殺的人攤在一汪血中。鴨子清楚無疑是一副鴨子相——幾乎完全成形，有一粒球狀的鴨頭，纖細的黑色鴨毛脫離光亮淺色的鴨皮，自由漂浮。不論我多愛吃蛋，不論我多愛吃鴨子，吃這玩意恐怕不容易。

我無法告訴你它的味道如何。我知道我要麼被動接受，要麼乾脆主動舀一些含有鴨翅、鴨腳的蛋到我碗裡，終究是不能逃避的。我記得我盡了最大的努力咀嚼它的軟骨碎屑，而且沒想到鴨毛這麼容易就被我吞下去了。至於味道和口感呢？我沒有注意。我深怕黎女士會發現我的內心戲，認為我是一個膽小鬼，或更糟的——土包子，因此將注意力集中在那餐飯的其他部分——米飯、魚、茉莉花茶。

當然，她和她的家人隻字未提，反而誇獎我用筷子的技巧很熟練。黎女士開始告訴我她的人生：很自然地，戰時遭遇過困難，大學時代先主修法文（不是她的最愛），後改念英文。她專攻文學，尤其小說《飄》（*Gone with the Wind*），因為與越南人民的經驗相通：南北戰爭、昔日生活方式的消失，以及愛情、責任和經濟的微妙交織。她曾跟隨教授訪問團參訪美國，相信總有一天會以瑪格麗特．米契爾（Margaret Mitchell）的小說為論文主軸，拿到麻薩諸塞大學阿姆赫斯特分校的英文博士學位。

她在那頓午餐告訴我的事情，大部分已被我忘記，對此我深感內疚，因為黎女士這些年來對我一直關懷備至。不只是推薦我去露西旅館或後來終於實現的教書工作，而是她垂詢我近況的方式，就像一位老師擔心一個聰明、天真的小學生：你身體健康嗎？你有沒有躲開危險的計程摩托車？

我不能解釋她為什麼這麼關心我，因為我確信在第一次午餐中表現得迷迷糊糊，且一門心思都在自己身上。那時候，我只能展現出我完全不設防，而且什麼都能接受，除此之外，我實在不知道如何與人相處、如何製造聊天話題。黎女士是因為看到了這一點嗎？還是覺得這個二愣子美國人很神奇，竟然企圖到越南開創新生活，還懵懂到面不改色地咀嚼炒鴨胚胎蛋。

我認為，壓抑有很多好處。在那頓午餐中，沒有一人需要知道我有多麼侷促不安、困惑和迷失——最不需要知道的人就是我自己。相反地，我蒙混過去了，用意志力逼自己享受，或者也許要感激陪我吃這頓飯的人，我認為這樣做是值得的。我也許不自在，但藉著散發熱情，有時誠實，有時假裝，我讓我的主人感覺自在，自在到願意對我推心置腹。這就是為什麼在接下來的歲月中梨形鞭毛蟲病會把我逼瘋的原因。由於它完全扼殺了我的食欲，使我甚至不能假裝做我自己，讓我無法與千里迢迢去看的人和地方結緣。

這是微不足道的小事，不是嗎？黎女士和她的家人為我準備了不尋常（對我而言）的食物，我鎮定吃下（或嘗試吃下），然後我們可以進行瞭解彼此的大事。但陌生食物往往以人們措手不及的方式提出挑戰。如安德魯·席默恩經常在他的節目中指出的，一個地方的正常食物，在其他地方卻變成文化褻瀆。違反食物禁忌在深度心理層次上衝擊著我們——這就是我們說「噁心」的意思，並非某種天生的生理反應。藉由克服噁心，我試圖顯示我在努力適應一個新文化——也許是可憐的、一眼看穿的努力，但無論如何總是努力。

終於，我吃得像個越南人

我又花了幾個月才真正開始適應越南的飲食文化。那時我剛從露西旅館的六樓房間搬到五樓的另一個房間。新房間較大，有冷氣，一面牆上有螞蟻爬藤的怪誕浮雕壁畫，但我選這個房間的理由很簡單，它有一個陽臺，陽臺鋪了陶磚，擺了幾盆植物，是露天午餐的理想地點。

但是，要帶什麼東西回家當午餐呢？法國麵包店的火腿乳酪三明治？或泰式九層塔炒碎豬肉蓋飯，上面擺一個荷包蛋？一天，我在住處附近遛達，注意到一個男人在一間 com bình dân 外面烤豬排，com bình dân 的意思是「人民的食物」，一個非常共產主義的理想。這種食堂在越南到處都是。不到一塊錢美金，你就可以買一盤白飯和一份魚露白糖燉豬肚、蒜炒 rau muống（空心菜）或一碗苦瓜鑲豬肉香菇湯。人民食堂在很大的程度上促進了越南的經濟繁榮。

但它們從來對我沒有吸引力。也許這些小店面的折疊桌、塑膠椅和老舊餐具看起來太骯髒，尤其我仍在與梨形鞭毛蟲症長期抗戰。也許菜餚預先燒好，擺在潮濕開放的空氣中，令我倒胃口。也許我需要讀一份正式菜單，先從語言上理解我的餐食，再用我的味覺去體會。確實，一些我最早的餐館記憶與菜單有關，我記得與父母一起瀏覽菜單，我比對了翻譯的詞語和食材，尋找好笑的錯字。文字也必須入口；沒有它們，我的舌頭毫無用處。

也許，我只是害怕。我的味覺能應付挑戰，但我的心理不能——因失敗而變得脆弱。

然而，當我聞到烤豬排時，一切都改觀了。豬排用蒜、糖、魚露和蔥醃過，散發出強烈的油脂和焦糖化的氣味，一種我無法抗拒的香味。於是我點了一客外賣——豬排鋪在一堆白

飯上，搭配空心菜和黃瓜片，裝在保麗龍盒子裡。然後帶著我的美味餐盒回到五樓綠洲，在極樂之中享用完美又簡單的一餐。

於是轉角的人民食堂變成我的待命餐館，是我購買美味而不花俏的食物帶回家吃的不二之選。通常我會買豬排，但有時也會換口味。這家店也賣用文火燉到軟的墨魚鑲豬肉，以及酥脆的炸魚。此外，你還可以在任何食物上加一個荷包蛋。

在陽臺上吃飯很愜意，但我開始越來越常在人民食堂的簡陋餐桌用餐，留意其他客人怎麼吃——用筷子，用叉子和湯匙，或兩者混用。我研究他們準備蘸醬的方法，有的在蘸碟裡倒入黑乎乎、味道衝鼻的魚露，加少許紅辣椒絲；有的直接倒入擺在每張桌上塑膠壺裡的 **nước chấm**，那一種混合魚露、水、萊姆汁和糖的甜酸醬汁（我曾以為那是冰茶，哎呀！）。食客埋頭吃飯，不講究禮儀。這裡提供好飯菜，但同樣重要的，它是一個進來就吃、吃飽走人的地方。當我日復一日在街角和城中各處的人民食堂觀察和模仿他們時，我甚至沒有意識到，我終於，生平第一次，吃得像一般人。

我也沒有意識到，掌握這一餐會有附帶效益。那就是，既然已經搞定午餐，其餘時間就可以吃我想吃的任何東西，不必再為了早餐沒吃河粉而感到罪過。吃完我的香濃咖啡配新鮮可頌（法國殖民的美味遺緒）早餐後，再過幾小時，我就會大快朵頤便宜的豬排。

午餐名副其實成了我的囊中物後，我可以對晚餐進行實驗，不論是在商業區新開張的南印度餐廳品嘗多薩餅（dosas），在過度裝潢的俄國餐廳西伯利亞狩獵屋開派對，或是在西貢河附近一家由修車廠改裝、地上因油漬而滑溜的餐廳，吃燉蝸牛和烤椰奶孔雀貝。不論這些餐食最後是美味或乏味、道地或虛假，我知道第二天中午我會吃人民的午餐。

但我新發現的文化嫻熟有一個受害者。如今我更瞭解午餐了，賣甘蔗鰻魚的館子不再適合我的新飲食生活，在往後的日子裡不曾回去過。烤甘蔗鰻魚，如此難忘地留在我的記憶中，似乎是高溫引起的幻覺，幾乎像拿烏茲槍的男人一樣虛幻。但它真實存在，與滾滾冒出的炭煙和燒烤豬肉所散發的蒸汽一樣真實，從碧雲街的人民食堂，從西貢各處無數其他街道，從一般老百姓聚集吃飯的任何地方，至今仍不斷漫延。

如果世上沒有梨形鞭毛蟲

二〇一一年末，我在我的布魯克林辦公室工作，收到一則令人感興趣的新聞。雨果・魯翰（Hugo Luján），現年五十歲的阿根廷醫學研究員及《梨形鞭毛蟲：模範有機體》（*Giardia : A Model Organism*）一書編輯，即將成功研發梨形鞭毛蟲症疫苗。

「是呀，我們接近完成了，非常接近！」當我打電話到布宜諾斯艾利斯時，魯翰博士告訴我。「事實上，我們現在已有疫苗了，不但通過實驗室動物的試驗，也通過狗、貓和牛等更接近人體而可能受梨形鞭毛蟲感染的動物試驗。事實上，我們的疫苗是第一個對任何寄生蟲完全有效的疫苗。」

魯翰博士解釋，開發梨形鞭毛蟲疫苗的困難之處，在於一種叫做抗原變體（antigen variation）的東西。他說，梨形鞭毛蟲也許看起來像原始生物，但它的功能相當複雜。當梨形鞭毛蟲細胞附著在你的腸壁時，它是用一個特定的蛋白質基因碼附在腸壁表面。抗生素的作用基本上是阻斷那個基因碼，使細菌無法附著而被沖走。但梨形鞭毛蟲不只有一個基因碼，而是大約有兩百個，魯翰博士說。他的創新是破解了每一個可能的基因碼。

「從我們收集的這個有機體，提煉出兩百個變體，這是我們疫苗的配方。」他說，「所以這是第一次抗原變體在任何有機體被阻斷，如果我們能預防所有可能的變體，你就免疫了。你不需要接受有副作用的治療。」

我不大確定如何反應。十五年來，我忍受這個可怕原蟲的感染。我學會辨認它的症狀，並應付生理和心理上的不適。我有時候只是硬撐過去，有時候則尋求藥物協助，通常是西普樂（Cipro）——我在紐約的醫生建議的，但偶爾是滅滴靈或它的遠親滴必克（Tinidazole）。服四、五天藥後，就會好轉。二〇〇五年，我甚至發現一種速效療法：一位住在柬埔寨，曾經病得比我還嚴重的朋友向我保證，兩千毫克超大劑量的服淨（Fasigyn），一種牌子的滴必克錠，能在二十四小時內藥到病除。他沒說錯：從此以後，當梨形鞭毛蟲症的第一個症狀

（不尋常的排氣，腹瀉之初的通暢）出現，我就吞下這些藥，避免酒精，醒來就痊癒了。

更重要的，梨形鞭毛蟲教導我飲食之樂附帶風險，沒有一樣市售塔可餅或冰檸檬汁絕對安全，但那個樂趣值得冒險——永遠。然而，梨形鞭毛蟲疫苗意味沒有後果的飲食生活，感覺未免太容易了。我喜歡我生過病，然後病好了；我犯過錯，但活下來，並以即使不是更小心，但至少更謙卑的態度再出發。我是人，人必有弱點。因為我有弱點，我有一個值得活下去的生活。

再說，你能想像所有旅行者都打過梨形鞭毛蟲預防針的世界嗎？如果沒有廁所故事可講，他們怎樣聯絡感情？

不過，免於梨形鞭毛蟲的世界距今仍很遙遠。疫苗至今仍只核准獸醫用途，雖然魯翰博士說有一家大藥廠想進行人體臨床試驗，但交易仍在討論中。他說，只有美國海軍開口向他要疫苗。

我問魯翰博士，他研究梨形鞭毛蟲長達三十年，可曾得過梨形鞭毛蟲症？

他說沒有，但補充，如果現在能打疫苗，他會打。

我也會，我想——毫不猶豫。

你說我吃了什麼？狐狸條蟲！

在德國中部赫茲山脈（Harz Mountains）安敦布拉克鎮邊緣，一棟整潔的現代房子前面掛著一塊手漆的招牌，牌子上寫著：「有空房」（Zimmer frei）。我從塔雷鎮步行十二哩來到這裡，剛從雜草蔓生的步道鑽出，太陽開始落入林木蒼蒼的山後。我想到赫茲的古老傳說：女巫在三千七百四十七呎高的布羅肯（Brocken）山頂飛翔，還有一個叫做布羅肯精靈的妖怪在雲霧裊裊的森林中飄盪。在越來越暗的暮色中，這些傳說感覺太可信了。我需要找個地方落腳。

「有空房」及時出現，這是我一路上盼望的。我知道，在德國鄉下旅遊區，有房間出租的屋主會掛上「有空房」的招牌，吸引像我這樣的漫遊者，極度渴望一張床，但不願付三十歐元或更多給民宿或旅館。身為《紐約時報》的省錢旅遊達人，省錢是我存在的理由。

我走到門口，放下背包，按門鈴。沒有動靜。我看到屋內有幾盞燈亮著，因此再按。然後再按。終於，一個女人來開門。她有點年紀，有點胖，一臉困惑地看著我。

「有……空房嗎？」我問。

她換上瞭解的表情。「沒，」她用不帶感情的聲調說，「砰」一聲關門。

算了，算了。我扛起二十五磅重的背包，往鎮裡走去。那天我已經走了十二哩，多走五百公尺算什麼？如果我不能在旅途結束前保持活力，就絕無可能熬過這周剩餘時間要走四十多哩路的計畫，以追隨文豪歌德和詩人海涅的腳步，登上布羅肯山巔。從人跡常至的小徑出發，岔入古老的伐木道路，再穿過原木度假屋的小村莊，這趟徒步旅行到目前為止很完美。我愛四下無人的孤寂，還有腳踏在地上的輕快步伐，以及里程慢慢的累積。穩紮穩打地，我在進步——並消耗足夠的卡路里，使我能吃我想吃的任何東西。

第一晚，一住進民宿（我討價還價讓他們從四十五歐元降到三十五歐元），我便大大地犒賞自己：炸肉排、奶油蘑菇麵、蘋果捲、香草冰淇淋，以及一大杯捷克啤酒（pilsner）。十點上床，我睡得像死人。

接下來四天，每天吃豐盛的德國早餐——麵包和冷肉和乳酪和奶油和果醬、白煮蛋，也許還有一些優格，幾壺淡咖啡。然後早早出發，朝布羅肯的大致方向前進。我會步行幾小時，有時經過有人居住的小鎮，有時穿越不再如往昔一般荒野的地方。伐木道路通往一片片斑駁的再生森林，我不只一次發現自己繞湖跨溪回到原點。前進之路永遠不明顯，我走的路比我應該走的多。

雖然我永遠不確定我會走到哪裡，但到了午餐時間，總有辦法經過一個鎮或村子，在那裡找到一頓豐盛、樸實的午餐，包括麵包、乳酪、火腿，也許再加一粒蘋果。有回，在一家傳統製炭工廠，獲得了一瓶 Schwarzbier，一種黑啤酒；另一天，在舊東西德邊界以東一點點，碰到了 Kukki's Erbsensuppe，德國統一後才開張的路邊攤，賣豌豆培根濃湯。像這樣的吃法最完美；當食物是體力的來源，我不必想太多或多用力思考我在吃什麼，如我報導諸如巴黎或舊金山時必須做的，但錦上添花的是這些午餐頓頓可口。

我在山區吃的食物中，沒有一樣比沿著小徑生長的野覆盆子和野藍莓更令我滿足。我一看到鮮紅或灰藍的果子，就飛奔過去，迅速從灌木叢摘下，塞一大把到嘴中。每一粒莓果都像一支尖針，將甜味刺進我的味蕾，劇烈而純淨。就我所知，這個美妙的自助餐遍布整個區域。當我劈劈啪啪咬破一個接一個莓果時，憶起在安姆赫斯特度過的童年夏天，弟弟、妹妹和我會去後院拔黑莓，坐在陽臺上吃，我們的手指和嘴唇都被果汁染黑了。我一向認為，野生水果，非人類之手栽種，是大自然最好的禮物之一，我希望我的努力值得她的慷慨贈與。

可是，幾天之後，當我的赫茲山脈遊記登在《紐約時報》網站時，我發現評論欄裡有一則令人不安的短評：「我知道那些遍布森林的覆盆子和藍莓灌木叢看起來多誘人，但大多數德國人不敢吃，」一位署名羅賓的人寫道，「原因是狐狸在森林留下一種叫做 Fuchsbandwurm 的寄生蟲，汙染了所有可愛的、野生的莓果。」

Fuchsbandwurm？我求教於 Google 和維基百科（Wikipedia），答案是：「狐狸條蟲」（多房棘球條蟲），是一種寄生在狐狸腸道，也常寄生在狗腸道的寄生蟲，出現在中國、西伯利亞、阿拉斯加，以及德國中部和西南部。狐狸吃莓果，順便汙染牠們碰觸過的植物，當人類感染這種疾病，它會像癌症一樣攻擊肝臟。維基百科說，它「高度致命」！治療方法是手術，術後做各種形式的化療，但完全痊癒的機會似乎渺茫。更糟的是，這種寄生蟲的孵化期很漫長，十年或甚至長達二十年，而且很難診斷。

即使現在，距離那次赫茲山脈健行已經數年，我一想到再過六至十六年可能降臨的厄運，就心跳加速、翻腸倒胃。蟲子可能蠶食我的肝臟，可能藥石罔效。當然，我在紐約的旅遊科醫生路易斯．默里奇告訴我不用擔心，我的肝臟檢查結果至今正常。況且我多半——但非絕對——吃生長在至少及腰高度的莓果，那是狐狸毛摩擦不到的地方。況且根據報導，維爾茨堡大學的狐狸條蟲專家克勞斯．布雷姆曾說，「人可以從莓果傳染到狐狸條蟲的概念純屬傳說。」況且我的朋友克里斯多夫．蓋斯勒，我在以色列因共乘計程車而結識的另一位德國醫生，一派輕鬆地承認他經常吃、到處吃野莓果，不顧狐狸條蟲風險。況且，況且，況且……

但我仍心懷恐懼。在梨形鞭毛蟲的例子中，至少我已熟悉我的折磨者，瞭解致病原因、症狀和療法，並接受它的存在。但在狐狸條蟲的例子，不可能達成這種和解。萬一我碰到它，不是我殺它，就是它殺我。如果後者應驗，我無人可怪，只能怪我自己的手。但我希望，在（也許）距今二十年後，在該死的悲慘臨終時刻，莓果——及其他一切——是值得的。

3

寂寞獨行，還是熱情交友？

浪跡天涯的複雜心情

我孤零零吃飯，但也走入人群。
我交的，是在地的朋友。

「這些能吃嗎？」我問，指著我在南潘德島（South Pender Island）森林步道沿途看到的一簇簇粉紅帶紫的莓果。

「當然！」卡薩迪．布坎南說，他是潘德島本地人，我認識他大約一小時。他拔下幾粒莓果放進嘴裡，我跟著做。果子有點甜，有點酸。不差。當然，比不上海灣群島（Gulf Islands）上沿著陽光燦爛的道路長得花團錦簇的黑莓。海灣群島是一群稀疏分布的列嶼，在加拿大英屬哥倫比亞省溫哥華市西邊。我很高興發現一種新水果，更高興交了一個有見識的新朋友。

我在博蒙特海洋公園（Beaumont Marine Park）發現卡薩迪純屬偶然。那是一個隱蔽的濱海營地，去那裡只能靠船，或靠兩條腿穿過樹林走兩哩路。他坐在野餐桌前吸手捲香菸，他的狗，一隻叫做迷糊的混種德國牧羊犬，在吃盤中食物。我扛著一臺架在三腳架上的相機，引起了他的注意。我們開始交談，很快就建立友誼。

卡薩迪三十五歲，穿著褪色牛仔褲和印著《女巫前傳》（*Wicked*）音樂劇字樣的黑色T恤，戴著軟趴趴的叢林帽和全罩式墨鏡。他的山羊鬍濃密，濃眉中央拱起如彎月。在本土工作九年後，最近才帶著迷糊乘橡皮艇回潘德島，他的家族世代居住的地方。

「我的家人正在賣那條路盡頭的房子，」他說，「所以我只是四處露營，快活過日子。這裡很舒服。唉，在城裡住了那麼久，看了那麼多，實在、實在糟透了。」

我懂他的意思，我猜。潘德島和其他海灣群島是風景絕美、人煙稀少的邊疆，充滿樹和岩石和海水和陽光，加上一點點文明。在嘉蓮諾島（Galiano Island），我和當地人一起裸游，從潮間帶的淺灘挖新鮮牡蠣，睡在法國人經營的舒適民宿。此刻在潘德島，夕陽在水面蕩漾著粼粼金光，我可以想像永遠待在這個世外桃源，或至少永遠不搬回都市。

乾杯！致新朋友

「我要來杯威士忌加可樂，」卡薩迪說，「今天禮拜六。」他說了更多有關這個島的情形，「你得回到大約二十年前，那時這裡才真正偏僻呢！但現在它是一個觀光客陷阱。人們看到它，會驚呼『哇——啊』！」他給人精明老練的印象。他說他發現過化石（一塊沙岩上有一個完整的蛤蜊），捐給了維多利亞大學，並告訴我樹林裡散布著印第安人的洞穴。

卡薩迪似乎也有一點偏執狂和吹牛傾向——他自稱園藝家、匈牙利王子、詹姆斯·布坎南（James Buchanan）總統的後裔（此處有必要註明，布坎南總統終身未婚）。他宣稱這輩子從來沒照過相，痛罵潘德島當局把這裡變成雅痞（他念成「異痞」）吃喝拉撒的地方，完全不顧像他那樣的本地人。這是他的島。島上的路是他開的。這個島以無形方式屬於他。

「哈！」他在每句話最後冷哼一聲。

我專注聆聽，不在乎他說的事情是真是假，或他幾乎喝掉一瓶威士忌。卡薩迪是本地人，一個知道內情和有故事可講的怪咖，而且他似乎反映了我對他的興趣，也對我很感興趣。他說我不像紐約客，不斷問我搭便車逛島幹什麼。最後，我感覺自在到可以卸下心防，承認我替《紐約時報》寫稿。我通常保密這類事情，以免人們在我周遭表現得與平常不同，但卡薩迪已經這麼坦白了，對他隱瞞身分似乎不妥。他是老百姓，不是餐旅業者。無論如何，他並沒有對這個消息做出強烈反應，反而處之泰然。他感覺像一個朋友。

搭渡輪從嘉蓮諾島過來的時候，我聽說當晚有一個轟趴，我邀卡薩迪一起去。他拴住迷糊，給牠一些水後，我們就邁步穿過樹林，途中停下來嘗莓果和探索附近一個洞穴。我們回到潘德島比較發達的區域時，時間還早，因此先去我的營地休息——如果早知道博蒙特海洋公園，我就不會選這個乏味的地方。在那裡，我用我的可攜式瓦斯爐燒了一頓香腸乾蘑菇燴飯，作為我們的速成晚餐。

我也開了一瓶在城裡買的本地紅酒，沒有意識到這會給我們惹來什麼麻煩。直到我們吃喝一陣之後，我才看出卡薩迪真的醉了。當我在我的飯上灑鹽時，他嗤之以鼻，說我糟糕透了。我想解釋鹽和風味的關係，但決定閉嘴，僅在盡可能快速喝我的紅酒時才張嘴，免得卡薩迪的態度變得更惡劣。

我們終於離開營地，在黑暗中，開始沿著島上光滑平整的幹道走向派對，卡薩迪說他認識派對主人。我很擔心我們抵達時的情形：他真的跟派對主人有交情嗎？我們會不會陷入一個更尷尬的局面？

尷尬局面還真的找上門了。走到半途，我們背後出現亮光，亮光突然變成紅色和藍色閃光。是一輛警察巡邏車。高大、金髮、儀容整齊的警察下車，向我們要身分證。卡薩迪沒帶任何證件。

「你從哪裡來？」警察問他。

「就是這裡，」他驕傲地說。「此路是我開！你從哪裡來，哈？」

他不理卡薩迪的問題，「你東搖西晃在路上亂走一氣。」這是事實。卡薩迪無法走直線，部分是我的錯。「你們兩個喝酒啦？」

「沒有！」卡薩迪說，口氣像被羞辱到了。他轉頭看我，用眼神懇求支援。他看起來很驚慌——大言不慚的自信洩光了。

我不能說謊，但我也不能告發卡薩迪。「我晚餐喝了一些紅酒，」我說。

「你是誰？」警察問我。「你在這裡做什麼？」

我給他濃縮版：度假、跳島旅行、露營。絕口不提紐時。這樣比較簡單。

「行，你可以走了。」他對我說，將我的駕駛執照遞還給我。我沒醉。「靠路邊走。」

「不帶他，我不走，」我說，儘管我真正想做的是不帶他走。卡薩迪開始變成包袱，但我不能真把他當包袱扔了，即使這表示得跟他一起被捕。「沒有我的朋友，我不走。」

「隨你，」警察說。「你站在那裡。」他叫我站在他的車子前方，車頭大燈直射我的臉，然後把卡薩迪帶到車子後方。我什麼都看不見，也聽不見。

我站在那裡，想像最壞的情況：卡薩迪被關起來，卡薩迪被痛扁，他的衣錦還鄉毀於一旦，只因為他碰巧遇到我，一個用錄影機魅惑他人自毀前程的傢伙。有片刻時間，我但願這一切不曾發生，我可以繼續走我的路，做一個既不尋求也不需要友伴的獨行俠。但我知道，那是幻想。

自我有記憶以來，我一向擅於交朋友，通常不需要刻意努力。當然，小時候我願意跟任何喜歡《星際大戰》角色或樂高積木的人做朋友，對我來說那已足夠。但同時，我們也經常搬家，從安姆赫斯特搬到英國的布雷頓，又搬回安姆赫斯特，再南遷至威廉斯堡。因此我是「新小鬼」的經驗可能比大多數孩子略多一些，經常在新環境自我介紹，並試圖尋找喜歡在Apple II電腦上玩「創世紀」遊戲，或願意通宵看恐怖電影、吃達美樂披薩的人。我敢說，很多人回顧童年時，都會看到自己處於數個明顯對立的團體中央——運動員與書呆子、叛逆小子與準大學生、黑人與白人、拉丁裔與亞裔。我也一樣，並不是因為我特意在他們之間定位自己，而是因為我不大在乎我的朋友是誰。只要有一個共同點，我們就能和睦相處。我要求不多：有空一起混，一起笑，別打我（我矮小、書呆子氣，習慣被騷擾）。沒錯，差不多就是這些了。

這個性格有一個始料未及的後果，那就是在我容易交朋友的同時，也交了很多壞朋友——名義上和我有共同興趣，喜歡玩滑板，但經常利用我渴望同伴的心理（及我使用家庭汽車的權利）占我便宜的小子。一些中學時代的友誼在激烈衝突中結束，其中一個涉及實際拳鬥（如果能稱我的下巴被揍一拳為「拳鬥」的話）。在此同時，我花較少時間與比較善良、不熱中滑板、寧可玩吉他的朋友相處。

多年後，我終於明白這種友誼對小孩子來說很正常。困在同一間教室、同一所中學、同一個小鎮，你的選擇有限且膚淺，根本不是真正的選擇。命運強迫你締結友誼，如果有廣大世界任你選擇，你可能永遠不會締結的那種友誼。如果你幸運，那些友誼可以長存，隨著朋友本身一起長大成熟。但它們不必然如此，友誼結束也沒關係。

然而，廣大世界呈現出它自己的挑戰。

朋友可以稀釋陌生環境中的孤寂嗎？

如果你獨自一人在一個陌生的新環境，不會說當地語言，不認識任何人，也不確定你當初為什麼去那裡，你最不想一遍一遍又一遍聽的唱片是《*Dummy*》，英國神遊舞曲（triphop）樂團 Portishead 的專輯。集合了緩慢、低沈的節拍和奇特的循環，再加上迷幻式的樂器演奏法（大量電子音樂，輔以弦樂），Portishead 的音樂喚起一個孤立、渴望、悔恨、悲慘的世界——這一切被主唱貝絲・吉本斯（Beth Gibbons）幽靈般的性感聲音化為非言語所能形容的甜美。

「拜託，你能多待一會兒，分擔我的哀傷嗎？」她在〈流浪之星〉（Wandering Star）中懇求，「因為這麼美好的一天不該總是感覺哀傷。」在〈陌生人〉（Strangers）中她問，「你知道沒有人能看見你的視野嗎？你知道為什麼這個景色只屬於你嗎？」在〈本來可以甜蜜〉（It Could Be Sweet）中，當低音線持續輕彈，電子琴重複平靜的旋律，吉本斯吐出最後一聲幾乎聽不見的嘆息，似乎同時表達渴望之極樂和某種程度的認命，對於渴望可能永遠無法滿足，但渴望本身已足夠，而且最後可能比滿足還美妙。

連續數月，Portishead 的音樂迴盪在露西旅館頂樓我的房間，匹配、減輕和擴大我自己的強烈寂寞。我擁有至多六張CD，像是一九九〇年代中葉的趣怪樂隊 Cibo Matto 和 Stereolab，還花了一大筆從家裡帶來的錢買了臺手提音響，以便播放CD，而為我的越南生活提供配樂的是《*Dummy*》。早上，它提醒我，我剛剛孤零零一人醒來。午餐後，它提醒我，我剛剛孤零零一人吃飯。晚上，蓋著薄被躺在床上，它告訴我，物換星移，而我亙古孤寂。「這個寂寞，」吉本斯唱，「就是不肯放過我。」

不過，我不是一個朋友都沒有。在西貢小館，我喝生平第一杯啤酒加冰塊的地方，我認識了戴夫．丹尼爾森，一個眯眯眼的加州人，經營一家叫做「ELT蓮花」英語補習班。戴夫曾是專業滑板手，在長髮小子以衝浪姿勢滑過南加州柔軟堤防的一九七〇年代。我想，我信任他是因為我們有共同的四輪背景，而且因為我有英語教師執照，他給了我一份在蓮花的工作。蓮花與一些公司簽約，教他們的員工英語，我負責在荷蘭油漆公司 AkzoNobel 教一門英語入門課，待遇是一小時十五美元——約為一般越南工人一星期的工資。

上班第一天，是個星期五，我騎腳踏車去 AkzoNobel，好死不死迷了路。也許不完全是迷路，但我怎樣都找不到該公司座落的那條該死的街。天氣炎熱，我夾在擁擠的車陣中開始流汗。接著天開始落雨。我至少已經遲到十五分鐘，又沒有行動電話可以打給公司或學校。突然間，車陣分開，眯眯眼戴夫騎著他的摩托車從天而降。他停在我旁邊，問我搞什麼鬼，然後引導我到 AkzoNobel。我汗流浹背且衣冠不整地出現在那裡，而接下來幾個月將證明此與天氣無關（把襯衫塞進褲子？休想！）。

當天晚上，戴夫帶我出去慶祝，把我灌醉——喝酸酸的BGI牌啤酒。在我短短一生中從來沒這麼醉過。感謝老天，我什麼都不記得，除了延續了整個周末的宿醉，我也不確定我是否原諒了他。

但事實證明認識戴夫實則有益，因為他介紹我認識另一位蓮花教師亞德里恩。亞德里恩與「菩提樹」的老闆約會，菩提樹是范五老街上一家不特別好的餐廳，外籍居民聚集之處。我認為其中兩人可能談得來：一位是杰德，拿福特基金會補助的聰明學者；另一位是泰德，跟我一樣想當作家，但太好辯、太紐約味、太……猶太（跟我一樣），因此我立刻討厭他在這個國家的存在。我知道，他將是我的競爭者。

在杰德、泰德、亞德里恩及他們的其他朋友之間，我是邊緣人——名實相符地被晾在旁邊。雖然我因工作關係略微認識亞德里恩，但尚未到稱兄道弟的地步，因此我常坐在這幫人隔壁的桌子，希望能聽到一段我能加入的談話。偶爾，我能插嘴；但通常，我插不上話。我感覺，這些人永遠不會成為我真正的朋友。

結交當地朋友必須跨越的障礙

這裡是越南，我寧可結交真正的越南人。不過我在這件事上同樣不稱職。黎女士的學生阿福試過一陣子跟我做朋友，邀我吃過一、兩次午餐，然後又請我去他家人在郊區的房子度周末。阿福能說流利的英語，是個堂堂正正的漢子，如此善良、正常又溫柔，以致他生平最大的煩惱是說服他信天主教的父母接受他信佛教的女友。我喜歡他，但看不出我們該如何配合彼此的興趣來成為真正的朋友。例如，去他父母家途中，我們停在一個釣魚場，坐在人工池塘邊喝冰咖啡，並試圖釣土魠魚。我喜歡這個活動，但這是阿福的主要娛樂嗎？這個溫和的人是誰？他會是跟隨我進入這個城市更陌生角落的朋友嗎？

但是，當我們抵達他家時，我陷入吃驚的困惑。房子本身和城裡的房子不同：它是一層樓的平房，屋頂很高，房子既寬且深，前面突出一個小客廳，擺了一套不舒服的假皮沙發，那是越南裝潢師眼中的時尚必需品，再進去一點，在高高的波浪板鐵皮屋頂下，是一臺龐然大物——工業紡織機，連著四個巨大的線軸，占滿整個房間。我呆若木雞。這……這是典型的越南住宅？住在這裡，在輕工業包圍下成長，是什麼感覺？

在我拜訪期間，紡織機一直不停運轉，將紡線織成一匹匹薄白布，阿福的家人會將這些白布賣給欣欣向榮的成衣業。即使晚餐後，機器仍不斷嗡嗡作響，當它偶爾停止，是因為一個線軸鬆脫或線纏住了，某人會緩步走去處理，也許是阿福、他的堂弟或祖父母之一，然後再度啟動機器。那夜，我在不舒服的沙發上睡得意外安詳。

但第二天早上我面臨了一個挑戰，而且無法克服，那就是「上廁所」。那是一間蹲式廁所，鋪了磁磚，很乾淨，雖然此刻我暫時免於梨形鞭毛蟲困擾，但我不懂如何正確使用廁所，也不信任我的腿能維持我穩定。更糟的是，我無法向阿福啟口，我們尚未親密到可以談如廁問題。因此，儘管按原訂計畫我應該與他家人再相處一天一夜，我卻臨陣逃脫，找了閃爍其辭的藉口，對自己的失敗羞愧得無地自容，又不能向阿福解釋。現在，這個熱情開朗的人永遠不會真正成為我的朋友了。這段插曲的唯一正面後果是我開始每天練習蹲，好讓我永遠不必再失敗。要不了多久，我就可以四平八穩地蹲三十秒至一分鐘，雖然不夠長到修腳踏車，但肯定足以應付任何緊急如廁形勢。

如果我學越南話也能這麼成功就好了！我在胡志明市的第二周，註冊了一門越南話初級班，一周上課五天。打從一開始，我就學得很辛苦。儘管越南文是用改良的羅馬字母書寫，但口語有六個聲調，因此一個字的意思取決於你的聲音是保持平穩、上升、下降、下降再上升、急遽下降再上升，或下降到聲音卡在喉嚨裡。例如，anh 是哥哥，ảnh 卻是照片。我實際上能發這些音，而且發得相當好（至少比我的一些澳大利亞和韓國同學好），但我幾乎完全聽不出六聲差別，雪上加霜的是，還有為數眾多的三重雙元音和嚥下去的最後一個子音。當老師問問題時，我發現自己在計算每個單字的可能性，猜哪一個最合理。**哪裡有……傘？我想買一輛摩托車，或賣一輛？教室裡有幾個朋友？**

等等，什麼？她真的問那個嗎？她真的問，而且是衝著我而來：「Có bao nhiêu bạn ở phòng？」我環顧教室，不知道才上兩星期課，我能把多少人當作我的朋友。我和恩順吃過一次午餐，他是一家服裝廠的韓國監工，但我們的交情僅止於此。我敢回答「一個」嗎？多可悲。或我應該把這裡每一個人都當作朋友？我張開嘴。我閉上嘴。我揣著焦慮環顧四周。

老師叫另一個學生回答，一個年輕的日本姑娘，語言能力超越其他同學。「九個，」她說。

「很好，」老師說，然後帶領我們數教室裡的桌子。桌子！我記得桌子是bàn，卻聽成bạn，朋友。

再過兩周，我逃學了。我告訴自己，我沒辦法每天一大早起床趕八點鐘的課，但持續失敗才是真正的原因。如果我要交本地朋友，他們必須會說英語。當我覺悟到這一點時，我感到昔日的局限悄悄升起——我將不會在這裡選擇我的朋友。命運會替我選擇。

但有時命運會峰迴路轉。一九九六年初秋，第一家網路咖啡在胡志明市開張。店名叫做「馬馬虎虎」（Tâm Tâm），創辦人湯姆．雷普是一個六十多歲、聲音粗啞的大鬍子紐約客，他的合夥人阿明是一個精瘦、脾氣火爆的本地青年。這家網咖有六臺電腦，是城裡唯一能收發電子郵件的公共場所，我在那裡消磨很多時間，與老家的親友保持聯繫，喝濃濃的冰咖啡加煉乳，聽布萊恩．亞當斯（Bryan Adams）和甜得發膩的越南流行歌曲，同湯姆聊食物，他在曼哈頓上東城擁有一家餐館。

「你應該跟道格拉斯見面，」一天湯姆告訴我。我聽過這個名字，也許聽湯姆說過，也許聽別人提過。道格拉斯在紐約電影電視界做過幾年事，最近也和我一樣搬來越南，但目前他在柬埔寨和寮國一帶旅行。在我聽來，那很勇敢。「你會喜歡他，」湯姆說。「等他回來，我介紹你們認識。」

然後湯姆遞給我一張CD。他在美國買的，以為阿明會喜歡，但它對越南口味來說太陰鬱了。樂團的名字叫做Portishead。

一種名叫「局外人」的新品種寂寞

幾星期後，道格拉斯（不是他的真名）和我終於見面了，在馬馬虎虎，我正要進去，他正要離開，或相反。道格拉斯隨和自信，是高個子金髮帥哥，來自美國西北岸，中學畢業後曾在日本僧院待過一陣子。快滿三十歲時，他決定離開紐約一年，什麼都不做，只想看看越南及周遭地區的現況。

這一切使他和我或在西貢一帶摸索的其他西方人有點不同。在一家舊法國別墅內的餐廳La Camargue喝了幾杯酒、打了幾局撞球後，我很快發現我們之間有兩個共同點：我們都喜歡威廉·福爾曼（William T. Vollmann），一位激情的舊金山作家，著迷於光頭黨、娼妓、遊民、民工、快克古柯鹼、槍枝、阿富汗聖戰游擊隊、加州—墨西哥邊界地帶及東南亞；還有，我們也都強烈渴望探險。

這是自從我來到這裡一直欠缺的——不只是朋友，而且是同遊伙伴，一個認為午夜胡志明市陰暗空蕩的街道是誘惑、是機會、是挑戰的人。我在范五老街背包客出沒的地方混太久了。我需要伸展我的腿。

我開始與道格拉斯一起遊蕩。他騎本田 Bonus，一輛大型、廉價的傳統摩托車。我思忖，先前花了四十美元買的單速腳踏車必須升級，於是租了一輛七十西西有腳踏板、前面掛個小籃子的輕便摩托車代步。我們一起馳騁在大街小巷，通常載著他的女友容兒，一個可愛的姑娘，笑起來有點暴牙。在堤岸區（Cholon），西貢的中國城，我們大步踏進一間叫做「藝術家」的夜店，在一群時髦的越南年輕人當中顯得鶴立雞群。我們騎著摩托車，與馬馬虎虎網咖的員工一道，浩浩蕩蕩開到遙遠、綠意盎然的河畔餐廳，在那裡用米紙包香料和烤肉來吃。我們經常只為了看看哪條街通到哪裡而騎車，夜晚結束時，我們會回到商業區一家日本人經營的旅館，一人花三十美元，跟渾身刺青的日本黑幫分子一起泡湯。與道格拉斯同行的每一晚，都給我一個機會去做我獨自一人絕不會做的事。

在越南，長幼尊卑秩序建立在語言之中。人人要麼是你的上級，要麼是你的下級，沒有對應「你」的字。稱呼比你略年長的男性為 anh（兄）；比你長一輩，但比你父親年輕的男人為 chú（叔）；bác（伯）則是比你父親年長的人。對女性的稱呼是 chị（姐）、cô（姑）或 bà（婆）。任何比你年輕的人（或只是女性）是 em（弟或妹）。在此脈絡中，道格拉斯是 anh，我是 em。在日本，你會稱此關係為前後輩；而套用《星際大戰》的語言來說，我是絕地武士學徒。有很長一段時間，這個關係很恰當。我需要某人來教導我、啟發我，憑他的經驗和自信帶領我——甚至打扮我。道格拉斯在曼谷買的但不再喜歡的范倫鐵諾鈕釦領襯衫，我穿了很多年。

但道格拉斯並非時時刻刻都在，經常有點疏遠。有回凌晨兩點，我在與梨形鞭毛蟲的奮戰中打電話給他，他很錯愕。**我們已經這麼親密了嗎？**一起消磨時間不是必然模式。他有他自己的生活，有容兒，有不牽涉我的計畫。一度他獲聘在一家越南廣告公司擔任創意總監，有工作相關的晚宴和酒會必須出席。我，他的小弟，不再位列於他的優先名單頂端，如果我曾在那裡的話。

我充分理解。在家裡，我是老大，儘管我關心我的弟弟、妹妹，但我未必希望他們成天跟在我屁股後面。道格拉斯有同樣感覺乃理所當然。

因此我繼續躲在我的小房間，讀重量級小說（托馬斯、巴特、華勒斯），聽 Portishead，同時沈思這個新品種的寂寞，它更痛徹心扉，因為它未完成。我有朋友和熟人，也經常跟人談話，但我仍是局外人，不論與外國人或越南人社群都沒有聯繫。我與觀光客無異，來這裡喝幾瓶「333」啤酒，參觀美國戰爭罪行博物館（Museum of American War Crimes），浸潤在快速消失的危險氣氛中。越南！

我交友，故我在

二〇〇七年一個金色六月下午，威斯康辛州西南部的無磧山（Driftless Hills）充滿希望。綠林覆蓋圓形山坡，有些地方樹盡草長，或驟然退讓給有機農場。道路切過山丘環繞其上，我在每一個彎道加速我的 Volvo，享受向心力的撫慰擁抱和斜陽下開車的豐沛韻律。我知道，這條路在這個時間是危險的。鹿會出來覓食。有一隻已經從我前面的柏油路急速奔過，然後躍過一道高籬，弧形的飛越之姿如此緩慢，在最高點時彷彿停在半空之中，被落日照得背後發光發亮，然後遁入高草叢。

「你不必瞭解，」妮蔻．凱絲（Neko Case）的歌聲從車上音響傳出，「只要悲傷和懷疑。」

悲傷和懷疑是我的心情寫照。我幾乎感覺無法繼續下去。這個音樂，這個景色，這個止不住的前進動作，合謀起來增強我的孤寂，也降低我的孤寂。我已在路上走了一個月，替紐時做為期一個夏季的省錢旅遊達人橫渡美國之旅，以之字型路線，避開所有洲際公路，從紐約經阿拉巴馬州、南達科塔州、德州、科羅拉多州、懷俄明州到西雅圖，全程一萬兩千哩。我知道，大部分的旅程我將獨處車內，一輛嘎吱作響、容易過熱的一九八九年銀色旅行車，我花了一千六百美元買來，並取名薇薇安。

但我並非完全孤獨。我有音樂作伴。妮蔻．凱絲的歌聲陪我跨越威斯康辛州和愛荷華州；烈火紅唇合唱團（Flaming Lips）陪我穿過新墨西哥州和科羅拉多州；巴布．狄倫（Bob Dylan）幫我度過堪薩斯州；李歐納．柯恩（Leonard Cohen）幫我度過內布拉斯加州，凱特．斯蒂文斯（Cat Stevens）帶我進入南達科塔州。從我的 iPod 到磁帶卡座到薇薇安唯一會響的喇叭，法國饒舌歌手 MC Solaar 吟誦他的好戰詩詞。

里程會隨風而逝，一百哩、兩百哩……而音樂綿延不絕。我加速薇薇安繞過泥濘的墨西哥邊界地帶（在那裡，她的後保險槓脫落了），爬上落磯山的泥土路（在那裡，她的變速器死了），穿過印第安納州無止境的鄉野，一路聆聽悲傷而簡單的歌曲，那種如果你旁邊坐了一位有血有肉的朋友，你絕不會播放的小調。但這趟旅行不同，我的孤獨需要配樂。

不過，有時候，風景和音景之美會淹沒我，使我想鬆開握方向盤的手，飄下懸崖和深谷至某種死亡。南達科塔州光潔的黑山，那些迂迴曲折、松樹夾道的公路，與崎嶇不平的伐木道路交叉，是誘人的死亡陷阱。德州蒙通鎮以西的沙漠，沒有加油站，沒有人口，只有空洞的石頭和乾涸的河床，映照著我自己的個人荒漠。死亡願望席捲我，但不是因為我想結束一切。相反地，我想永遠繼續下去，保存絕對完美的感覺。當我駕著我的銀鋼旅行車奔馳在天地之間，世界向我傾訴，只向我一人，恰似我崇拜的音樂之神對我歌唱，唱我之歌，為我而唱。我不向任何人負責，我掌控自己的方向和自己的命運，急迫但從容如 Portishead 的脈動旋律。我不斷想，唯一阻止這個時刻結束的方法就是結束它——永遠不讓其他任何時刻侵入。抱歉，薇薇安！

「你知道嗎？」烈火紅脣問我，「快樂讓你哭泣。你知道嗎？你認識的每個人有一天都會死亡。」

每一個人？是呀！沒錯。但人人會死不是我所擔心的——我念茲在茲的是我自己的命運，至今如此。小小年紀，也許還不到十歲，我就不再相信我曾經信仰的超自然上帝，人必有一死的觀念變成一個緊迫的憂慮。晚上，我害怕睡覺，因為暫時失去知覺似乎只是永恆不存在的序曲。三不五時，恐慌會在我胸中升起，布滿我的臉，在我腦中鑽入有一天我將不再存在的事實——甚至不知道我不再存在，甚至連一秒鐘都不能感受到終於結束的解脫感。對我來說，宇宙將不再存在。我認識的每個人有一天都會死亡？是呀，肯定，我當然在乎，但**我**死的那一天我將不再有能力在乎。

但多年下來，我學會適應，部分是靠著寫作的允諾。如果我能寫，而且寫得夠好，足以產生某個傳世之作，譬如一本書，那我的文字、我的理念、我自己就會倖免於不可避免的結束。我的作品很可能不會比我的肉身長命多久，頂多一個世紀，如果我幸運的話，但我永遠不確知我會留下何種遺產，儘管這是我避免被完全遺忘的最佳機會。

我不能說這是一個面對生命（或死亡）特別洞見世事的態度，但它發自我內心深處，這個對死亡恐懼的本能，只能靠否認和訓練有素的誤導去壓制。但透過這個鏡頭來看，它也解釋了我何以渴望友伴。藉著結交新朋友，我可以在世界各地留下記憶我的痕跡（倘若我更英俊瀟灑、更不受道德約束，我可能在很多地方留下子女）。幸運的是，交朋友是我工作上的實質需求。我的報導需要人——最好是本地人，帶我四處看看，提供地方色彩，將我發的新聞稿從「麥特的驚人省錢探險」變成某個更寬廣和更少個人色彩的文章。

尋找「一加一大於二」的機會

因此，我懷著高度希望開進肯塔基州東部。這裡是波本威士忌之鄉，有半打酒廠散布在牧馬場和石灰岩山丘之間。野火雞（Wild Turkey）、金賓（Jim Beam）、美格（Maker’s Mark），全都在這裡有生產設施和品酒室。在鄉間的一片墨綠中，無窗的塔樓分外鮮明，那是他們用新的、燒焦的橡木桶來陳化威士忌的地方。巴茲城（Bardstown）的聯邦風格磚屋和中央廣場，使它看起來像賓夕法尼亞州東部的老城，是我計畫集中精力的地方，因為它鄰近酒廠，也因為老塔伯酒店（Old Talbott Tavern），那是一家十九世紀的客棧，據說林肯（Abraham Lincoln）總統曾經住過，更重要的，它以擁有這一帶最好的精選威士忌馳名。

但那個周五下午，當我抵達時，木板牆裝飾的陰暗酒吧幾乎荒蕪。寥寥可數的客人在喝琴通寧酒和劣質瓶裝啤酒。波本酒單果然很長，有很多單一酒桶精品及來自獨立酒廠的珍品，我極度渴望與某人討論。我愛波本，愛它烈酒入喉的灼痛感、似有似無的甜味、充實飽滿的口感。但酒保似乎沒興趣談酒。我點了一杯「古典」波本雞尾酒，悶悶不樂。

我想，或許喝完這杯酒可以到客棧的餐廳碰碰運氣。我穿過建築，經過禮品店，進入餐廳，但石牆、木梁構成的空間同樣空蕩，只有一對母女在吃起士漢堡，另外三個老人在啜甜茶。

但我偵察到角落坐了一個單身女子。金髮，我猜三十五歲上下，非本地人，因為她對服務生說話時沒有本地口音。我希望，也許她來巴茲城的理由和我一樣：對波本的喜愛。但我怎樣才能接近她？她遠在餐廳另一頭，我沒有藉口過去自我介紹。我不想顯得像神經病，也不想表現得像企圖勾搭她（畢竟，我是有婦之夫）。我只想找個人聊聊，分享我的發現。

我知道，如果現在我已經有一個同伴，如果這個女人已經在我身旁，此事就會比較容易。這個辦法曾經奏效。幾年前，我曾和我的朋友珊卓，嬌小的平面設計師，結伴在北印度旅行。當時我們各自有交往對象，但我們是朋友，都喜歡探險，在火車上，在餐廳，在街上，我們散發出容易親近的氣氛。我們不危險。我們有趣。你可以跟我們談話——你不會變成電燈泡。我們同行，但各自獨立。我們可以互相照顧，但不負責對方的快樂。我們可以與任何我們想調情的人調情。

這在印度足以引起困惑。在瑟瓦伊馬托布爾（Sawai Madhopur）至阿格拉（Agra）的三等火車上，我們是擠得水洩不通的車廂中唯二的外國人，因此引人注目，一位車掌推開人群、穿過走道在我旁邊坐下。

問了我的名字和我們從哪裡來之後，車掌看一眼珊卓，然後看我，問：「你結婚了嗎？」

是的，我告訴他。

「哦，」他說。「所以這位是你太太？」

不是，我回答，不做進一步說明。

他似乎大惑不解，然後眼睛一亮。「那麼，」他熱切地試探問道，「她是你的女朋友囉？」

「不是，」我說，並微笑。

車掌皺起眉頭。這太不合理了，他似乎狐疑他是否說錯英文，或聽錯我的英文。沈默半晌，他道了再見，起身離去。

事後我對這個欺騙行為感到內疚——他不該遭受我自以為俏皮的戲弄，但同時我太喜歡我們的奇特狀態，捨不得放棄困惑他的機會。珊卓和我也許不是情侶，但我們令人好奇，我喜歡這個玩笑。

我和珍一起旅行時情況又不同。當她和我去墨西哥、緬因州、巴黎或臺灣時，我們的目的不是認識新人，而是與彼此在一起。珍的舒適是我關心之事，如果她不開心，我也不開心。這並不是說我不喜歡與珍同遊，而是情況不同。我們兩人是一個閉路系統。

反之，與珊卓在一起可說是一種開放關係，如同與其他陪我一起旅行的朋友：克莉絲汀、西塔、莎拉、瑪麗愛倫。在老塔伯酒店，我但願這位神祕女郎已經在我身旁，我可以跟她說話，沒問題。這是一個雞生蛋、蛋生雞的問題，而我顯然是那隻雞。

其他地方有不同的交友方式。在喬治亞國首都提比里斯（Tbilisi），我發現一位時髦的女帽商，叫做妮妮K，她的精品店賣現代版的傳統高加索毛皮帽。當我得知妮妮在紐約住過半年時，我們的話題便轉到彼此最喜歡的下東城酒吧，繼而轉到她計畫那個周末在她的鄉下別墅舉辦的派對——她邀請了我，並不知道我是旅遊作家。我記得從她的店走出來時，被夏日陽光和她的熱情好客照耀得睜不開眼睛。但顯然這只是喬治亞人的作風：幾夜之後，我獨自走在街上，經過一個露天酒吧區，停下來拍照，一群青少年看到我，叫我過去，先是問問題，然後是喝啤酒和陪他們去迪斯可舞廳廝混整夜。

在美國（及大部分西方國家），我們害怕，怕被誤會，更怕被斷然拒絕。對陌生人說「哈囉」等於承認自己寂寞，拿自己的心靈來冒險。維持孤獨和忍受寂寞，比冒著失敗的危險容易多了。即使我有一千次成功和極少數失敗經驗，我仍然無法鼓起勇氣去結識陌生人。

而且，這不是第一次，也不會是最後一次，我但願自己不需要同伴。為什麼我不能安分守己地獨處？為什麼這麼急切、無法控制地渴望與人接觸？令人不安的事實是，我**擅長**獨處。我知道如何獨自用餐（在酒吧），只要我有很多讀物，就可以高高興興地過幾天沒有一次真正談話的日子。單獨旅行通常比結伴旅行容易——我可以睡到我想起床的時候，可以去我想去的地方，並在我感覺無聊的時候離開。孤獨在我心中激起愉快的不在乎，一種無可損失的獨立意識。我曾經熬過孤獨；那些在露西旅館度過的可怕寂寞夜晚，已變成甜蜜的青春記憶。我可以再度熬過，不是嗎？

但現在孤寂和渴望快壓垮我了，逼得我幾乎願意做任何事，**任何事！**比如去和那位神祕的陌生女子做真正的接觸。當然，任何事，除了過去跟她說話以外。

讀到這裡，一些讀者可能會建議，也許神祕女子是錯誤的目標，也許喝甜茶的三人組或吃起士漢堡的母女檔正等著你過去聊天？他們看起來是本地人，他們很可能知道這個城從裡到外一切大小事。但不行——我不能跟他們談話。他們在忙別的事。我不能打亂他們之間的動態。他們一起來，一起吃喝和談話，我不覺得我有權干擾。他們不給我開放和歡迎的感覺，如我與珊卓在印度的關係。

相反地，我默默吃我的豬排，與我的鬱悶思緒和陰森畏懼為伍。但飯後，當我徘徊在客棧禮品店翻閱觀光手冊時，神祕女子步出餐廳，向我走來。

「你從紐約來？」她問。

在品嘗各式波本的過程中，我得知派翠西亞來自紐約州威斯雀斯特郡，而且令人好奇的是，她是一個陸路旅行老手。每當她能從她的秘書工作休假時，她就飛到仙納度山谷或蘇克斯瀑布，租一輛車，漫遊該區一星期或更久，縱情於她對美國歷史的熱愛。

當我們聊天和喝酒時，我以純柏拉圖的方式愛上派翠西亞。我周遊世界，因為我是職業觀察家和經驗評估者，她做同樣的事情，卻僅為了樂趣。她在旅途中的經歷不必追隨著某一個主題，也不必簡化和濃縮來供大眾消費。那些見聞對她很重要，只對她一人。

接下來數年，我們透過電子郵件通信，我愛死了聽她報導她有時亂七八糟的近況：家庭衝突，歧視女性的老闆不給她升遷，並在假期中打電話給她，迷戀（已婚和單身）朋友，以及在一場聽眾全是老人的民謠音樂會後頓悟，她似乎「與平均年齡七十歲的人有共同興趣」，因此「只能吸引曼陀林樂手」。

換言之，派翠西亞是一個充滿人性的人，神經質、奮鬥和偶爾成功，並在有機會時逃離她的生活去漫遊美國，進行「圖書館和墓園」之旅。我喜歡我們的邂逅，將我拉出孤僻的自我中心，使我進入世界。我喜歡派翠西亞的存在，而我有幸遇到她，並將她釘牢在我不可靠的記憶中，如我希望她也將我釘牢在她的記憶中。

在某個層次，我希望和她一樣——生活充滿戲劇性，必須靠旅行來應付。但我的生活已安頓下來，多少有點出乎我意料。就在這趟橫渡美國的陸路旅行之前幾個月，珍和我在布魯克林合買了一戶公寓。我在《紐約時報》有一個固定專欄，我用別人的錢旅遊世界。我沒有任何藥癮，沒有任何嚴重健康問題，我與我的家人、姻親相處融洽。除了傷感的死亡恐懼，以及隨之而來的渴望同伴，我沒有焦慮。我也許有有趣的故事可講，但我本人很悶，過去如此，現在亦然。

友誼經常以意想不到的方式到來

我也不是一個我所期許的好朋友。自從派翠西亞和我在肯塔基州相遇，多年來通過幾十封電子郵件——其實是派翠西亞寫信給我，我雖然津津有味地讀她的遊記、她妹妹剛萌芽的怪誕鄉村音樂事業、她得不到回報的愛情，卻從不立即回信或寫夠深度的信來延續對話。事實上，我直到現在才發現她在二〇一一年的信中寫下了這一段話：「經常形單影隻有一點難受。似乎任何情況都好過孤單……但我的經驗告訴我，有時孤單是最好的選擇。」

我應該告訴派翠西亞——我現在必須告訴她，但她很可能已經知道：孤單不會持久。當城牆似乎最堅不可摧時，城堡崩垮了。你上臉書或沙發衝浪，就可以與人取得聯繫。你買一張機票飛到肯塔基州，在禮品店認識某人。你沿著提比里斯的街道走下去，結果走到某人的鄉下別墅。你時來運轉——你結緣。

聯繫也不必持久。我的意思是，友誼不會因為曇花一現而價值減損。派翠西亞和我奇妙地在旅途中相遇，但我們能對彼此要求什麼？我們能對我們遇到的每個人負什麼責任？除了派翠西亞，我還認識和結交了其他朋友，例如印第安納州哥倫布市的辛諾里諾家族、新墨西哥州哥倫布城外拖車屋的翰尼迪、保加利亞的鬈髮澳大利亞雪地滑板手麥克、我在土耳其某地遇到的澳洲人亨利與貝絲、還有那些比什凱克（Bishkek）的和平工作團志工、烏魯木齊至北京火車上的年輕人、馬來西亞各地陪我吃飯的人，以及所有布宜諾斯艾利斯的建築師和設計師，還有其他幾百人不勝枚舉。若能在任何一個他們所喜愛的城市再相見，我一定會欣喜若狂，但我對此事發生的可能性不抱任何希望。我所能做的最好和最負責的事，就是記住他們，向我們短暫的喜相逢致敬，作為抽象的紀念品永藏我心中，並祈願我們的路徑將再度交會。

因為它可能發生，以我們意想不到的方式。道格拉斯和我成為朋友之後，我們一起去西貢探險，一起去柬埔寨旅行，一起在在醜得可愛的法國餐廳共進許許多多周日早午餐，然後又過了幾個月，我開始注意到一夥令人好奇的人進進出出露西旅館。他們大約八人，大約我這個年紀，裡面有美國人和越裔美國人。他們穿著相當體面，似乎擁有真正且重要的工作。我能結交他們，我確信，因為他們是我的同胞，但我不知道如何進行，或者應該說我不知道如何做得不著痕跡。

因此我守株待兔。我有道格拉斯，我有泰德、杰德和菩提樹幫，我有湯姆和馬馬虎虎網咖，我有Portishead，我有我的小說。我不急，但我會讓它發生。

越南死黨露西幫成形

隨著三月到來，胡志明市開始變熱。雨季早已結束，太陽烤在水泥叢林上的力道一天比一天強。那時我已養成中午吃一頓豬排午餐，然後在冷氣房裡睡午覺的習慣，但那天實在熱到爆，吃完午餐，我下樓去露西旅館大堂喝一杯加煉乳的冰咖啡。

和往常一樣，樓下涼快多了，那些磁磚和高天花板發揮了效力。前臺對面有一張圓桌，玻璃桌面和鍛鐵桌腳，配兩張有軟墊的椅子。一張椅子上坐著戎露西，一個聲音粗啞的四十多歲女人，有雙大眼睛、壞脾氣及做生意不擇手段的名聲。有謠傳說，這間旅館是她說服韓籍前男友買下的，最後卻變成由她完全掌控。她可以深情款款，也可以殺氣騰騰。

當露西看到我走近，她起身迎接我，並讓出她的椅子，問我要不要喝咖啡。我說要，她派遣一位員工上街去買。我坐在露西原來的位置，面對一位露西旅館居民，我很快得知他的名字是阮玄。阮玄很瘦，幾乎弱不禁風，穿不起皺的衣服，戴金屬框眼鏡。他說話不僅斟字酌句，而且帶著諷刺的超然；當他不說話時，一抹小小會意的微笑掠過臉上。我知道，他是我想加入的幫派成員。

他端起他的冰咖啡來喝，高玻璃杯在桌面留下一汪凝結的水珠。「為什麼，」他問我，「你不把襯衫塞進褲子？」

持平而論，這可能不是阮玄對我說的第一句話，但它是我記得的第一句，而且以他的一貫手法——那是挑戰，不過是一個來自朋友的挑戰。我獲知他來自馬里蘭州貝塞斯達市，剛從耶魯大學畢業不久，曾在一位老藝術家的監護下住在西班牙。在胡志明市，他是《越南投資評論》（*Vietnam Investment Review*）的編輯，那是最近一、兩年在越南創刊的幾份財經刊物之一。聽在我耳裡，這似乎是很酷的工作。

從那一刻起，友誼順利發展。也許當天晚上，也許幾晚之後，阮玄邀請我加入他和他的朋友，在他的房間喝酒打牌，然後大夥一起外出。我就是這樣認識這幫人：史蒂夫和蓮是一對來自舊金山的建築師夫妻，梅和傑生是《華盛頓郵報》（*Washington Post*）署名記者，漢娜和步美是英語教師和史丹福大學的朋友。其他人來來去去，但這幾位是核心。每天傍晚，我們先在阮玄的寬敞房間喝琴通寧，玩幾輪 **tiến lên**（爭上游），那是越南最流行的紙牌遊戲，玩家戲劇化地拋出長順牌以清空手上的牌（複雜的賭博牽涉在內）。然後我們轉移陣地去吃晚餐，通常在市中心一帶新開的幾家時髦西餐廳之一，但有時也去街頭小店，譬如河畔修車廠，那地方一到天黑就變身為海鮮燒烤店。飯後去捷克啤酒花園（業主是曾在布拉格留學的越南工程師），喝城裡唯一道地的皮爾森啤酒（Pilsner Urquell），也許在它的包廂唱一會兒卡拉ＯＫ，在那裡漢娜會大聲唱瑪丹娜（Madonna Louise Ciccone）的歌，唱得維妙維肖，我會在巴布．狄倫的歌中找到充滿鼻音的慰藉。之後是更多酒和競爭激烈的撞球賽，最後，當我們全部投降時，騎著摩托車在微風輕拂下回露西。

這是例行公事，這是一個社群，而我是其中一分子，同其他人一樣被接納。我們說同樣的語言，非常年輕、受過太多教育、懷著光明正大的野心和祕而不宣的恐懼、暫時背棄美國而選擇這個陌生新國度的一群二十來歲青年的語言。在這群朋友當中，我地位平等，雖然我不確定自己應該扮演什麼角色，也不確定此事有何重要，只要我能參與飲酒、賭博、吃飯和聊天就行了。

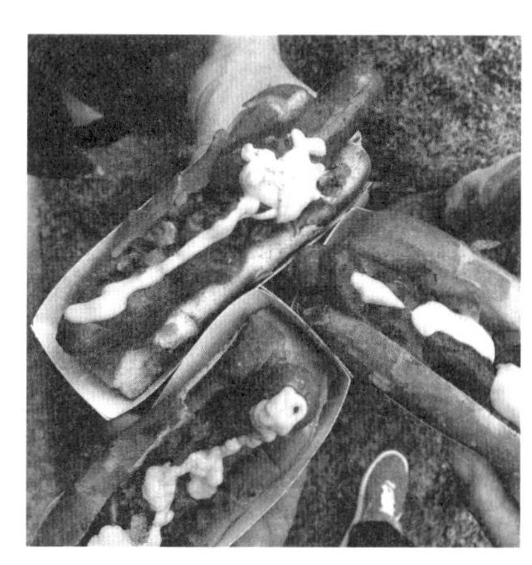

這與跟道格拉斯在一起的情形完全不同。在這裡，我不是小弟，雖然阮玄有時叫我「麥弟」。這個圈子也沒有我在菩提樹那幫人中間察覺到的緊張和競爭。我不必證明我自己。沒有人會占我便宜。這些人是我渴望了幾個月的朋友，而其中半數居然就住在我這棟樓。

友誼圈的微妙生態平衡

我對圈子裡每一個女性滋生情愫。蓮有粗嘎、性感的聲音，並以十足自信嘲笑一切。有回午餐後，我們一起午睡，穿著衣服，躺在我的床上，但她是史蒂夫的妻子。梅個子矮小，戴厚片眼鏡，慓悍得不得了——她以難民身分在加州奧克蘭長大。有天晚上，她乖乖搭我的摩托車回露西，從後面抱住我，但她和傑生是一對。漢娜很可愛，圓圓的臉上長了圓圓的五官，感情純真不加掩飾，但她在老家有男友，反正我也不知道如何接近她。我慶幸自己未與她們任何一人發生任何事。我極害怕打翻這個完美生態系統的微妙平衡。

但有很長一段時間，那個平衡靠露西旅館本身來維持，其住客和員工的荒誕行徑，我們半著迷半恐懼地觀察著。一樓的中年美國人巴布先生在這裡住最久，自蘇比克灣美國海軍基地關閉後就從菲律賓搬來了。他有一張紅通通的臉，挺著大肚子，最愛炫耀他收藏的全套《大英百科全書》，他出入的越南似乎和我們其餘人不同，說越南話的口音極糟（他不在乎），忙著經營他的店「洋基小販」，販售古怪的雜牌香水和T恤。巴布先生也是露西前臺職員盧女士的發掘人。瘦巴巴的盧女士身世坎坷，身為說法語的南越警察女兒，在戰後年代發了瘋，淪落街頭，背著幼小女兒在街上賣彩券，被巴布先生發現，雇她在他的店裡工作。在露西旅館，她是舉止溫和的磐石，和藹可親又有耐心。

換言之，她和她的老闆大不同，露西可以瞬間從嬌羞少女和樂於助人者，變成狂暴的惡魔。我們住客大部分是安全的，但我們每個人均曾在某一時刻撞見她發飆，為了某個違規事件對某前臺職員或警衛咆哮，然後一轉身又對我們露出燦爛的笑容，問我們是否需要瓶裝水、新鮮水果、乾淨床單。她賄賂警察，好讓美國男人帶他們的越南女友回旅館過夜，而且她知道去哪裡找便宜的出租摩托車。但她的狂怒也不饒過任何人，包括臉蛋甜美的清潔工阿翠和阿媛，當她們要她付積欠兩個月的工資時，她開除了她們。

但下個月，露西又把她們雇回來，這似乎是露西旅館生活喜劇中不可缺少的一部分——一段每個人生命中都會有的戲劇化卻無後患的插曲。也或許只有我這麼天真無邪。

但那天晚上，喜劇鬧大了。一位已婚但獨自住在旅館的菲律賓工程師的妻子從馬尼拉來看他，待了一星期。妻子的出現是一個問題，因為人人都知道工程師與露西有染。頭幾天，露西和工程師維持謎樣的房東、房客關係，但接著，不知何故，他們的偽裝被拆穿了，一場波瀾壯闊的戰爭開打，我們從四樓梅的房間就能聽到，當時我們正開始另一輪牌戲。戰役以工程師的妻子用一把菜刀割腕，工程師開著露西的車送她去醫院結束（這是我們當晚和第二天早上拼湊起來的）。

雖然我的朋友和我從局外觀察這一切，雖然此事與我們無關，但它是一個徵兆，預示看似穩定的動態可能突然改變——或崩垮。下一個裂縫出現在蓮離開越南回舊金山之時。她在西貢的最後一夜，我們在西伯利亞狩獵屋辦了一個伏特加酒助興的歡送會，我聽到耳語謠傳她跟史蒂夫鬧翻了。接著我去臺灣十天，看我的前女友天美，當我回來時，蓮已返回。他們破鏡重圓了嗎？或另有隱情？除此之外，我還聽到更多這幫人之間誰跟誰發生戀情的謠言。儘管表面上無人顯露任何異狀，但突然的緊張氣氛令我挫敗。我們全體處得這麼好，為什麼這個關係必須結束？為什麼我們之間必須有祕密？

事實上，它並未結束——沒有一件事結束。雖然湊足牌搭子在阮玄房間打牌喝酒變得有一點困難，但我們仍一起外出，仍騎車回旅館，等待打赤膊的夜班守衛睡眼惺忪地來開門。新人出現在我們圈子——蘇西、韋恩、嫻和逵，而老人換工作。就我所知，沒有爭吵，沒有絕交，沒有含蓄的散夥。甚至露西、工程師和他的妻子都以某種方式解決了問題；妻子回菲律賓，露西與工程師重續他們的婚外情。但旅館生活感覺不同了，變得比較不特別了。

好聚，好散

與露西幫消磨時間的同時，我也出乎意料地與菩提樹幫越來越親近。學者杰德介紹我認識 Ubiquity 唱片公司及它的舞廳爵士樂專輯；他的女友借我一張ＵＡ出的ＣＤ，是日本流行音樂的趣怪 Tori Amos，杰德的女友是日本人，兩人完全用越南話溝通。泰德，那個討人厭的紐約客，幫我成立了一個作家寫作班，與道格拉斯及另兩位潛在作家每兩周聚會一次，儘管我被他的個性激怒，並毫不留情地批判他的短篇小說（他以同樣態度對我），但我們似乎達成一種諒解。我們不必喜歡彼此，但我們相互認同——我們同舟共濟。晚上我們齊聚在某人的陽臺，喝酒，吸大麻，玩愚蠢的記憶遊戲（一隻鴨子、兩隻綿羊、三隻棕熊、四隻奔跑的野兔……），並與從倫敦來幾個星期或下個月要搬去金邊的朋友的朋友調情。

有一、兩回，我嘗試整合菩提樹幫和露西幫兩個團體。史蒂夫、梅和阮玄有志成為小說家，因此我邀請他們參加我的寫作班，但他們偏偏與道格拉斯和泰德不投緣——不同的目標，不同的感性。談話矯揉造作，不自由。從此之後，我維持兩個分開的朋友圈。

但「從此之後」並未延續多久。六月接踵而至，帶來雲層、濕度、高溫即將結束的可能性，以及我離開越南的日子也逐漸逼近的確定性。早春時節，在我找到我在西貢的節奏和位置之前，我曾申請研究所，並獲錄取。我展望未來，看不出在越南有任何前途，因此在七月底我將返回美國，而且了無遺憾，我估計。一個月前，你不可能把我從這些新朋友身邊拖開——他們是第一個接受我、如此冷靜而平等待我的人。現在，經過這許多起起伏伏，我們的分手似乎自然和必然，因此無須哀傷。我走的時候一定有餞行派對，很可能是在一家羊肉火鍋店，並灌了許多米酒，但我完全記不得了。

十五年後，這群人的現況如下：梅和傑生搬去非洲，結了婚，然後幾乎立刻離婚，梅搬到紐約，最後嫁給一個曾經和阮玄妹妹約會的男人；他們的孩子和我的孩子快樂地玩在一起，雖然不像我們希望的那麼頻繁。史蒂夫和蓮分居、復合、生孩子、離婚。漢娜嫁給大學時代的男友，住在麻薩諸塞州。阮玄待過費城、華府、馬尼拉、河內，再度回到西貢工作了一段時間，如今住在蒙古，仍舊單身。道格拉斯和我在紐約當了一陣子室友，之後漸漸疏遠；如今我們一年聚會一、兩次，喝酒或共進午餐。泰德搬到紐約，現在是我最親密的朋友之一。我猜歲月磨平了他的稜角，也許也磨平了我的。

薇薇安在西雅圖被我賣掉，換來一千八百元，從此音信杳然。

告辭了，潘德島的怪咖，哈！

感覺像是過了三十分鐘，但很可能不到五分鐘，我意識到警車的另一邊有動靜。車燈仍照在我臉上，我眯起眼睛努力想看看發生了什麼事，以為會看到卡薩迪鼻青臉腫、帶著手銬的軀體被拖到路中央。

相反地，卡薩迪和警察勾肩搭背走出來，而且在開懷大笑，像一對老朋友。我不明白。他們不是正要發生劇烈衝突嗎？怎麼會演變成這個截然不同的局面？警察拍拍卡薩迪的背，叫我們路上小心，把我們留在黑暗中揚長而去。我驚呆了，忘了問卡薩迪究竟發生什麼事。

「這是我的島，」當我們走在路肩上時，卡薩迪說，「此路是我開，哈！」

派對就在路前方，在一棟快倒塌的房子前院。二十個跡近鄉下老粗的男女散坐四處喝啤酒和吸大麻，聽說我來自紐約，他們熱切地請我吸。「你得嘗嘗咱厝的嫩草！」他們一致說。

但起初的歡迎很快變了味。卡薩迪決定提起我與《紐約時報》的關係，一提再提，而且話中帶刺，幾近譏諷。其他人也加入嘲笑的行列，雖然氣勢不如卡薩迪。當然，他喝醉了，但我還是生氣。當警察威脅他時，我不是挺他嗎？那還不夠朋友嗎？但我沒有顯露出我的怒氣和憤慨，反而再吸一口大麻，喝乾我的啤酒，道聲晚安告辭。我相當確定我永遠不會再見到卡薩迪或其他人，我無所謂。我盡了我的責任，他們盡了他們的：我們各自扮演自己的角色，不論好歹。

4

又想玩，又想省錢

我為什麼辭掉地表上最完美的工作？

你可以節儉，也可以奢華，
但千萬別忘了重點：你為什麼要旅行？

寄件者：史督華
主旨：關於回到紐約市……
日期：二〇〇六年三月三十一日

麥特：

周二過來如何？我除了上午十一至十二點和下午三至三點半要開會，其他時間都有空。見面之前，請考慮一下：如果我們能提供適當經費，你覺得春後進行一趟為期三個月的環遊世界之旅，沿途寫部落格、蒐集資料，寫兩篇特稿，是否可行？

寄件者：麥特
主旨：關於回到紐約市……
日期：二〇〇六年四月一日

我們約在周二下午三點半吧。這個時間對我最合適。

三個月、環遊世界？行，有何不可？

周二見……

波隆納糟透了。我去波隆納只因為我已經搞砸了威尼斯。我去威尼斯只因為直飛威尼斯的五十歐元機票，那是離開巴塞隆納最便宜的機票，巴塞隆納是這趟環遊世界夏季探險之旅最初幾站之一，而此探險是我成為《紐約時報》省錢旅遊達人的處女秀，人人稱此秀為「天下最棒的工作」——也是一個自毀前程的大好機會。

直到抵達威尼斯前，我並沒有意識到情況有多糟。實際上，我自以為英明得很。例如，我聽說威尼斯的麗都島（Lido Island）住宿比較便宜，因此我在島上維亞萊區的溫莎旅館訂了一間房（透過 LastMinute.com）。但是，當我從機場搭一程公車再換水上巴士橫渡威尼斯來到麗都島後，到處詢問如何去溫莎旅館，卻沒有人聽過這家旅館，也沒有人知道維亞萊區在哪裡。最後，我去手機店買義大利ＳＩＭ卡，店長叫我給他看 LastMinute.com 確認訂房的電子郵件。我給他看了。

喔，這個容易，他說得像這種事情天天發生似的：此麗都非彼麗都。這裡是威尼斯麗都（Lido di Venezia），我要去的地方是耶索洛麗都（Lido di Jesolo），在東北邊，搭巴士和渡船約一小時——離威尼斯的浪漫和神祕無限遠。我能怎樣？我已經預付房費，那是 LastMinute.com 的訂房條件，而且因為我的省錢旅遊達人預算限制我一天只能花一百美元，約八十歐元，我不可能改弦易轍。我搭了渡船和巴士，在我事後忘光光的旅館住了一夜。第二天早上，羞愧於我的錯誤和不願意通勤，我逃到南邊的波隆納。

到了那裡情況好轉，但只是暫時。上午我花了兩小時漫步該城的歷史中心，愛上那裡的紅磚和鵝卵石、拱形窗戶和拱廊通道，置身在一個真正、古老義大利城市的感覺。在馬喬雷廣場（Piazza Maggiore），我聽某處唱詩班歌聲的回音，看一縷縷陽光奮力穿透亮晶晶的雨絲。

我掙扎，我焦慮，誰叫我是職業旅人

連喝幾杯濃縮咖啡後，我孵出一個聰明絕頂的計畫，可以讓我便宜地在此地住下。時值五月下旬，波隆納大學（創立於一〇八八年！）學期即將結束。該校十萬名學生肯定有很多人正要離城，留下不走的人正失去室友，我曾在校舍附近布告欄上看到空房出租的廣告招貼。肯定，至少會有一名學生會樂意收容一個三十二歲的紐約佬五、六天，賺幾十歐元。當雨勢減弱，我起身，拖著我的滾輪行李向大學走去。

起先，我運氣不錯，看到一則廣告：徵室友，五月二十四日起，十七歐元一天。我用手機打廣告上的電話號碼，用結結巴巴的義大利話說明來意。

行，過來吧，該生說。接著說明從馬喬雷廣場到他的住處須搭一程或兩程巴士。也許需要三十分鐘。也許四十五分鐘。

待會兒見，我說。然後我走回馬喬雷廣場等巴士。

此時天空開始落雨，這一回來勢洶洶。大約三十秒內（也許四十五秒），我的心情從興高采烈變成完全洩氣。一切似乎如此絕望。我疲倦、潮濕且越來越濕，而且我其實不清楚公寓在哪裡，也不知如何搭公共交通工具到那裡，遑論現在變成傾盆大雨的雨勢將延誤公車兩小時（同我一起等車的公車族告訴我）。計程車太貴，不可能搭乘，而且我根本不確定我是否想住在那裡，因為它似乎離我在波隆納可能真正想看的任何東西很遠。那怎麼辦？我必須拖著恨不得當垃圾扔掉的行李找另一間公寓，一間又一間。當我焦躁不安地困在雨中時，一列神父和信徒悠悠穿過廣場，扛著聖母像走進聖彼得尼歐大教堂（Basilica of Saint Petronius）。

我的手機響了。莎拉來電，她是約翰霍普金斯大學波隆納分校的研究生。幾天前，我發了一封電子郵件給她全班同學，告訴他們我是校友，在環遊世界的旅途中路過此地，「因為我不認識當地任何人，想知道你們哪位願意陪我喝杯酒或吃頓飯。」（我沒提《紐約時報》）現在莎拉來電問我想不想喝咖啡。當然，我說。

兩小時後，我在莎拉同事的半空宿舍弄到一張免費空床（我沒要求，是他們主動提議的）。甚好，即使我沒有一位義大利學生引導我遊覽波隆納，但有一群美國人願意帶我去城中最好的酒吧吃下酒菜，在那裡點杯酒就可以自助餐免費吃到飽，而且菜色還不錯：醃肉和鹹乳酪和黑橄欖和稍微煮過頭的麵食，對清寒的學者和同樣寒酸的旅行者來說簡直是美夢成真。

但度過紅酒、同胞愛和免費點心的第一夜後，我的波隆納夢碎。學生們有期末考要考，有論文要繳，白天忙碌，留下我孤零零一人流浪街頭。我能做的只有毫無頭緒和漫無目標。我睡到日上三竿，瞄一眼古羅馬證券交易所遺址，跋涉有六百六十六道拱門的長廊，登上聖路加的聖母朝聖地（Sanctuario di Madonna di San Luca），那是西歐許多不令我感動的宗教建築之一。在這個以擁有義大利最佳美食聞名的地區，我吃得很差——多半吃廉價的披薩切片，加上以酒吧下酒菜為主的晚餐。我想像，在我周遭，義大利人個個在享受波隆納肉醬，而我卻靠油膩、免費的佛卡夏麵包裹腹。

每一天我都希望能想出一個辦法去瞭解這個城市，去尋找新奇和興奮的事物，去配合它的陌生節奏，但每一天我都失敗。癥結點是，我不知道我想在這裡做什麼，當你不知道你想做什麼時，你根本不可能開始尋找解決方案。我不斷期盼我會碰巧撞到答案，但相反地，我只是不斷碰碰撞撞。儘管我維持一百美元一天的生活費，但也只是勉強活著。

無論如何，我仍有工作要做，周一上午，在波隆納四天後，我敲出我的省錢旅遊達人專欄：全文一千兩百字，涵蓋幾乎所有你剛才讀到的東西，扣除廢話。我用電子郵件將故事和照片寄給紐約的編輯，周二處理他們的疑問和修改，並準備回威尼斯再試一次征服「最尊貴的威尼斯共和國」（La Serenissima）。

媽媽咪呀！編輯發出最後通牒

周三上午我的波隆納專欄登出來了，標題是「我在環遊世界中抵達波隆納（感謝廉價航班）」，不是我寫的，同時我被旅遊版編輯史督華的長信喚醒。主旨欄寫著「你的專欄」，重點是：招子放亮點。

捧著因恐懼和難堪而翻騰的胃，我讀著史督華的批評。他說，這個專欄變成麥特．葛羅斯浪跡天涯記，完全不是他所期待的生動而有用的敘事體省錢旅遊祕訣。而且我還接受校友免費留宿，這是讀者做不到的事——嚴重違反專欄的戒律。文字單調乏味不說，我甚至沒有提供那間免費供應下酒菜的酒吧名字和地址，雖然我這麼喜歡它。而且這不是第一次。我的前兩篇專欄文章，發自葡萄牙首都里斯本和西班牙加利西亞區，同樣令人失望。

他問，出了什麼問題？我是否還接受了其他刊物的邀稿，因此忽略了我的首要責任？或我根本沒搞清楚狀況？

「如果情況再不改善，」他寫，「如果下兩篇文章，在報導品質和深度上，還不能說服我：你和我們一樣認真看待這個任務，我會考慮終止它。我們會送你回家，但不會繼續津貼一個不能滿足我們需求或不符合讀者（或我的老闆，坦白說）期待的專欄。當初專欄推出時，他們的反應是如此熱烈。繼續津貼會破壞我們用純網路材料做旅遊網站的進展，並有玷汙『省錢旅遊達人』之名的風險。」

我顫抖著打包行李前往威尼斯。代誌大條了。史督華說得對：我的專欄爛透了——既缺乏與讀者相關、可以複製的探險活動，又未提供省錢建議給渴望省錢的旅行者。我尋思藉口。每一篇專欄的字數太少了，意味著我必須將太多資料擠在一起：里斯本故事談這趟旅行的基本前提——在一天一百美元的預算內盡可能好好環遊世界，以及為尋找最便宜機票所做的努力，這些已用掉一半篇幅；接著才是談我在葡萄牙頭幾天的經歷。同時，我的工具條件也令人挫敗：我不是用筆記型電腦寫作，而是用一臺掌上型電腦，搭配一片輕薄、不穩定的無線鍵盤，而且我既無可靠的網路連線，又缺安靜的工作環境。我不停移動、不停採訪、不停蒐集經驗，叫我如何同時寫出像樣的文章？

然而，這些藉口畢竟只是藉口。我不能用這麼蹩腳的抱怨來回覆史督華。但我有什麼辦法？他和紐時到底要我怎樣？我又沒受過關於這份工作的訓練。我變成旅遊作家幾乎純屬偶然。我變成作家是因為我不會做其他任何事。我學會如何省錢旅遊，因為我別無選擇。

省錢旅遊的起點：獨闖越南拚獨立

教室是一座水泥洞穴，至少五十呎長。卡車轟隆聲、摩托車喇叭聲和可憐野狗的吠聲從無玻璃的窗子和敞開的門滲了進來，要不是有這些嘈雜聲，我的聲音會在這偌大的室內產生回音。我的學生魚貫進來，在一排排木桌椅中找到位置坐下。他們年輕、稚嫩，幾乎聽不懂我說的話，大約有五十人之多，也許六十人。這是我在胡志明市公開大學教文學導論的第一天。

我在黑板寫下「麥特．葛羅斯」幾個字，由於我對粉筆有發自內心的嫌惡，所以下筆很輕，再加上潮濕，使得那幾個字幾乎無法辨認。我開始講課，幾乎得用吼的才能蓋過來自外面的噪音，並試圖維持簡單的語法。我們有一本教科書，是可憐兮兮的影印本，用透明塑膠膜訂起來，書上的第一篇短篇小說，是我教這些孩子的第一部英文文學作品，講一個女孩和她的狗的故事，發生在一個大概是澳洲的牧羊場。在我看來，它似乎是寫給初中生看的；雖然我不記得詳細情節，但故事誠摯單純，極少弦外之音。黎女士告訴我，學生應該在上課前讀過課文，但和世界各地的大一新生一樣，他們沒讀過。

為了讓學生習慣在課堂上發言，我叫每個人朗讀一段。如我所料，過程緩慢而痛苦。沒有一人英語說得特別好，能泰然自若在同學面前表演的人更是少之又少。但一點一滴的，我們讀完全文。

當我開始問學生關於這篇小說的問題時，全體一致陷入困境。沈默——鴉雀無聲，連吠叫的狗和按喇叭的摩托車似乎都瘖啞了。當我問更多關於小說的主題、意義和性格刻畫時，我可以看出這些概念對學生太複雜了，他們不但猶在掙扎瞭解一種外國語言，還得努力適應一個外籍老師，這個老師很可能不同於他們曾經遇過的任何老師，要求他們參與作品討論。我必須改變作風。

我在暑期英語教師培訓課程中學到一件事，學生（或「學習者」，我們應該如此稱呼他們）在以英語為母語的人面前常羞於啟口，怕自己說得不標準，而要讓他們更自在的辦法是叫他們彼此對話。因此，我心生一計。我將學生分成十個小組，派給每一組一個關於五個W的研究題目：故事中有誰（who）？發生在何處（where）？發生於何時（when）？發生了何事（what）？為什麼（why）作者選擇講這個故事？

難以置信地，他們聽懂了，開始將這個淺薄的故事拆成五個W元素。接下來十分鐘，他們腦力激盪，我甚至聽到他們的越語對話中夾著英語片語和句子。當我請每一組上臺報告他們的研究成果時，他們居然做對了，不只剖析女孩的性格，還剖析她的狗，儘管他們對故事發生在何地（法國？）及何時（現今？）有點困惑。

但「**為什麼？**」的問題比較複雜。兩個小組被分配到思考故事的較深寓意，兩組都認為它純粹是道德訓示——這個故事如同所有故事，是設計來教導我們如何作為，或不作為。女孩的行動就是代表、就是象徵，他們的評論完全不涉及社會壓力或影響，以及個人在社會的適當位置。

當然，這是純馬克斯列寧主義的文學思想，傳授給整個共產世界世世代代的學生。文學之所以存在，是為了改善我們和我們的國家；它沒有模糊空間；它懷著目的而寫。

這堂課只剩幾分鐘，因此我說話了，再度提高我的聲音以壓過外面的噪音。我說，也許作者為了其他理由而寫這篇小說，也許他想瞭解這個年輕女孩的想法，想釐清她童年經歷過的某事，想記錄澳大利亞歷史上一個特定時刻，或甚至可能只是為了用優雅文字表達一個小戲劇的樂趣。這些不是高深的詮釋，但我需要讓學生考慮其他可能性——任何可能性，除了文學的「道德訓示」。

下課了。我熬過來了，並發明了一個閱讀架構，可以應用在整個學期。學生當眾發言了，其中一名叫做瑪莉，英語說得意外好的可愛女生，下課後還親自向我道謝。我的反馬列主義文學觀點也許有一天會反咬我一口，比如申請加入共產黨時，但此刻我心情輕鬆。在過去六十分鐘，我賺到白花花的三萬大洋越南盾——將近三美元。

NO！骯髒的過客

當我騎著我的中國製腳踏車回露西旅館時，我知道還有一個問題必須面對。黎女士兌現了幫我找這份教職的諾言，但每周一小時授課遠遠不夠支付我的帳單，即使我偶爾替其他老師代課。而我在ELT蓮花一小時十五美元的授課收入雖有幫助，但一星期仍只有兩、三天。此外，蘇珊，一位住在露西旅館的印尼女子，幫我和她的一個朋友搭上線，這位朋友需要替她的八歲胖兒子費迪南請家教。

加起來，我一個月收入幾百美元，勉強夠付我省吃儉用的開銷。其中最大宗是露西旅館房租：三百美元，在我要求不必每天送三公升瓶裝水之後，降到兩百一十元。儘管如此，我仍在背包客區尋找更便宜的選擇。我曾追隨一個線索，鑽進貫穿越南城市街廓的無數巷弄之一，爬上幾層室內樓梯，再攀登一座梯子，從天窗探頭可見一間陰暗的閣樓，一個年輕日本男人只穿內褲坐在裡面。帶我去的房東告訴我，分租那間房的費用是四美元一天。

「我會考慮。」我說謊。

除此之外，我努力學習如何減少在喜愛的越南食物上的花費；如果我一頓飯花超過五或七美元，已經是揮霍了。啤酒和琴通寧的開銷是一元或兩元，端看我在何處買醉，西貢小館之類的低級酒館，或Q吧——一個開在城裡的仿古歌劇院底下，如洞穴般有很多密室的高級酒廊。

全部開銷真的只有這些。我本來有一小筆儲備金——父母給我的兩千美元，但隨著我處理嚴重（飛到曼谷去申請長期簽證）和瑣碎（買一臺優質的Aiwa音響）的議題逐漸消失。我甚至有一張美國運通卡，雖然在未開發、未連線的越南，刷卡機會實在有限。

我知道，很快地，我必須在某些事情上讓步：我幾乎沒有進帳，又不願向父母伸手要錢（雖然我讓他們付偶爾出現的小額美國運通帳單）。從小到大，父母供給我一切，除了大學時期打工賺的錢——當達美樂披薩店的送貨小弟及巴爾的摩一間影片出租店的職員，我必須依賴他們。多年來，我一直盼望大學畢業自食其力，現在，我第一次嘗試獨立，在半個地球外，卻左支右絀。

更令人沮喪的是，我被衣著光鮮亮麗、擁有耀眼工作的外籍居民包圍。在Q吧，我遇到前途似錦的年輕建築師、平面設計師、電玩製造者、電影製作人、企業家，以及在上奇廣告公司（Saatchi & Saatchi）新開的辦公室服務的廣告人（男女都有）。他們買經典的偉士牌摩托車，住古堡似的郊區別墅，叫蘇格蘭威士忌、壽司和鵝肝醬，彷彿那是二十五歲年輕人天天吃的零食一般。他們去香港訂製西裝，去菲律賓潛水。我不討厭他們——我想**變成**他們，因為他們個個似乎都知道自己來越南的目的：賺錢和享受豪華生活。在此同時，我甚至不能把我的襯衫塞進褲子，而且必須拒絕瓶裝水才付得起房租。

當然，我還有一個選擇：我可以變成背包客。剛到越南時，我甚至不知道世上存在這種生活方式，但我很快就注意到了。他們在范五老街一帶到處可見，穿背心和紮染長褲的鬍鬚男，以及繫長裙的苗條女，個個皮膚曬成褐色，個個身上一股霉味，個個揹著比他們瘦削身軀還高大的高科技、高容量背包。他們喝最便宜的啤酒，住沒有冷氣的破爛旅店，不吃街頭食物，而是在專門招待背包客的餐廳靠香蕉煎餅和炸薯條維生。他們似乎永久待在一個地方，然後突然消失，去下一個生活費低廉的目的地，或許回到倫敦或紐約的金融工作，留下翻爛的去年的盜版寂寞星球。

越南人叫他們 tây ba lô——直譯為「帶包袱的西方人」，並因為他們邋遢的外表而輕視他們。我和其他半永久外籍居民也看不起他們。雖然我們住在城裡同一區，通常去同樣的酒吧和餐廳，卻很少和任何背包客交談，因此我對他們的生活方式大部分只是假設。他們真如大家說的吝嗇卻富有、背後有信託基金的金援嗎？我不知道。我只知道我想和他們保持距離，因為我怕我也被看成骯髒的過客。我也知道，除非我能改善經濟現況，不然我與他們的距離會縮小至零。

砍掉重練：窮教員變身越南新聞工作者

十一月中旬某日上午，我騎單車去ELT蓮花辦公室。那間辦公室設在一所中學內，該校女生全部穿白色長衫，一種幾乎透明的傳統越南服裝。蓮花教員休息室的長桌上散落著本地英文報刊——《越南經濟時報》（*Vietnam Economic Times*）、《越南投資評論》、《西貢時報》（*Saigon Times*）及國營日報《越南新聞》。向戴夫和亞德里恩咕噥一聲早安後，我坐下來翻閱《越南新聞》，我的目光被一則新聞吸引住。似乎，河內國際電影節將於下個月舉行，為期十八天，放映來自德國、印度、中國、義大利等國的影片，甚至連美國都參展了：華納兄弟公司將在電影節首映《麥迪遜之橋》（*The Bridges of Madison County*），那是第一部重要的戰後美國影片，配上越南文字幕正式發行。

這太令人感興趣了。大學時代，我是一名認真的電影玩家，參加電影社團，拍攝學生短片——所有九〇年代中葉的影癡把戲全都玩過。在某個程度上，我懂電影，我估計在越南很少人比我懂，於是我想出了一個好主意。

一星期後，我辭掉所有工作（沒有人真正感到意外），登上越南航空公司班機前往河內。我旁邊坐著黎女士，她去首都參加一場學術會議。有她同行，給予我完美機會去結合覓職和觀光兩者；如果前者不成功，嗯，反正我本來就想做後者。接下來幾天，我們乘三輪車逛林蔭遮蔽的巷道（黎女士不信任摩托車），漫步經過還劍湖周遭的小餐館，吃非常美味的素「鴨」，並參觀胡志明博物館，那裡的展示品包括胡伯伯的一房小屋複製品，以及越南社會主義共和國的精選工業製品。我注意到一個展示櫥窗後面的電風扇，竟和擺在櫥窗前面吹散潮濕空氣的電扇一模一樣。

一天午餐後，我暫停觀光活動，去拜訪《越南新聞》辦公室，那是一棟灰色水泥建築，因潮濕而汙跡斑斑，與首都倖存的法國殖民建築形成悲哀的對比。我爬上幾層樓梯來到新聞編輯部，室內寬敞，年輕的越南人和幾位比較年長的外國人在電腦終端機周圍忙碌著。它看起來、它感覺像一個真正的報社——我生平造訪的第一個。

我先自我介紹，並要求見總編輯阮公權先生，於是我被帶到一位瘦削、威嚴、戴漂亮眼鏡、蓄瀟灑黑色小鬍子的男人面前。他用謹慎但完美的英語問明我的來意。我侃侃而談，告訴他我的背景、我對電影的喜愛、電影節、我渴望寫作等。我遞給他一份履歷。我解釋我不是空手而來，我還帶來一些材料給「龍的故事」，該報每周刊登一次的幽默專欄，由一位外籍員工撰寫。我的材料是一張令人笑破肚皮、翻譯錯誤百出的菜單，來自胡志明市最昂貴的法國餐廳之一，其菜餚包括「柑橘類水果補腦」和「狼鋪路浸在牠的荷蘭醬中」之類美食。

「好，」阮先生鎮定和平靜地說。「我們的特稿編輯剛辭職。你可以接她的版。」

特稿版？行，有何不可？於是，就這樣，我成為報紙專欄作家。一、兩晚之後，黎女士飛回南方，而我出席了第一場電影節放映會：德國導演韋納・荷索（Werner Herzog）的傑作《天譴》（*Aguirre: Wrath of God*），克勞斯・金斯基（Klaus Kinski）在片中飾演一位尋找黃金、逐漸陷入瘋狂的西班牙征服者。放映的片子是顆粒粗大的錄影帶。沒有字幕。在大部分位置空蕩的戲院，冷氣調到介於「大型冷凍庫」和「北極捕鯨站」之間。兩小時後，當我匆匆寫下影評以填滿我的版面（**我的版面！**），我的結論是荒謬——冰凍的戲院放映一部精神錯亂又晦澀難懂（但令人敬畏）的電影給一小撮凍得發抖的神經病看。

接下來兩個半星期，這是我的手法——不只評論電影本身（每片只演一、兩場），還報導在這陌生環境看電影的怪趣現象。一天下午，我發現戲院充滿過動的十一歲越南兒童，當他們發現我時，衝過來對我練習唯一一句英語：「Give me money！」另一天，另一個戲院，我在一個小小圓圓的八十多歲越南老翁旁邊坐下，他用背心、外套和法國扁帽把自己裹得嚴嚴的。我們並肩而坐，開始用法語交談，我必須重複告訴他我是美國人——是否因為他聽力不好或只是難以置信，我不知道。然後老人伸手到他的外套口袋，掏出一本小筆記本，遞給我。我打開來，發現裡面是一頁又一頁用工整筆跡寫的法國詩。我隨便挑了一首，當我讀下去時，我意識到這是嚴肅的玩意，韻律和用詞精準。於是我翻到詩尾，看他如何落款：「夏爾．波特萊爾」（Charles Baudelaire）。原來整本筆記是抄錄每一位重要法國詩人的作品。有一剎那，我感覺失望——但只有一剎那。好吧，就算他自己不作詩，但他對詩的專注，他對這種語言的明顯熱愛，他對這個外國文化的依戀，在某個意義上更令人佩服、更感人、更悽美。

每天傍晚，我匆匆趕回編輯室，敲出我的影評和編輯我的版面。偶爾，我會用花絮來補充影評，例如無票的外國人常被放行，花錢買票的越南顧客卻被擋在門外，或與一位義大利導演的訪談，用英、法、義三種語言混雜進行。我愛工作到深夜，腎臟腺素會被逼近的截稿時間所激發。

坦白說，我不知道我的文章好不好，但它達到了一個目的。大多數時候，《越南新聞》重越南，輕新聞。諸如次要外國官員的正式訪問、可疑的農業統計、抽象的衛生計畫，這些是該報的主要內容，而非（我認為）這個國家需要的真正新聞。「金甌省獲得新拖拉機」是我開玩笑擬的標題，用來表達該報內容之瑣碎無聊，它與我今天讀到的一則真實標題相去不遠：「微量營養日母子同獲維他命A和鐵質」。

在此背景下，一個年輕、瘋電影的美國人——而且還是個以英語為母語的人，他那溫和、幽默的文章是一帖安慰劑，而且是該報外籍讀者可以真正從頭讀到尾並瞭解的東西。即使它倉促、不成熟或有時不正確，又何妨？它至少打破社會主義文宣窠臼，一瞥潛伏在官樣文章底下的奇特趣味。

有時候，官樣文章表皮會增厚變硬。我喜歡一部叫做《背靠背，臉對臉》的電影，是一部默默無聞的中國喜劇，描述一個地方文化館代理館長由於貪腐、拉幫結派和官僚制度而無法升任館長。可是，當阮先生讀我的影評時，他叫我要低調。他說，阻擾片中主角的政治制度太像越南了，但如果我用比較不普遍的方式讚美這部電影，說這是特殊的虛構戲劇演出，而非中國共產黨的官僚制度，那就沒問題了。我遵命。他的報紙，他的國家，他說了算。況且，我喜歡阮先生安靜、公允的態度，不願給他惹來報社審查員的麻煩，據說那些審查員每天早上開會，逐字逐句檢查每一篇報導——這個事後審查策略的目的在鼓勵自我審查。

當然，我也不願失去這份放錢到我口袋的差事。《越南新聞》的稿酬是一個字美金十分錢——僅及美國標準的十分之一，但因為我一天寫大約一千字，連續兩個多星期天天寫，現金累積的速度比我花得快。我住的旅館，在河內三十六古街之一，一天租金八美元，在 Roxy 喝 Halida 牌啤酒，吃胖嘟嘟的漢堡，增加不了多少開銷，Roxy 是一個劇場改裝的昏暗、趣怪夜店。電影節結束時，我收到厚厚的白色信封，裡面裝滿現金——足夠讓我在聖誕節後回美國短暫探訪時有八百多美元可以花。

終於！我有錢了。終於！我不必依賴父母的經濟支援。終於！我在做我喜歡的工作，而我對此工作多少有些天分，並讓我的同儕對我刮目相看。我不再只是一個在越南鬼混的大學畢業生——我是作家，一個在職的新聞記者，靠我組合起來的文字過活。

越南新聞工作的美麗與哀愁

寒假過後，當我回到胡志明市時，越南突然變得更容易應付了。如今我在《越南新聞》地方分社工作，與亦敵亦友的泰德·羅斯一起編審稿件，泰德就是那位來自菩提樹幫惹人厭的紐約客。這份工作很奇妙：我每天下午兩點進分社，試圖將新聞稿改成可讀的文章（這裡的新聞稿會先用越南文寫成，再由報社的越南員工翻譯成似通不通的英文）。我會刪除、剪接和調整字句，一行接一行，努力揣測哪些事實是真相，還有哪些事實與主題有關。有一回，一則關於一座實驗養蚵場失敗的新聞，原本共有四段，我把它刪成剩一句，只保留原始標題：「牡蠣大批死亡」（怪的是，它沒有出現在第二天的報紙上）。像這樣的文章，原作者似乎只是盡可能塞進更多的數據，也許為了延長篇幅，也許因為一位公關人員付錢叫他或她這麼做。

這種事情司空見慣，我的越南同事對我如此解釋。某機構舉行新聞發布會，討論稻米外銷或新旅館計畫，公關人員會以適當方式買通記者，這裡十萬盾，那裡二十萬盾，反正賄賂是必要的。這是讓你的消息見報的方法，記者領政府制定的薪水，低到不能養家活口的地步：月薪四十美元，運氣好的話可以領到六十美元。

很多《越南新聞》的記者擁有漫長、嚴肅的事業生涯。明先生原本是越南頂尖報紙之一《青年報》（*Tuoi Tre*）的國際新聞組編輯，直到出車禍住院；養傷期間，《青年報》開除了他。黃先生是一個好脾氣的傢伙，每天傍晚換上摩托騎士皮衣，騎著他的哈雷機車回家，他曾留學海外；一九七五年四月，南越政府垮臺前幾星期，他回西貢探親。這個故事似乎是悲劇，但他卻邊講邊笑。

當然，並非所有員工都有輝煌經歷。社裡有一個年輕漂亮的女子，除了成天跟朋友聊八卦，似乎什麼都不做——因為……根據謠言，國營的越南通訊社社長是她舅舅。

但恭喜她！同樣地，泰德和我也很感激這份工作的悠閒性質。在改稿之間，我們會從休息室的冰箱拿小罐新鮮優格出來吃。有時候，當我們絞盡腦汁修改棘手的稿子時，同事會擺一罐啤酒在我們的鍵盤旁。啤酒！反正下午五點我們就工作完畢，就是和分社長阮進黎喝一杯蛇酒（從泡著眼鏡蛇乾的玻璃瓶倒出來的烈米酒）的時刻了。分社長是一個和藹的男人，蓄濃密的黑鬚，說話輕聲細語，在冷氣機的嗡嗡聲中，我們幾乎聽不見他的聲音。

為了我的努力，報社付我七百美元一個月的薪水——清脆的百元大鈔，裝在白色信封中。另外加上十分錢一個字的標準稿酬，給我額外寫的任何食評或影評。我不算富有，當然不能跟Q吧的廣告人比，但起碼能把我在露西旅館的房間升等到一間有陽臺的冷氣房。但除此之外，我的生活方式改變很少。如果我願意，我可以揮霍在餐食上，但只要可能，我吃越南食物。買摩托車和行動電話可能是好主意，但它們不是絕對必需品，因此我租前者和不使用後者。如果出城，我搭巴士，住比較便宜（但絕非最便宜）的旅館。我沒有醫療保險，但我才二十二歲，我幹麼需要它？最主要的，我對我所擁有的心滿意足，彷彿我如今寬裕的經濟狀況是天上掉下來的禮物，是現世福報。

自從我正式成為媒體工作者，更多工作機會來敲我的門。一位同事捎來消息，《告示牌》（*Billboard*）雜誌在找特約記者，我撈到兩篇特稿，關於即將簽署的美越版權協定和一個新的CD工廠。另一份商業雜誌在胡志明市創刊，我賣給它一篇關於人民食堂的報導。我寄電子郵件給《*Might*》編輯，那是戴夫・艾格斯（Dave Eggers）創辦的美國雜誌，推銷一篇談越南掏耳朵行業的文章。他回信說故事聽起來很棒，但雜誌即將停刊。我與泰德、道格拉斯及另兩位有創作欲的外籍居民一起成立西貢作家寫作班，每兩周聚會一次，討論（或摧毀）我們視為自己真正天職的短篇小說和長篇小說。

我的生活幾近完美。我睡到自然醒，邊喝黑咖啡、吃新鮮可頌麵包，邊讀《國際先鋒論壇報》（*International Herald Tribune*）（並填字謎），約人吃午餐，飯後睡午覺，做幾小時工作，然後與一群越來越親密的朋友共度吃吃喝喝及探險城市的夜晚。我恢復學越南話，在我戲稱為「馬路大學」的街頭。我在順著西貢河漂流的駁船上徹夜跳舞至黎明。我計畫拍一部十六釐米短片，關於愛情和摩托車，叫做「本田夢」。

就在此時，我決定結束一切返回美國。

我的想法合乎某種道理——至今仍然合理。雖然那時在《越南新聞》當文字編輯是我生平擁有最好的工作，但我可以看出它沒有前途。我知道，不管我做多少年也不會爬到刊頭位置，或從根本上改變報社文化。分社長阮先生的遭遇足以證明：儘管他擁有專業和政治上的資歷，並接管整個報紙，但人人知道，他是南方人，因此發展有限。《越南新聞》永遠會用黨齡更久的北方人當總編輯，這是無可奈何的現實。如果阮先生只能爬到這麼高，我，一個外國人，能有多大出息？

雖然我有新的自由撰稿機會，但我不懂如何發展那些機會。什麼東西構成故事？如何推銷一篇故事給編輯？我找不到答案（也弄不清問題），可以請教的人又很少。我臆測，我們全部在競爭報導同一個狹小、陌生的國度，愣頭愣腦的我處於極大劣勢。以我可憐的語言能力和不存在的地方人脈，我在這裡還能做什麼？替上奇廣告公司打工？開一間進出口貿易公司？因此我選擇離開——離開越南，離開我的新朋友，離開我辛苦贏得的獨立。

帶著故事回家，然後再次踏上旅途

我在曼哈頓的新公寓位於中國城和下東城邊緣，是一個改建的兩臥室分租公寓，窗子開在廚房和客廳之間。我的室友是韋恩，一個同性戀毛利人，在電視電影業工作，認識道格拉斯。我分攤的房租是每個月五百元多一點。我的紐約生活即將展開。

不到六星期，我找到工作：在《*Shoot*》雜誌當文字編輯，那是電視廣告業的產業周刊。（後來我問編輯主任，「你為什麼雇我？」她說，「因為你有文字編輯經驗——在《越南新聞》。」）我有固定光顧的地方：街角的 Happy Joy，傑出的中國和馬來料理餐廳；Good World，華人理髮店改建的瑞典酒吧；Limbo，東村的咖啡館，其顧客有時會在廁所服毒過量。我甚至有了女朋友，劉珍是約翰霍普金斯校友，我在一位來訪的大學朋友邀我參加在韓國城舉辦的聚餐中認識她。珍當時是帕森設計學院服裝設計科學生，我喜歡她燦爛的微笑、輕快的笑聲和對食物的熱情（**醃生螃蟹？沒問題！**），餐後不久我們就開始約會。

那段在紐約的日子真是好時光。第一個網路泡沫仍在膨脹中。Kozmo.com 宅配 Ben & Jerry's 冰淇淋到曼哈頓各地，基本上免費（因為新會員可獲五元折價券，你每次叫冰淇淋就申請一個新帳戶）。Pseudo.com 在它位於休士頓和百老匯街口的建築舉辦隨機、喧鬧的派對。下城尚未每一個角落都更新為高級住宅，而布魯克林區更少都更。沒有最低消費額的夜店，如 Fun，可以在曼哈頓大橋下開張，不受監控地營業幾個月。那年夏天，一個亞洲式的夜市自發出現在羅斯福公園，聚集了許多無照小販，從襪子到鍋貼什麼都賣。也許這是每一個年輕人對紐約的第一眼印象，但這一切真的很令人感到新奇——新的發明，新的發現。

紐約的興奮也分散了我的事業心，不知不覺做了一系列僅僅部分滿意的工作。在《*Shoot*》雜誌，我學習文字編輯業務，遠比我過去做過的專業得多，但我不覺得修改文章的文法和風格會成為我的專長。做了六個月後，我獲得不知來自何方的邀請，去一個我從未聽過的網站：福斯新聞網（FoxNews.com），應徵類似工作。一九九九年初，沒有人聽過它，甚至連福斯新聞頻道（Fox News Channel），一個經營網站的保守派有線電視台，都沒有人聽過。接下來兩年左右，我幫忙管理網站首頁，編排外電新聞，撰寫標題，並協助採訪突發新聞，如科倫拜校園屠殺、塞爾維亞和科索沃的衝突、協和機失事等。然後，小布希總統就

職後不久，網路泡沫破滅，波及福斯新聞網，我與其他幾百人被解雇。但幾個月內，我又找到新工作，在《紐約》（*New York*）雜誌擔任文字編輯，該雜誌的編輯之一也是約翰霍普金斯校友。我再度做插入和刪除逗點、修正動詞時態、將小說和電影名稱改成斜體字的工作。

文字編輯也許不炫，但它至少穩定。我賺差強人意的薪水（從未超過五萬美元一年，如果你想知道的話），但足夠付房租、與珍外出用餐（在中國城吃飯的機會多過於在米其林級的 Le Bernardin 餐廳），最重要的，不必舉債就能旅行。例如，在紐約第一年，我去巴黎看珍，她在那裡進修；一個月後，我又去丹麥與家人共度感恩節；次年四月，我回越南十天；一九九九年除夕，我在哥倫比亞度過；珍回紐約後，我們同遊墨西哥兩次，忍受千哩陸路旅行，途中我照例梨形鞭毛蟲症發作；還有一個冬季，我甚至去瑞士玩雪板。

這豈不是揮霍無度嗎？但這個想法從未出現我腦中。我上網買機票，或透過中國城的旅行社，通常低於一千美元；只要可能，我住朋友家；我吃路邊攤和小館子，鮮少瘋狂購物。所有我喜歡的東西本來就不貴，所以我不必寅吃卯糧。

我不經意養成的節儉習慣，除了使旅行負擔得起，還使它**正常**。我的意思是，我從不認為這些旅行奇怪、特別，即使是我唯一一次看吳哥窟或瓦哈卡的機會。我打一點工，我存一點錢，我去某地旅行。而這個循環也不是刻意設計的。飛半個地球不是為了調劑一成不變的生活方式。相反地，這些探險自然而然融入我做的其他一切，尤其因為我有一個在外國出生的女友，每一、兩年就會想去臺北探親。我旅行因為……不因為什麼。

但隨著光陰一年一年流逝，旅行歸來的現實生活也越來越令人失望。在《紐約》雜誌，我除了做文字編輯，也編輯影評、劇評和字謎遊戲版，加上寫短文談煙燻鮭魚、字典圖解，以及布魯克林的變體自行車奧林匹克賽。我也做一點自由撰稿工作，甚至替《旅遊＋休閒》（*Travel + Leisure*）線上雜誌寫過一篇短文，談利比亞開放外國觀光。但我很少有機會寫任何有分量的東西，或任何長過幾百字的文章。我當作家的舊夢逐漸遠去——我所謂的作家是作品可能流傳千古的真正作家。

解決之道顯而易見。如同我在胡志明市做的，我組織一個小寫作班，並開始寫一部新小說，叫做《叢林必勝》（*The Jungle Always Wins*），一個以一九五〇年代柬埔寨為背景的黑色偵探小說，故事發生在該國脫離法國獨立後樂觀和暴力交織的模糊年代。每一、兩周，我和寫作班的朋友聚會，分享和討論我們的作品，《叢林必勝》也一章接一章成長。二〇〇四年夏天，當它達到一百五十頁時，我知道我必須做什麼。我開始存錢，盡可能多替《紐約》雜誌寫文章賺外快，到了十一月，我已存下五千美元，然後我遞出辭呈，買了一張飛東南亞的機票（至少還有三個因素促使我決定離開：一、珍為了工作搬到俄亥俄州哥倫布市，因此我對紐約沒太多留戀；二、我在紐約市馬拉松賽前訓練中傷了膝蓋，心情沮喪；三、小布希再度當選連任）。

孵一個旅遊作家夢

我胸有成竹，計畫如下：在柬埔寨待至少三個月，學習語言，去國家檔案館查資料，完成並重寫我的小說。我有朋友的朋友住在那裡，我可以與他們同住，因此五千美元可以撐很久，而且絕對必要的時候，珍會支援我。我有信心，最後《叢林必勝》一定會找到一家出版社，書會上市。然後它會失敗——如許許多多書的下場。但我希望，我的小說會被某旅遊雜誌的編輯看到，然後他會送我回柬埔寨去寫一篇特別報導，從此展開我艱困、待遇菲薄的旅遊作家生涯。

不過，離開紐約前，我的朋友安德魯．楊，一位報導設計和建築的作者，建議我寄一封電子郵件給《紐約時報》編輯瑪麗．畢拉德。瑪麗所屬的團隊剛接下旅遊版，正在做許多改革，包括委託安德魯本人寫幾篇文章。

於是我寫信給瑪麗，提安德魯的名字以自抬身價，告訴她我未來幾個月將在柬埔寨（及越南），問她有什麼事我可以幫忙。我特別澄清，這封信不是尋求稿約，只是知會她，如果她聽到什麼值得調查之事，我可以做，我人在附近，很容易看看那裡是否有故事。

兩天後，瑪麗的回信來了——快如閃電，以紐約媒體界的標準來衡量。她說：謝謝，但免了。紐時已有人在那一區，所以不勞你費心。但祝你玩得愉快！

拉倒。我並未寄一切希望於《紐約時報》稿約——我有小說要寫。因此，二〇〇四年十二月一日，我登上飛往東南亞的長途經濟艙客機。瑪麗祝我玩得愉快，我就玩得愉快給她看。

我給自己在金邊建立的生活出奇恬靜。我先花兩星期周遊該國各地，從波哥山（Bokor Mountain）頂的鬼城，到吳哥窟的廟宇（並順道去胡志明市探訪老友），然後搬去與戈登等人同住，戈登是美國作家及網頁設計師，他的英國女友阿緹在一個反人口販賣的組織工作，另一位室友彼得是瑞典作家，正在蒐集資料寫一本書談他的國家與紅色高棉時代的牽連。他們三人合住一棟水泥房子，雖不豪華（沒有冷氣），但至少寬敞，而且有運作順暢的 Wifi 無線區域網路及一臺 Xbox 遊戲機。

連續幾星期，我相當守紀律。上午，我會騎租來的摩托車去國家檔案館，一棟毗連國家圖書館的小建築，在檔案管理員黛拉協助下，鑽研破碎的法文報紙和殖民政府文件。小說主要發生在拜林（Pailin），一個位於泰國邊界的小城，後來成為赤柬據點，我渴望找到任何能用的參考資料。中午，我會休息用餐，去一家新加坡小館吃海南雞飯，或去令人慚愧地吃上癮的幸運漢堡店吃美式速食，也可能去外籍記者俱樂部吃沙拉。下午三點左右，我去上高棉語課，那裡拙劣的教學並未減少我對這語言的喜愛，其複雜的氣音和清脆的三重複合元音掩蓋了它是一種容易和有趣語言的本質。

到了五點，我會在一九六〇年代興建的奧林匹克運動場跑步，呼吸每天傍晚必然瀰漫全城的燒垃圾氣味。我會與我的室友共進晚餐，我們輪流燒飯，或與其他新朋友外出，但有時我獨自留在家中，玩 Xbox 上的「最後一戰」，直到我警覺蚊子在吸乾我的血，然後我就會上床睡覺，蓋一張薄床單，開電風扇驅蚊，在墜入夢鄉前的片刻，驚嘆我在短短兩個月內旅行的距離——心理距離大於實質距離。在這裡，糾纏於我的紐約同儕無法想像的日常程序和研究之中，我感覺輕鬆自在。

來自《紐約時報》的邀約——省錢旅遊達人上路囉！

一月初，一封出乎意料的電子郵件改變了一切：「只是問問……在尋找旅遊目的地故事……一千字左右……任何想法？」寄件者是瑪麗．畢拉德，此時我絕對有一些想法。兩天內，我寄給她三篇故事的構想：一篇介紹胡志明市旅遊概況，一篇報導前景看好的越南風帆衝浪勝地美奈市（Mui Ne），一篇談貢布市（Kampot）、白馬市（Kep）和波哥山等柬埔寨南方的開發中地區。聽起來不錯，她在接下來幾封電子郵件中說：寫吧！

於是我寫了。我擱下我的小說，回胡志明市去吃、喝和購物，我訪問美奈市的風帆衝浪手，我吃白馬市螃蟹，我與朋友圍著山頂營火喝湄公牌威士忌。我將這些經驗變成文字寄到紐約。瑪麗喜歡它們，她的老闆史督華也喜歡。文章尚未登出，她已來信要求更多。她問，你能去泰國清邁嗎？我能，我去了。

五月一日，我的頭兩篇報導登上紐時後一周，我飛回紐約。我已在亞洲——越南、柬埔寨、泰國、香港和新加坡——待了五個月，並完成很多小說研究工作。但現在我發現我很難集中精神在小說上。紐時在召喚。我進報社，第一次見到瑪麗和史督華本人：她皮膚白晰，笑容生硬；他是學院風打扮的佛羅里達人，有拱起的眉毛；兩人都五十歲出頭，似乎都非常高興見到我。待我離開報社時，我已有新的旅遊任務——去阿根廷玩雪地滑板，探索無人觀光的牙買加東海岸，並寫一篇叫做「省錢旅遊達人」的連載專欄。

史督華向我解釋，「省錢旅遊達人」正在改頭換面重新出發。前任專欄作者黛珊．麥克蓮，自一九九〇年代中葉從創始人蘇珊．史班諾手中接下專欄後，一直寫到現在。黛珊離開後，專欄採取任何人都可以投稿的方式延續，但現在史督華想改變焦點。從今爾後，專欄將著重於用便宜的方法遊玩著名昂貴的旅遊目的地。笑點在標題中：省錢的法國阿斯彭、省錢的摩納哥、省錢的東京。

第一個任務：玩得像個有錢人

預算是五百美元一個周末（不含機票，通常也不含租車費），這似乎合理——畢竟，我不應該是背包客。按專欄定義，這些目的地必然是負擔不起的地方，因此尋找負擔得起的旅館將是首要挑戰。但為了使它更具挑戰性，我決定帶珍一起去我的第一個省錢旅遊目的地：羅德島新港市（Newport）。兩人能否在伊迪絲・華頓（Edith Wharton）的鍍金時代天堂[1]度一個周末，不僅存活，而且像錢不是問題一般玩得盡興？

這不是一個輕鬆的周末。珍和我住在一百七十五元一晚的汽車旅館（我們所能找到的最好價格）和一家舒適的青年旅舍。我們花太多錢在停車費、墨西哥食物和令人失望的海鮮濃湯上。在海灘，我們感覺自己太老；參觀豪宅時，又感覺太年輕。我們錯過免費娛樂，如馬球比賽和參觀酒廠，走路走到腳抽筋，才發現我們要去的地方關門。我不停擔心預算；如果我超出預算，會不會引起編輯的狂怒？「我恨新港，」我一度告訴珍。

但我們仍然玩得很開心。我們對慈善家、女富豪朵麗斯・杜克（Doris Duke）的衣服拋媚眼，吃青年旅舍的燒烤，在夕陽下乘船遊港、喝加州氣泡紅酒。我們發現一個電玩遊樂場的前身是當地最大的妓院，我們找到美味又平價的海鮮濃湯。我們在一起，在一個新地方，

註1：鍍金時代（Gilded Age）一詞出自馬克・吐溫（Mark Twain）的長篇小說，指一八七〇年代至二十世紀初表面繁榮、背後充滿社會問題的時期。華頓是那個時代的代表性作家。她出身豪門，並嫁入豪門，在新港市有自己的避暑別墅。

做我們想做的任何事，因為《紐約時報》叫我們這樣做。而且這個瘋狂的、所有開銷有人買單的假期就是我的工作！

回到家裡，我幾乎立刻坐下來寫。「就海灘度假地點而言，」我寫道，「新港有一個不尋常的主題：焦慮。」

在伊迪絲．華頓的時代，你焦慮如何讓社交圈刮目相看。在長期居民朵麗斯．杜克身上，羞澀突變成值得服藥的憂鬱症。在好萊塢根據馮畢羅（Claus von Bülow）殺妻案改編的電影《親愛的，是誰讓我沈睡了》（*Reversal of Fortune*）中，焦慮的目標極度可怕：謀殺、司法、真相。甚至那些古老的新港香菸廣告也在享樂與恐懼之間舉棋不定，如媒體評論者馬克．米勒（Mark Crispin Miller）曾經指出的：那些皮膚曬成古銅色的富人到底是在笑，還是尖叫？

但我的焦慮完全是自找的。我臨時計畫以五百元開支為上限，去新港——范德堡豪宅和美國杯遊艇賽之地——度周末。這筆錢必須支付我和我的旅伴珍的全部開銷，珍是服裝設計師，雖然個性隨和、不苛求，但應該體驗一點新港著名的華麗風。而華麗，如時尚人士所知，鮮少廉價。

這個寫法奏效。編輯喜歡，讀者似乎也喜歡，而且它符合我的觀點。我認為，旅遊報導不應該僅僅傳達如何旅行的資訊——那叫做旅遊服務。即使報導存在的理由是教人如何在旅行中省錢，但優秀的報導應該是一篇真正的敘事文：有前言、主體和結語；有某個必須達成但不到最後不確定的目標；還有一個主題，某個統一元素，使報導更有深度，超越從A地到B地的基本旅行故事。

這個觀點，從此成為我寫省錢旅遊達人專欄（下一站是佛羅里達州棕櫚灘和懷俄明州傑克森谷）及其他文章的模型。去阿根廷和牙買加之後，紐時派我回東南亞一個月，我寫下我的第一篇兩千五百字封面故事——〈如何在曼谷保持青春和時髦？〉及〈為什麼人人要去柬埔寨？〉。到了二〇〇六年初，紐時編輯暗示他們希望我永久接下省錢旅遊達人專欄，當史督華發給我那封「為期三個月、環遊世界之旅」的電子郵件時，我正沿著馬來西亞西海岸進行美食探險陸路旅行。一年前，我曾希望一本小說能讓我變成旅遊作家，而現在那個我甚至不敢夢想的美夢成真了。

令人抓狂的挫敗

這使得我正式接下省錢旅遊達人專欄頭幾星期的失敗令人抓狂。我忘記什麼了？也許我根本不懂如何做這份工作，過去只是運氣好罷了。現在我的馬腳露出來了——我不過是個不自量力的文字編輯，不論旅行或寫作的才華皆不足。

回威尼斯途中，史督華的副手，一位叫做丹尼的年輕編輯，打我的手機，我們談了很久，歸納出我需要做的兩件事。這些事我知道我應該做，但從未從這個角度去考慮它們。他一說出口，我立刻感覺自己像個白癡。丹尼說的是：

我的部落格貼文需要：一、傳達地方感；二、提供幾個省錢祕訣。

地方感？一些省錢祕訣？這真是所謂茅塞頓開的時刻之一。我怎麼會沒看到這是我唯一需要做的？我的意思是，我就在前往威尼斯城的路上，如果我不能傳達這個地方的感覺，也許我不配寫這個專欄。而省錢祕訣呢？同上。

但我告訴自己，你知道的，你能做這份工作。地方感，省錢祕訣，地方感，省錢祕訣——當我漫遊威尼斯，奮力穿過聖馬可廣場擁擠的觀光人潮，買炸魷魚圈裝在紙杯帶走（外賣五歐元，在店裡吃要十歐元），在杜索多爾社區沒有暴民的酒吧啜飲白葡萄酒加氣泡礦泉水，我腦中反覆念著這句真言。我聚焦：我記筆記，我拍照，我花五十分歐元搭貢多拉船渡運河；紫花從一個後巷窗口鑽出；行人對著夕陽練詠嘆調；蹣跚學步的幼兒吹肥皂泡，小學生踢足球；一個我先前注意到的魚販，現在穿上精美皮衣，打扮得油頭粉面。

我在那兒幾天，沒發生一件刻骨銘心的事，但無一事需要刻骨銘心。我只需要回到基本面，並給自己足夠的時間和空間去寫一篇像樣的報導。我明白我必須改變日程安排，不再企圖同時旅行和寫作。從現在起，我只在周三上午至周日晚上之間活動，周一和周二除了專心寫作不做任何事。我知道我能做這份工作——我只需要呼吸，鎮定下來，看清楚事物。

下周三登出來的報導雖不是傑作，但它夠好，它達到了丹尼和史督華的要求——地方感和省錢祕訣，因此他們滿意。我也一樣。我安全了，可以集中精神在下周的目的地（克羅埃西亞），及下下周（蒙特內哥羅），及下下下周（阿爾巴尼亞）。

隨著每一周過去，我的信心逐漸增加，儘管讀者照常在評論欄放冷槍，要麼批評我太浪費（「你怎麼有臉自稱省錢旅遊達人？」[2]），要麼抱怨我寒傖得像背包客。丹尼和我偶爾會爭論文章的措辭或結構，但這些是小事，正規事情總會在編輯與作者之間推敲出來（即使我有時會為了他不能看出我在喬治亞山上差點粉身碎骨的經驗的重要性而氣急敗壞！然而，激動平復後，我其實並不在意修改導言）。我抓到要訣了。地方感，省錢祕訣。

註2：「你怎麼有臉自稱省錢旅遊達人？」一位署名「史提夫」的評論者寫道，他說一九八三年他和一個朋友花了六千四百美元（以二〇〇六年幣值計算，約一萬兩千八百元）環遊世界六個月。「即使加上通貨膨脹，你僅僅用於食宿的預算也比絕大多數美國家庭假期的預算高。我們後來又做過幾次類似旅行，最近一次在五年前，沒有一次花到你的膨風開支水準。你真丟臉，乾脆把你的頭銜改成『特權雅痞旅行家』算了。」

愛上蘋果的土耳其佬

接受這些基本限制，逐漸使我有餘力再度處理更複雜的主題和經驗問題。在土耳其鄉下，我在一個蘋果園待了幾天，省錢祕訣極少，主要如下：有一個國際計畫叫做WWOOF，全名是「世界有機農場機會組織」，結合數千家農場，提供志工免費食宿以換取他們的勞力。

聽起來夠簡單，但有其他挑戰。接待我的農夫叫做凱末爾．果庚，現年五十五歲，會講大約四個英文字——**是、不是、可以、哇！**跟我認得的土耳其字幾乎一樣多。由於沒有其他志工在場翻譯（凱末爾的貓咪西米幫不上忙），我們只能隨遇而安，因此每天早上我們會徒步穿過他的七畝地，座落在安拿朵利亞區（Anatolia）緩緩起伏的綠色丘陵，將蘋果樹的嫩枝拉下綁好，使之彎成弓形。凱末爾不斷嘗試解釋該綁哪一枝、如何綁、為什麼，但我聽不懂他的邏輯，總是必須出示我的選擇，徵求他仁慈的褐色眼睛的默許。

上午十點左右，我們會休息喝酸奶（ayran），一種鹹的優格飲料，當村莊清真寺如火箭般的尖塔傳來報告禱告時刻的吟唱聲時，凱末爾會輕笑著說：「帕華洛帝。」中午，我們會吃豐盛的燉蔬菜配優格和硬殼麵包，然後探訪鄉間，在池塘打水漂，或與凱末爾的朋友在村裡喝甜茶（為了幫我準備好會見他的朋友，凱末爾會模仿握手動作，口中念著「阿米特、米赫梅……阿米特、米赫梅……」）。在果園再幹幾小時活之後，到了傍晚，我們會燉一鍋新的蔬菜，邊下雙陸棋，邊聽音響裡凱斯・傑瑞特（Keith Jarrett）的鋼琴演奏或瑪麗亞・卡拉絲（Maria Callas）的歌劇。然後凱末爾會生火燒水供我們洗澡。

沈入農場寧靜的生活節奏很容易，但我的好奇心與日俱增。我可以看出，凱末爾不像阿米特、米赫梅及村中其他農夫。他的衣服比較漂亮，他的牙齒比較整齊；他沒有一輩子在田裡耕作的男人那種飽經風霜的面貌。相反地，他邀請我早餐前做瑜珈（「麥特，」他說，「以後以後以後，瑜珈，請，可以嗎？」我回答，以後我會努力維持），而且他有一張身心語言程式學（Neuro-linguistic programming）高級導師證書。三晚之後，我再也按耐不住我的好奇心，搬出我的寂寞星球常用外語手冊，及凱末爾的土英字典，與凱末爾對談，並將我們的談話寫入該周的專欄：

透過基本字彙、手勢、誇張的臉部表情，以及亂畫的圖表和塗鴉，凱末爾告訴我他的人生故事。他在詩人和伊斯蘭蘇菲（Sufi）教派創始人魯米（Rumi）的故鄉孔亞（Konya）附近長大，成年後在數家伊斯坦堡公司擔任工程師。最後，他厭倦了像騾推磨的職場生涯，到處尋找新的、更令人滿足的工作，就在此時，他獲得牛頓的啟發：蘋果！

二〇〇二年，他在貝皮納村（Beypinar）買了一塊地，蓋了房子，種下兩千五百棵蘋果樹。他的計畫是讓果園取得符合土耳其和歐洲兩套標準的有機認證，終極目標是將收成賣給大型嬰兒食品公司美樂寶（Milupa）。迄今他已完成前者，尚未達到後者。

我想，待時機成熟就會達到；畢竟，農場成立還不到五年。眼前我更擔心的是凱末爾本人。昨晚玩雙陸棋的時候，他感到頭暈，必須躺下和量血壓；他獨自一人住在鄉下，兩個成年女兒都不願追隨父親的夢。至於她們的母親……我想不出如何開口詢問。

「你確定你單獨生活沒問題？」我用簡單、不合文法的土耳其話問他。「你不會寂寞嗎？」

凱末爾拍拍胸口，微笑著說，「蘋果。」他的意思是：別擔心——我在做自己開心的事。

第二天，凱末爾和我開車去一個叫做「生殖之神」（Priapos）的濱海城鎮，因它的半島插入海中的模樣而得名。憑弔古希臘羅馬遺址後，吃一頓漫長、慵懶、遲來的午餐，包括煎魚、小菜（meze）和很多 raki 酒，這種乳白色、茴香味的酒是土耳其的國酒。近黃昏時，我們開車回家，經過麥田和迎向最後一道金色陽光的向日葵，雖然大部分時候我們沈默無語，但後來凱末爾終於說了幾個字。

「麥特．葛羅斯、凱末爾．果庚，」他說。「Arkadaşlar、kardeşler。」

Arkadaşlar，我懂：朋友。但我必須查我的常用語手冊來翻譯 kardeşler。終於，我找到了——兄弟。

哇！

我在回伊斯坦堡的巴士上寫這篇報導，一字一字敲在我的PDA螢幕上（無線鍵盤終於壞了）。當我傳送稿子去紐約時，我知道它是正確的——不但不需要多少校訂，而且哲理上完美無暇。我傳達了地方感，提供了一、兩個省錢祕訣，並做了探索世界和交新朋友的正事，那是我的旅行初衷。我相信並試圖解釋，省錢本身不是目的，而是許多旅行者的工具，一個更接近異鄉和陌生人的手段。

在剩餘的夏季，我心情放鬆。我知道我在做什麼。我的老闆也知道。八月，我寫搭四十八小時火車橫渡中國，從烏魯木齊到北京，一天早上醒來，收到史督華的新電子郵件，發給他的全體員工。「當你們今天有空時，」他寫，「一定要讀麥特最新的連載文章，目前在網站上，關於他橫渡中國的火車旅行。那是他最好的一篇。當他的行程進入尾聲，現在只剩兩個地方要去，他增強火力，而非喪失熱情。」

職業旅人的生存之道

接下來大約四年，我是省錢旅遊達人——或用紐時希望我使用的說法：我寫省錢旅遊達人專欄。我的報導不定期刊出。也許每六周左右，我會寫一篇談花五百美元在某個昂貴地點度周末，像是烏拉圭的埃斯特角（Punta del Este）、杜拜、香港、巴塞隆納。有些特別報導以省錢為主題，但不掛省錢旅遊達人的名字，包括搭徹夜派對狂歡的廉價遊輪 EasyCruise 遊加勒比海，以及瘋狂的七日七國旅行，從日內瓦到布拉格，到哥本哈根，到倫敦，到摩洛哥費茲，到巴黎，到布達佩斯，再回到日內瓦，每天換搭一家廉價航空公司（瑞安航空、巴布航空等）。隨著下個夏季將至，我計畫了一個新的冒險故事：橫渡美國的陸路旅行，途中我不但每周寫一篇專欄，還將拍一輯影片。接下來的夏季，我將為「省錢壯遊」[3]繞歐洲一圈。

我馬不停蹄工作，一年有三到六個月在旅途上，離開珍（我從環遊世界之旅歸來後數周就和她結婚了），離開我在紐約的朋友，但報導迷人的地方。我越寫越順手，發展出一個報導省錢旅遊的公式。開頭是軼事，為文章破題。在一般報導中，我只要用某事喚起地方感，或布置即將展開的戲劇就行了，但在省錢旅遊達人專欄，我必須加上一個經濟角度。

例如，當我寫伊斯坦堡時，一開頭先寫在網咖結帳：「一百萬里拉！」收銀員尖聲說。我很快明白，她的意思是**舊**土耳其幣一百萬里拉，等於**新**土耳其幣一里拉，約美金六十五分。好險。省錢旅遊達人閃過一顆子彈——也獲得一個機會去談在伊斯坦堡的新舊衝突，那不只是旅遊作家的老生常談，而是實際上更怪異、更複雜，也更有趣的現象：新與舊如此雜亂地糾纏在一起，以致沒有人真正知道（也許根本不關心）何者為新、何者為舊。

同樣地，當我第一次寫羅馬時，我描述在一個優雅的廣場喝一杯斯文的尼格羅尼（Negroni）調酒，享受短暫的揮霍，突然間一隻海鷗飛入衣冠楚楚的羅馬人中間，暴力攻擊一隻鴿子，打斷這一切，就在此時，附近教堂鐘聲揚起。這場秀值回十歐元門票，票價不只包括我的飲料，還有一堆免費點心。省錢旅遊達人的天堂——不朽之城（Eternal City），其表

註3：「壯遊」（Grand Tour）一詞指文藝復興時期以後歐洲上流社會子弟進行的傳統旅行，被視為一種教育性的成年禮。雖然主要與英國貴族和富有地主階級有關，但這個習俗後來傳到歐陸各國，到了十八世紀後半段，美國及南美的富家子弟也紛起效尤。

面下還潛伏著義大利導演費里尼（或帕索里尼？）式的騷動。

儘管「公式化」未必是形容一篇文章的溢美之詞，但有很長一段時間我樂於在公式內運作。熟悉你的限制（地方感、省錢祕訣），不掙扎反抗它們，有某種安慰作用。最專業的寫作——亦即替報章雜誌寫的專題報導——都遵循一個公式，公式之所以存在，是因為它們很適合用來傳達資訊。導言中的軼事吸引人讀下去，主旨段落解釋你為什麼講這個軼事，其餘段落完成敘事前提，最後幾段巧妙地總結一切，但不致太巧妙，以免顯得先射箭後畫靶。按公式寫作，但寫出來的東西感覺不像公式，幾乎是專業寫作的最高境界。

省錢旅遊達人的兩難

替紐時寫稿涉及兩項額外限制，以奇特的方式扭擰我的經驗。第一個，也是最著名的限制是：旅遊版絕對禁止作者參加媒體考察，即航空公司、連鎖旅館、旅遊局和公關公司贊助的宴會或旅遊。該報的新聞倫理政策規定，作者不得「接受旅遊業任何部門免費招待、折扣服務或優惠禮遇」，不論你是替紐時或其他刊物寫稿。自由撰稿者必須填寫倫理問卷，回答你在過去兩年內是否參加過媒體考察；如果你曾參加，旅遊版就不會也不能雇你。

這項規定在許多旅遊作者中間引起一些驚愕，他們依賴媒體考察去遊歷世界和撰寫故事，然後投稿紐時或其他刊物，否則他們怎麼負擔得起研究費用？紐時不管，而且有正當理由：該報一天到晚遭受抨擊，通常與政治有關，但有時是質疑它如何實踐新聞倫理，因此它不需要任何進一步的利益衝突，不論真實的或觀感上的。不過，很少作者淪為這個政策的受害人，因為旅遊版編輯似乎根據「不問不說」的原則運作，相信潛在自由撰稿者一開始誠實填寫問卷，僅在供稿者的「道德缺失」不慎曝光時才採取行動。

對我來說，這不是問題。我雖是自由撰稿人[4]，報社派我做的旅行和報導夠多，我不需要尋找其他機會，而且報社支付我相當節儉的旅費（封面故事的旅費鮮少超過兩千美元，包括機票、食物、住宿、生活用品等，也許夠兩星期旅行之用）。偶爾，我會收到電子郵件邀請我去某地旅遊，例如搭私人飛機環遊世界二十二天，體驗四季旅館在各地的度假村，我會引述紐時政策，客氣地婉拒。雖然我偶爾希望旅途上過得比較舒服一點，但我喜歡遵守這項規定，使我不必應付公關業者和公司行號的利益交換。此外，就寫作而言，我喜歡在預算內自助旅行一定會有的戲劇性。如果一切事情都有人替我打點好，我對這趟旅行還有什麼東西可寫？

註4：報社內部從未討論過雇我為全職員工。有一回，在我寫省錢旅遊達人專欄初期，我問一位文字編輯我是否應該催促報社雇我。「為什麼？」他問我，「你想在這個『淚谷』工作？」

另一條紐時規定比較麻煩。「旅遊文章作者，」倫理政策說，「在採訪過程中必須隱瞞他們是新聞記者的身分，以便體驗與一般消費者相同的待遇。」

理論上，這條規定合理，尤其對我的省錢旅遊達人報導而言。既然我的目的是幫助《紐約時報》讀者以更聰明和更便宜的方法旅行，我就不能依賴被吹捧的身分去取得更好的待遇。我必須是一個普通人，並從普通人的角度去報導。但此事說得容易，實踐起來卻不簡單。儘管我可以輕易向旅館和餐廳等餐旅業者隱瞞我的身分，但我的很多報導中圍繞著平民老百姓：朋友的朋友、隨機的陌生人，其生計不依賴《紐約時報》說一句好話的普通人。

我該如何對待他們？當他們問我做什麼營生時，我是否應該隱瞞，那會不會違反倫理政策的其他條款？如果我說實話，那會不會也改變他們對待我的方式？我不再只是那個有趣（或無趣）的旅行者，而是獨一無二的省錢旅遊達人，需要協助和建議！或這只是幻想？有誰在乎我是誰？

我很早就嘗到箇中滋味。二〇〇五年九月，我飛到牙買加去探索安東尼奧港（Port Antonio）一帶，該區發展觀光設施最早，但因為總是颶風襲擊最重，發展腳步跟不上尼格瑞爾（Negril）和歐丘里歐（Ocho Rios）。這是一個粗獷、潮濕、狂野和綠意盎然的地方，既衰敗又生氣勃勃。旅館可以潮濕和殘破，也可以一塵不染和遠超出我的預算。我坐在人行道上與赤足的老拉斯特法里派信徒（Rastas）聊天，我在租來的別墅用鮮切椰子盛軒尼詩白蘭地喝，我聽到名人的名字：美國藍調歌手印蒂雅·艾瑞（India Arie）、奧地利貴族及藝術收藏家哈布斯堡（Francesca von Habsburg）、寫〇〇七情報員小說的英國作家伊恩·佛萊明（Ian Fleming）。

我的導遊是喬貝克，英國音樂製作人，朋友的朋友。與他在一起，或他怪誕的朋友和熟人圈，從首都金斯頓（Kingston）的上流社會到脫衣舞孃，我看不出任何理由需要隱瞞身分。在健行、跳舞和吃煙燻香辣雞的一周中，沒有人在乎我是《紐約時報》作者。

但在牙買加的最後一夜，我住進草莓山莊（Strawberry Hill），一個座落在山頂、俯覽金斯頓的豪華度假村，離安東尼奧港相當遠。業主布萊克威爾（Chris Blackwell）是小島唱片公司（Island Records）創辦人及雷鬼樂始祖巴布·馬利（Bob Marley）的發掘人。草莓山莊由一群套房和別墅構成，進入那裡像進入某個十九世紀的殖民夢，我受到幻境感染，在房間擱下行李後，第一件事是去酒吧喝一杯琴通寧。

酒保把飲料擺在我面前後，問我要房間號碼。我告訴他，他的反應是，「哦！哈囉，葛羅斯先生。」

怪哉，我想——也可能不奇怪。也許在這些小型高檔度假村，員工知道客人名字是標準作業程序。

「所以，葛羅斯先生，」酒保繼續說，「是什麼風把你吹來草莓山莊？」

「這個嘛，」我告訴他，「我來牙買加已經一星期了，明天就走，我只是想在某個美麗、安靜且能讓我休息的地方過一夜。」」

酒保擦拭一些玻璃杯，然後說，「你有沒有可能剛好是作家？」

「是，」我緩慢地回答，並懷著巨大疑心，「你怎麼知道？」

「哦，沒有理由，」他說。「只不過來這裡尋找安靜、獨處和休息的客人往往是作家。不過如此。」少來，我想。「對不起，」他說，走到酒吧另一頭去招呼其他客人。

這不只奇怪——簡直令人膽顫心驚。我的身分真的曝光了嗎？這對我的報導意味什麼？我還能在這裡過夜嗎？或我必須退房？

「其實，」幾分鐘後酒保說，「你一進來我就知道你是誰。他們告訴我，『如果麥特．葛羅斯來這裡，他是作家——好好照顧他。』」

我的腦子快速轉動。某個我遇到的人告訴別人我是誰，消息透過祕密管道傳遍全島。但連結點在哪裡？我如何追溯到洩密的源頭？「誰，」我問，「是『他們』？」

他不想回答，但最後他說了，「主廚。」我告訴他，我必須跟這位主廚談一談，但首先我必須吃晚餐：美味的牙買加煙燻羊肉配番石榴醬。這道菜一向如此美味嗎？還是我獲得一塊特別好的肉？

飯後，主廚從廚房出來跟我聊天，他的名字叫李達倫，是第三代牙買加華人。儘管他極度友善和坦白，卻不肯透露消息來源──「怪叢林網路吧！」他開玩笑說，並補充他是草莓山莊唯一知情者，前櫃或經理都不知道。然後他送我一瓶他自製的辣椒醬，用小圓帽辣椒和醋做的火辣綠色泥漿，那是我生平吃過最好的辣椒醬。

好吧，我想，我猜我可以在這裡住一晚。幸運的是，到了寫報導的時候，我發現我根本沒有空間提草莓山莊。道德難題避開了！

但未來，我發誓，我一定更謹慎。此後，當人們問我在紐約做什麼時，我會轉移話題。我會回答，「盡可能不做！」然後我們會大笑，並轉移到下個話題。有一回，在遊輪上的泡湯池，坐在我旁邊的紐約同胞說，「說真的，你住在紐約，你做什麼工作？」有時我會變換不同的答覆：「我有一小筆固定收入使我能夠經常旅行，但不能豪華旅行。」女兒出生後，我會解釋，我是全職奶爸（大部分是事實），我太太賺錢養家（非常真實；我賺的錢充其量不超過我在《紐約》雜誌的收入），每換一千條尿布，我賺到一星期假期（比較不真實）。通常這些妙答夠好笑，以致無人打破沙鍋問到底。

但我仍不喜歡欺騙老百姓，尤其是那些我迅速發展出友誼的人，通常在我排除他們的嫌疑之後，我會揭露我的真實身分，像蜘蛛人向瑪莉珍揭開他的面罩──即使場面稍微不激動一些。通常人們很少露出驚訝表情。我猜，我前一刻是某種滑稽的旅行者，下一刻變成某種滑稽的職業旅行者，並非太匪夷所思的轉變。這個消息可能令他們肅然起敬一秒鐘，他們可能評論我的工作多棒，或甚至提到他們曾讀過我的文章，但他們很快明白：麥特．葛羅斯只是麥特．葛羅斯，不管是否替《紐約時報》打工，不論好歹。

不過，這不是翰尼迪的反應。我在省錢旅遊達人橫渡美國陸路旅行中，在新墨西哥州與墨西哥邊界的美國小鎮哥倫布城外結識翰尼迪（非他本名）。哥倫布鎮以兩件事聞名：一九一六年它遭到墨西哥革命軍領袖潘丘．維拉（Pancho Villa）武力侵襲，引發美國報復行動，包括史上第一次動用飛機的軍事部署。多少受到這段歷史的影響，哥倫布鎮變成業餘飛行員的聖地，他們合住在有圍牆的大宅院，住宅附帶飛機棚，開門就是中央跑道。

在哥倫布鎮待了幾天，逛了歷史博物館，並跨過邊界去吃街頭塔可晚餐後，我急著尋找一名能帶我飛上天的飛行員。我住的四十元一晚民宿老闆建議我去找翰尼迪，但他不住在大宅院，而是住拖車屋，位於城外一個巨大、灰塵覆蓋的空地。當我找到他，並提出搭他的超輕型飛機飛上天的構想時，翰尼迪表示可以考慮，雖然他指出那天下過雨，他的跑道有點軟。但如果今晚不下雨，我們明天早上可以飛。

好極了！我說，不介意我從空中錄一些影片吧？

「沒問題，」他說，接著：「等等。你不是來自媒體吧？」

面對這麼直接的問題，我不能說謊。不到一星期，這段影片就會在《紐約時報》網站播出，被幾十萬，也許幾百萬人看到。翰尼迪有權被事先告知，因此我告訴他我替誰工作。

「《紐約時報》？」他說。「搞什麼鬼，我跟你講話還不如一槍把你斃了。」

顯然，翰尼迪對該報有意見。究竟是紐時的政治新聞或哪篇報導惹毛了他（紐時傾向吸引脾氣暴躁的人），我不得而知，但我努力向他解釋：我做什麼工作，我替哪一版寫作，我這個夏天的任務——避開洲際公路，看看這個國家不同地方的人如何生活及省錢。我建議給他看省錢旅遊達人網站，我們進入他的拖車屋，打開他的衛星連線電腦。自始至終，翰尼迪只是不斷點頭和聆聽，並沒有對我的臉開槍。我有一個感覺，獨自住在這裡，與灰塵、他的飛機和他的狗為伍，他渴望同伴，即使是一個自由派的《紐約時報》作者。

我為自己辯解半小時後，翰尼迪鬆懈下來。「如果今晚不下雨，」他說，「明早七點到這裡，我們飛上去。」

那夜沒下雨。第二天七點整，我回到翰尼迪的住處，他推出他的飛機，一架自製的超輕型飛機，由空心管、PVC機翼和敞開的駕駛艙構成。翰尼迪說，它大約兩百五十磅重。它看起來不大堅固，但我必須信任翰尼迪，即使翰尼迪不信任聯邦航空總署（FAA），抱怨FAA對他正在發動的這種搖搖晃晃的新玩意管太多。

然後我們升空了！巡弋在廣袤平坦的哥倫布平原上空，沿著美墨之間的邊防圍籬航行，在逐漸縮小的距離中，以弧狀飛向低矮的佛羅里達山脈。在天上，靠這麼少東西支持，我的臉受風襲擊，感受到地球是多麼大，又是多麼開放。我要求飛上天，我如願以償。其他旅行者知道這是可能的嗎？其他旅行者知道此事多麼簡單嗎？我能向他們傳達這個感覺而讓他們明白嗎？

這些是身為省錢旅遊達人的永恆問題，而且隨著歲月過去，報導累積，問題變得越來越困惑，主要因為它們不是我的專欄所要應對的首要問題。相反地，我的責任是發現、發展和有時發明省錢祕訣，但寫了幾十篇文章後，我不知道還能變出什麼新花樣。

學會省錢旅遊，然後呢？

在我看來，省錢旅遊方法已充分鋪陳如下：

航空：

Kayak.com、ITASoftware.com 及 Vayama.com 可以搜尋低廉機票，AirfareWatchdog.com 還能設定你想飛的路線的票價警訊。如果那些路線是從美國飛往其他著名目的地，如北京或里約熱內盧，可以查看美國的機票整合業者網站。盡可能直接上航空公司網站買機票，務必加入航空公司酬賓計畫（並申請累積點數的信用卡，詳見 cardratings.com）。在歐洲和東南亞，搭低成本航空公司。上網辦登機手續。要有心理準備，實際費用會高於你的預期，別抱怨太多。

住宿：

最便宜的選擇是住朋友家或朋友的朋友家。次便宜是沙發衝浪，這個國際網路的兩百萬會員願意（原則上）讓你睡他們的沙發、地板、多餘臥室或整套客房，不收任何費用，純粹免費交換（是的，它是安全的）。幾乎同樣便宜的是 WWOOF，但你必須願意圍繞著農場工作來計畫你的假期。其次是 AirBnB.com 及 Wimdu.com 之類的服務，允許你在世界各地租房間、公寓和整棟房子，類似用戶友善版的分類廣告網 Craigslist（是的，它們是安全的）。如果你不信任這些服務，那你的選擇（一般而言，昂貴程度依次遞升）是青年旅舍、汽車旅館、民宿、小旅館和大飯店。同樣地，加入旅館酬賓計畫。別太認真看待旅遊評論網站 TripAdvisor。千萬別在任何情況下匯款給任何人、任何金額。

食物：

搜尋 Chowhound.com 的餐飲推薦，Google 你的目的地加「食物部落格」。在農夫市集、小食品雜貨店和超市買食材——並試吃所有免費樣品。真正好的餐廳通常在午餐時段或酒吧間有比較便宜的菜單。午餐多吃點，晚餐少吃點。不吃早餐，除非你的房費含早餐。尋找教會晚餐。如果你是猶太人，找查巴德聚會所（Chabad House）的安息日晚餐。如果你很餓，找錫克教節慶。吃路邊攤。吃速食。吃劣質食物。

其他：

用Skype。在淡季旅遊。打開你的行動電話，買當地的SIM卡。透過臉書找朋友的朋友（的朋友）。買全市通用的博物館通行證，或略過博物館去畫廊。確定你的信用卡和提款卡不收海外交易費。搭乘公共交通工具。搭便車，如果感覺安全的話。騎腳踏車。走路。

以上，不過數百個字，是所有你需要知道的便宜旅遊之道——我的省錢祕訣的總和，我花了四年時間，用了幾十萬字，深度報導的材料。對我來說，這一切似乎太明顯了，一周復一周重複同樣的建議，在稍微不同的情境（今天巴黎，明天墨西哥恰帕斯州），令人抓狂。這個建議通常可以一言以蔽之：你想省錢？那就少花一點，少講究一點。在某個程度上，我感覺還在《紐約》雜誌當文字編輯，唯一差別是從前我每周提供同樣的文法和風格建議給同樣的作者，現在我提供讀者同樣的省錢旅遊祕訣，如果他們曾注意聆聽的話，早就從我這裡學到了。

持平而論，偶爾會出現新的系統或企業，我會立刻逮住機會。例如，AirBnB.com直到二〇〇八年才創立，我盡快報導它。但大多數時候，我只是把同樣的祕訣和技巧資源回收再利用。更糟的是，我開始對整個經驗——對這個照理說應該是天下最棒的工作——感到厭倦，我甚至更怨恨我的讀者讓我感覺厭倦。我希望自己友善和活潑，對每一個新發現充滿熱情，但我卻變得陰鬱和煩躁。為什麼我不能樂在其中？

也許因為我覺得我未能傳達省錢旅遊的微妙之處。亦即，除非旅行者能排列優先順序，我的祕訣對他毫無意義。你願意放棄四星旅館，省下錢來吃三星餐廳嗎？或你願意靠麗滋餅乾裹腹，好讓你住得起麗池卡爾登酒店？答案，當然因人而異，取決於讀者個人的旅行經驗水準。你不知道你在旅行中真正在意什麼，直到你已經做過大量旅行——屆時你無疑已經浪費了很多錢，在你如今知道你不需要或不想要的東西上。這些事情是我，做為平凡人的省錢旅遊達人，無法事先警告你的。

更有甚之，當省錢祕訣開始支配我的思考過程時，我發現我根本不在乎如何省錢旅遊。這不表示我想走奢華路線，而是指省錢其實是次要考量。交朋友，探索未被發現的世界角落，吃得好，瞭解各式各樣的人如何生活——那些才是我旅行的理由，省錢只是達到目的的手段。

但太多讀者把省錢當作旅行的**唯一**目的，或表面上看來如此。也許我太敏感，也許我太在乎，但在一篇又一篇省錢旅遊達人網站的讀者評論中，抱怨我花了太多錢，我的做法錯誤，他們可以做得更好。我想回應他們：「但這根本不重要！不論你省錢或花錢都無所謂。重要的是你如何及為何旅行。」但這種話不是省錢旅遊達人可以到處亂講的。

我嘗試不理會評論者，對他們嗤之以鼻。顯然，這些唱反調的人是睜眼瞎子，相信他們自己的吝嗇鬼作風了不起，看不見我企圖訴求範圍廣泛的旅行者和興趣。對他們來說，省錢旅遊只與青年旅舍、露營、超市餐點有關——與其他一切無關。他們自以為是的態度令我氣憤，因為我知道節儉不具道德分量。

但粉絲也令我惱怒。他們讚揚一篇報導，似乎只因為我去了他們二十年前去過的地方，任憑我們的經驗和見解天差地別，他們只在乎我挑起他們對土耳其蜜月旅行或墨西哥背包畢業旅行的懷舊之情。

我告訴自己和朋友，我不介意別人說什麼或寫什麼。「擁抱惡評，」來自西貢的泰德，此時已變成我的朋友和同事，一再告訴我。但真相是，我介意。我希望讀者瞭解我在做什麼，還有為什麼，並認同我剛萌芽的理念——同意省錢只是一個前提，目的是睜開眼睛去看旅行為他們揭開的世界，到最後，完全停止思考金錢。雖然有些讀者確實做到了，但人數永遠不夠多。文章發表的高潮總是伴隨著感覺被誤解的失望低潮。

雪上加霜的是內疚。人人同意，我擁有天下最棒的工作，我卻只看到它的陰暗面，擔心和悲嘆我的失敗，低估我的建議可能真正幫助人的可能性。我是何等忘恩負義的惡魔？當其他人省吃儉用存錢等待一生一次的遊覽巴黎機會，**我**何德何能可以不斷旅行——遑論還有錢可拿？

或者……也許我不配擁有這份工作？我也許沒有搞砸這個專欄，如我的編輯一度擔心的，但也許別人可以做得更好，投注更多精力和專注在這個工作上，超過我在四年和兩百篇報導後所能付出的。我知道，我不會完全放棄旅行或書寫旅行，但我需要回到用我想用的方式去旅行，聚焦在我覺得重要的事情：無與倫比的困惑之樂。

因此，如我過去做過，未來無疑還會再做的，我辭職了——在我希望我仍占上風的時候。

5

先生，要買口香糖嗎？

遇見乞丐、妓女與難民

他們很窮，卻大方得像擁有全世界的麵包。

琳娜皮膚黝黑，即使對柬埔寨人來說。她的鬈髮綁成兩條短馬尾，身高不可能超過五呎。在金邊一家叫做 Walkabout 的澳洲酒吧，她坐在我旁邊，穿了一件無領、無袖的連衣裙，黑底的衣服上似乎布滿白色細斜紋，近看原來是「sex girl」兩個英文字，用很小的字體反覆印在布面上。她剛提議給我四十美元跟她過夜。

「我喜歡你，」她用英語說，假裝噘嘴撒嬌。「我們回家嘛！」

真尷尬。我大口吞嚥我的吳哥牌啤酒，努力思索如何拒絕她。很難，尤其因為我想答應她——帶她到我租的河邊公寓，剝掉她身上那件淫穢的衣服。但我有女友在紐約，我不想做出必須對她說謊的事，因此我對琳娜說實話。

「我不能，」我說。「我有女朋友。我不能。」

她噘嘴，這回是真的。我的誠實無關緊要。每一個住在柬埔寨的外國男人都有女朋友或老婆，但從來不妨礙他們帶像她這樣的妓女回家。「但我要嘛，」她說。琳娜旁邊的凳子上坐著她的越南朋友阿娟，用懷疑的眼光輕視地看著我。

我的另一邊坐著馬克，一位攝影師朋友，只比我大幾歲，但他的紅臉因經常暴露在陽光下而布滿深紋，馬克搖頭，然後用高棉話與琳娜交談了幾句。他向我解釋，我們的藝術家朋友巴克敏斯特昨晚帶琳娜回他的住處，不曉得為什麼付了她太多錢——他給了她五十美元。現在琳娜覺得錢多到花不完，所以很慷慨大方。

「她是好女孩，」馬克說。「你其實沒有選擇的餘地。答應吧！」

馬克完全正確。琳娜是好女孩，活潑、調皮、傻氣、健談，拒絕她等於侮辱她，提醒她不過是個妓女，哪能跟我在美國的高尚、正式女友比。如果我答應……嗯，那又會怎樣？待我結束這長達一個月的一九九九年前千禧年之旅返家，我大可輕易撒謊，因為我知道我的女友和大多數人一樣，會毫無疑問地相信我。更何況還能賺到四十元。

那我為什麼拒絕呢？我有很多理由：首先，我不喜歡說謊。我不是從利他的角度反對說謊，就誠實永遠是最好的策略而言。相反地，我不喜歡說謊是因為我發現說謊太容易，容易到當人們相信我的謊言時，我會對他們這麼容易就上當感到失望。如果對方是陌生人，比較無所謂，但我對朋友和家人有更高的期待。我不想看扁他們，我希望他們和我一樣百謊不侵，因此我盡量實話實說，即使實話有時傷人。

但我有一個更直接的理由能拒絕她。這個理由無論琳娜或馬克都不知道，大多數人也不知道。因為……我有一段接觸妓女的歷史，一段不堪回首的往事。

當他人的悲劇闖入你的假期

當然，在東南亞待二十四小時，你就有一段接觸妓女的歷史。她們悲哀地、刻板印象地無所不在：在觀光區的酒吧，從與你的計程車並排行駛的摩托車上對你微笑，盤旋在你住的迷你旅館大堂，在你醉醺醺逛進去吃水餃宵夜的通宵營業中國餐館，與她們的恩客一起稀哩呼嚕吃麵條。她們可能積極、羞怯、躁鬱、恍惚、困惑、高傲、誘惑。她們臉上可能塗了厚厚脂粉，好讓自己顯得白一點，或可能不施脂粉，像剛從鄉下被卡車運來的純樸農家女孩。她們可能粗俗、頹喪，就只是為了尋找下一個十元性交易；或可能表現得非常溫柔，使你忍不住想稱她們為你的女朋友。的確，你花錢買春的女孩，與你買衣服和飲料給她、贊助她弟弟的學費、幫她母親去藥房買藥的女朋友之間，時常只有一線之隔。以上描述只是開端，此外還有一整個系列形形色色的妓女，從精明到天真、自願到被脅迫、健壯到病弱到走投無路的無限光譜。

該如何對待乞丐、小偷、街頭流浪兒，乃至受天生殘疾之苦或在戰爭中受傷的成年人，抑或是發展中世界的其他生命悲劇？對旅行者，不論男女，不論背包客或富商巨賈，都是一個真正的兩難問題。你應該為他們闖入你的假期而感覺被冒犯嗎？或感覺有趣，彷彿他們是邪惡、第三世界氣氛的布景？你應該對這一切不公平感到心碎，為什麼有些人活該飢餓，或無腿，或受虐，而有些人卻可以飛半個地球去尋找冒險？或你應該憤而採取行動，不論丟幾個銅板到麵店裡關節扭曲的男人手中，或者認真加入救援組織去減輕貧窮和不正義？有沒有一個正確的答案？

幾乎從我搬到胡志明市那一天起，就在應付這些議題。當然，之後我旅行所到之處也幾乎都會遇到。回想一九九六年，我一走出露西旅館大門，進入雨季的濕熱空氣，就會立刻碰到，唉，越南仍極度落後的證據。人行道龜裂、凹凸不平且窒礙難行，塞滿停放的摩托車和食物推車，瀰漫垃圾和汙水的臭味。半邊街是破爛的違章建築。小孩蹲在路邊水溝上拉屎，但水溝不通往汙水處理廠。乞丐，有的四肢健全，有的拄著枴杖，記得其中有一、兩個兩腿扭曲、殘廢，趴在用夾板拼湊的滑板上蟹行，然後對你伸出手來要一塊錢。

晚上在酒吧，我會看到幾個街童。其中一個甜美的八歲小姑娘，被教導用字正腔圓的英語說，「你想買一把扇子嗎？」其他孩子則賣口香糖。一個孩子特別引起我的注意：他很矮，有一顆過大的頭和無法聚焦的眼睛。他說話有點口齒不清，叫每個人「đi già」——老婊子。我們叫他花生男孩或花生頭，有關他的謠言滿天飛：他十三歲，但看起來像五歲，他有海洛因癮，他是橙劑受害者。無論真相如何，他既可愛又可惡。他可以惹人憐愛，一個你想抱在懷裡的受傷小寶貝，但突然間，冷不防，他隔著襯衫抓你的乳頭，邊用力擰邊笑。當他試圖打撞球時，看了會讓人心碎——他的眼睛幾乎搆不到球檯邊緣，讓你有一個感覺：他可能永遠不會長到可以看到檯面。

這個景象不只出現在龍蛇雜處的范五老街。天黑之後，在市中心，在優雅古老的法國殖民建築之間，無家可歸的一家老小睡在帆布床或硬紙板上。每回我離開和記河粉巴斯德店，前西貢最著名的麵店，一個兩腿自大腿下切除的男人會對我微笑，然後伸出一頂棒球帽。其他地方，骨瘦如柴的女人抱著骨瘦如柴的嬰兒，會模仿把食物放進孩子口中的動作。

面對這般沮喪的時刻，很難思考該如何反應，或甚至是否要反應。我的第一個本能反應總是遞出一些零錢，一千或兩千越南盾，約十或二十美分。但我很快發現，這麼做只會引來更多其他乞丐：既然我能給某人一千盾，那麼肯定就能給每個人一千盾？如果我真的給每個人錢，我怎麼知道錢是否真的落到對方手中？在曼谷辦理簽證延期的地方，曾聽到謠言說乞丐是有組織的，受黑道操控，有些被故意弄成殘廢，以便爭取愛心捐款[1]。誰敢說西貢的情形有什麼不同？

街童的情形似乎也是如此。他們從哪弄來這些扇子和口香糖來賣？錢真正進了誰的口袋？但應付他們比較容易。花生男孩和扇子姑娘並不真正期待你任何東西，如果你買一罐可樂或一碗麵給他們，他們很高興，還會禮貌地道謝，有點出乎我意料。他們拿多少算多少，不給壓力，只在離開後留下一股揮之不去的絕望氣氛。

對待乞丐和街童永遠有一個簡單的替代方案：走開。不理他們。把你的臉變成一張空白、無感情的面具，什麼都看不見，除了你想看的東西。如果你必須承認眼前這個可憐骯髒的生物，那就半閉著眼，緩緩、微微搖一下頭，就好像記憶中的某人在某地做過的某件可恥的事一樣。

這聽起來麻木不仁，但當你感覺被圍困，人人都要你的錢和你的注意力；當你只想在綠樹成蔭的巷弄，坐在塑膠椅上，享受二十分錢一杯的冰咖啡加煉乳；當目睹千千萬萬人在西貢（或曼谷，或孟買，或紐約市）過著地獄般生活而太難以承受時，有時別無選擇，只能一概視而不見。

這正是我偶爾做的：把自己變成睜眼瞎子。什麼殘障，什麼孤兒，什麼坑坑疤疤的路面和屎尿臭味？我有我在法國小館的咖啡和可頌麵包，我的冷氣（偶爾）和套房公寓，一張信用卡，以及一本只要我想滾蛋隨時可以滾出去的護照。

但這個態度也有它的心理後果。靠意志力支撐的盲目只能維持一時，在驚醒的時刻，當朦朧的面紗還原成本田機車排放的廢氣和焚燒垃圾的濃煙時，清楚揭示身體殘缺但精神不死的人民正聲聲呼喚你的善心。那個聲音何等美妙！

幾個月下來，我在感動和無動於衷、施捨和吝於施捨之間搖擺不定，像希臘神祇一般反覆無常。但是，它有效。這個雙重態度使我可以忍受西貢的生活。如果我顯得太好騙，我就硬起心腸對一切視若無睹；當我表現得像自私自利的混蛋，那就自動送禮給某個窮人來安撫我的良心；當我感覺像容易上當的蠢蛋，皮夾子會再度封起來。這聽起來不像一個值得學習的態度，也不是始終如一的哲理，但人的大腦不必要求一致性來熬過每一天。它所需要的只是相對平靜而已。當我的腦子安靜時，我開始感覺，也許我在這個陌生國度尚有一塊容身之地。

除了面對娼妓。坦白說，我怕她們。有些用霓虹燈和聖誕燈照明的昏暗酒吧，裡面的女

註1：後來證明這個謠言不完全有根據。雖然很多泰國人相信柬埔寨黑道經營兒童乞丐詐騙集團，但根據二〇〇七年聯合國兒童基金會調查顯示，大多數小乞丐是個體戶，隨著母親來到曼谷。

人全是性工作者，這些女孩會站在門口，穿著廉價的長晚禮服，濃妝豔抹，企圖引誘你進去，有時甚至跑出店來抓你的手臂，把你拉進去。她們搖尾乞憐，英語不靈光，我看不出誰會覺得她們誘人。她們身上散發絕望的氣味，而我大概也一樣。

我怕她們也是因為她們提醒了我，儘管我覺得自己正逐漸適應這個國家，但實在不知道自己在這裡幹什麼。首先，是語言障礙。她們的英語有限，我的越南話更差。但語言困難變成一個防娼妓的護身符。如果我不能和她們交談，我更不可能和她們上床，不是嗎？或我能？我周遭到處是語言不通卻不妨礙性交的男人。他們要女人，他們買女人，就這麼簡單。當他們帶她回迷你旅館或金光閃閃、粗製濫造的郊區別墅時，他們非常清楚要跟她做什麼——或我想像如此，因為當時我對於要跟女人做什麼毫無概念。哦，我交過女朋友，包括延續整個大學時期的長期關係，但性愛充其量尷尬，通常失望。我既無持久力又缺靈敏度，且無信心，更遑論表演焦慮——我對我可能必須做的事**嚇得要命**。

反正我也沒多少機會做任何事。我在越南的頭幾個月，有過兩次不大香豔的豔遇。一次是與瑪莉，我在胡志明公開大學文學課上的一位小巧玲瓏、聰明伶俐的學生，每個星期她的活力和熱情都照亮了教室。我向班上宣布辭職那天，下課後她和我聊了一會兒，然後我們一起騎自行車回家，美妙的單車之旅僅在終點蒙塵：我們從范五老街轉入露西旅館的側街，但我忘記她其實不知道我住哪裡，當我調轉龍頭騎上被露西旅館當作停車場的人行道時，我的車子撞上她的，把我們兩人都撞倒在地上，當著露西、盧女士及形形色色其他旅館住戶的面。瑪莉和我交換電話號碼，以及OK繃，但我們從此沒有再談過話。

另一次近乎豔遇是與羅，一個口才便給的越南男子，我在西貢小館的頭幾天，在那個日光燈的街角酒吧，認識了他。羅並未立刻表明他的性取向，只是找我聊天，因為當時我在胡志明市不認識任何人，我們計畫騎他的摩托車四處遊覽。行程短暫又隨機，當我們急馳經過法國人蓋的天主堂後，他突如其來的問我，「你想看猶太人（Jew）嗎？」

「猶太人？」什麼意思？西貢有猶太教堂嗎？

「是的，猶太人。有很多動物的地方？」

「噢，動物園（zoo）。」

我們沒去動物園，反而去了他和家人住的地方，坐在他的小臥室，房門對著他家經營的撞球店，羅彈著他的木吉他，告訴我他最後一個女朋友，一個澳洲女商人，曾帶他去越南海邊旅行，以及他最新的男朋友，另一個外籍居民，目前在新加坡或河內。「我有時和男孩一起，有時和女孩一起，」他說。接著又問，「你有沒有跟男孩做過任何事？」

「沒有，抱歉，」我說，聳聳肩。「我想，我只喜歡女孩。」我從背包拿出我的筆記本，給羅看我畫的天美，那是臨摹我們在美東海岸撞車後為她拍的照片。素描實在畫得很差，我為我們兩人感到難過——為了令羅失望，也為了我自己悲哀地與他不相容的品味。

「沒關係，」羅說。然後他撥吉他，為我唱一曲布萊恩．亞當斯的歌：〈（Everything I Do）I Do It for You〉。

不堪回首的妓女接觸史

一九九七年三月，《越南新聞》派我去金邊採訪第一屆東南亞電影雙年展。這個影展盛大演出一系列來自東南亞各國的新片，另夾雜幾部亞蘭．德倫（Alain Delon）主演的法國老片，期間還謠傳他本人可能現身。那時柬埔寨首都正處於後紅色高棉「狂野西部」時期的高峰。大包大麻菸在中央市場出售。武裝男人，有些是軍人，有些不是，開著閃亮的豐田四輪傳動車到處耀武揚威。我抵達後的上午，一場反司法貪腐的和平示威遭手榴彈攻擊，至少十六人死亡，多人受傷。

晚上，試映結束後，我會寫我的影評，傳真到胡志明市，然後和道格拉斯去酒吧，他從越南來帶我見識這個下流城市。道格拉斯會帶我去黑暗之心、鯊魚池和馬丁尼，後者是惡名昭彰的應召站酒吧，有一個肉貼肉的舞池，以及一個有水泥桌、長凳、能稍稍減輕一點幽閉恐懼症的花園。我在那裡發現阿麗——或不如說她發現我。穿著桃紅外套的阿麗，立刻偵察到我和道格拉斯，從容向我們走來。那個黑膚、短髮的慓悍女孩，翹起下巴，用低沈、目空一切的聲音告訴我，她要我操她。萬分榮幸，但無限恐懼，我拒絕了，但我還是同她跳了舞，直到她離開去追逐更確定的客戶。

道格拉斯在這個下層社會比我自在多了，我感覺他對我失望，第二天午餐後，我們出發前往斯外巴格（Savy Pak），離金邊十一公里的妓院村。我們為什麼去？我不能代道格拉斯發言，但對我來說，只是單純的好奇，在這個國家、這個星球，居然存在一個妓院村！聽在二十二歲的我耳中，它荒誕、不真實，像出自布考斯基（Henry Charles Bukowski）或福爾曼的小說。或許因為我想考驗自己，看看自己究竟能沈淪到柬埔寨的黑暗之心多深。也或許我們沒有理由，只是想找件事來做，一件**任誰都會做的事**，打發一個炎熱的金邊下午。

我們找到兩輛計程摩托車，告訴司機「十一公里」——斯外巴格村在公路上的里程碑，不久後就來到一個昏昏欲睡的村落，漫步在棚屋和狹長低矮、狀似倉庫的鐵皮屋之間。就在一棟這樣的建築裡，我們與兩個越南女孩分享一瓶啤酒。我不記得她們的名字，只記得兩人都留長髮，穿寬鬆的白色洋裝，像英國愛德華時代的小說女主角，且都化了過濃的妝。道格拉斯輕鬆自在與他的女伴用越南話聊天，我則費勁地問一些基本問題，如：「你幾歲？」

喝完啤酒後，道格拉斯宣布，「我要去按摩。」我想說道格拉斯對我擠了擠眼，但他很可能沒有。然後他就留下我獨自與我的女伴坐在黏答答的黑色尼龍長沙發上。

場面尷尬。我問她是哪裡人、來柬埔寨多久、想不想回家，然後啜一小口啤酒，拿出我的照相機。她企圖擺出撩人姿態讓我拍照，又是嘛嘴，又是趴在沙發上側身斜眼瞄我，甚至吻我的臉頰。但很顯然地，事態不會進展到人人——她、道格拉斯、道格拉斯的女伴、在門口迎接我們的中年媽媽桑、皮笑肉不笑地把我們放下的摩托車司機——認定它應該發展的方向。

我問她的母親。她說她想念媽媽。

然後，我的越南話會話能力技窮了，我們陷入沈默。

道格拉斯和他的女伴回來。他看起來煥然一新。他可能真的做了按摩。

「準備走了嗎？」他說。

不到幾天，道格拉斯和我又回到馬丁尼，與我們同行的是我們住的旅館的年輕櫃臺職員拉烏達和他的朋友，大部分是政府官員的富二代。我喝得半醉，或更醉，我不記得了。阿麗死纏著我，在我身上磨蹭，重中她的慾望，我帶她到花園那張我們坐過的桌子，叫點心來吃。我吃中國水餃。阿麗吃芒果，挑逗地吮吸甜甜、毛茸茸的果核。拉烏達和他的朋友走了。我什麼都沒說，但人人理解阿麗會跟我回家。

剩下一個問題必須處理：道格拉斯和我合住一間旅館房間，而且他不打算一個人回房。阿麗起身，走到舞池，帶回一個娃娃臉的女孩給道格拉斯。

「她幾歲？」道格拉斯問。

阿麗對女孩說了幾句高棉話，然後轉身對我們說：「她說她十八。」

三十分鐘後，道格拉斯和我及我們的女伴——阿麗和娃娃臉，走進莫拉克酒店大堂，夜班職員和光著上身、揮舞手槍的警衛正在看一部色情片，由一個黑人男人和一個白人女人主演。上樓後，我們立刻辦正事，不喝飲料，不看電視，不開燈。阿麗不來接吻或前戲那一套，我既不確定從哪裡開始，也不知道如何叫阿麗幫忙。但幸運地，我們被鄰床的道格拉斯和他的女伴打斷了。

「我幹不了，」道格拉斯對我耳語，打開床頭燈。「她太年輕，絕不可能十八歲。阿麗，她到底多大？」

「她說她十八。」阿麗的聲音暗示她保持中立。

「告訴她可以回家了。我幹不了。她只是躺在那裡一動也不動。」

阿麗轉達，道格拉斯遞過去十元美金，娃娃臉走了。

「真糟糕。現在她會以為賺錢很容易，」道格拉斯說。他關掉燈。「你們兩個可以繼續。」

我們繼續。阿麗給我戴保險套，我進入她，很快我就結束了。

「你達到高潮了嗎？」她悄悄問我。

那晚當我和阿麗蜷在一起時，我忍不住注意到她變得多麼放鬆，當我們側躺依偎入睡時，她貼在我身上的皮膚感覺多麼柔軟。這是那個厚顏無恥吮芒果的女孩嗎？

第二天早上，阿麗穿回她的外套，接受我的二十美元走了，她的臉再度冷酷和驕傲。

寫到這裡，我應該檢討我那晚所做之事的是非對錯，但我發現很難。賣淫顯然是錯的。除了在據稱開明的地方，如阿姆斯特丹或舊金山，沒有人真正有志從事這個世界最古老的行業。大多數的娼妓沒有選擇，她們被犯罪集團非法販賣到離家遙遠的地方，在那裡她們沒有資源取得司法援助或非政府組織支持。非洲女人流落到義大利，越南女孩流落到柬埔寨，摩爾多瓦女人流落到幾乎世界各地。很多人被強迫帶走，有些人則是被她們的家庭賣掉，其中兒童的數目多到令人怵目驚心。當男人占性產業的便宜時，尤其在發展中國家，他們助長一個摧毀生命並使國家跛腳和貧窮的體系。這是錯的。

在此同時，我覺得很難譴責年輕時代的我的作為。即使當時我已像今天一樣知道性產業邪惡的程度，即使知道召妓後的感覺不好，我想我可能仍會做同樣的事。懷著天真的抱負和文學虛榮，年輕的麥特．葛羅斯其實是在摸索，在一個非常基本的層次上，如何與他人相處，那些人的生活和經驗與他相距光年之遠。但為了這麼做，首先他必須找到自己的局限，看看他實際上是什麼樣的人，或可能變成什麼樣的人。一個麻木不仁的畜生？容易上當的傻瓜？膽小的唯美主義者？抑或一個困惑的年輕人（也許這是他從整件事學到的教訓）？他設身處地為他人著想的能力和願望可能造成危險。

遇見非典型妓女——琳娜

兩年半後，我回到柬埔寨，在金邊殺時間，直到前往吳哥窟迎接千禧年。首都已經感覺不一樣了：自我離開後，第一首相拉那烈親王（Norodom Ranariddh），與第二首相獨眼前共黨軍人洪森（Hun Sen），爆發激烈權力鬥爭，顯然後者是贏家。很少柬埔寨人，更少外國人，認為洪森會比竊國集團的獨裁者好到哪去，但很多人仍因此放下了心頭大石：幾十年來第一次，由一個人（及一個政黨）牢牢掌控整個國家。我看到街上武裝警衛少了，和平不遠矣。

因此我在Café Santepheap，即和平酒館，消磨頭幾晚再恰當不過。它和金邊幾乎所有其他酒吧都不同，既不淫蕩也不狂野，娼妓不聚集在那裡，柬埔寨統治階級的不肖青少年子弟不在那裡打架滋事或喝霸王酒。客人進來喝杯吳哥牌啤酒，吃一籃炸薯條，與英國老闆達夫聊天，達夫娶了柬埔寨妻子，最近剛生下一個兒子。

在和平酒館，我遇到來自新興中產階級的柬埔寨人，譬如百事，他的收入水準和英語能力，使他能夠以實質平等的地位與周遭的外國人（如我）談體育、政治和天氣。因此那晚琳娜走進來，爬上我旁邊的酒吧凳，點一杯百利甜酒加冰塊，抱怨她漫長、疲憊的一天時，我以為她是常客，雖然樣子年輕了些。我們閒聊了一會兒。離開時，我對這家酒吧吸引到的客群印象深刻。這裡代表新柬埔寨！

然而，幾天後，我在馬丁尼遇到琳娜，這才恍然大悟。男人去馬丁尼可能為了買春，或只是為了喝酒（眼睛順便吃冰淇淋），但女人，尤其是柬埔寨女人，去那裡只有一個目的：上班。在舞池震耳欲聾的重低音聲中，我告訴琳娜我在和平酒館見過她。她似乎不記得了，但同時，我想，她可以看出她已給我留下深刻印象。

我開始到處見到她：在黑暗之心，我去那裡打撞球，或回到馬丁尼。我們總是聊一會兒天，我得知一點她的背景。她父親住在曼谷，她非常想念他。她寄錢給他。有回我留神聽他們講電話：她說流利的泰語，並堅稱她不是高棉人（「你胡扯什麼？」馬克後來說，「她百分之百是柬埔寨人。」）。她活潑可愛——她也許是妓女，但她不讓她的職業貶低自己。和百事一樣，她認為她和我平等。她也許需要一支行動電話，但她沒開口向我要，我也沒買給她。她不是我的責任，我喜歡我們可以談天，不必擔心她要求我付錢跟她上床，我雖然還不至於天真或浪漫到認為她有一顆高貴的心，但我開始認為也許她和其他所有性工作者不同——她仍有能力擁有不是基於性與金錢的關係。

直到那晚，她說想付錢跟我上床，我嚇得結結巴巴語無倫次。我不會玩琳娜的朋友阿娟起頭的語言接龍遊戲，她的濃濁口音使我不斷問，「What？」對此阿娟會回答，「Wat Phnom。」此時琳娜會接一句「Phnom Da。」

馬克解釋給我聽，Wat Phnom 是一座廟宇，在離河不遠的山上，Phnom Da 是一座大山，鄰近茶膠省（Takeo），在南方。「她們想幫你保全面子，」他說，「免得顯得你不懂她們。」

但我確實不懂她們，我更不懂為什麼我要死守著我的節操。我在半個世界之外，與我很可能永遠不會再見的人在一起，而且我能說謊。我擅長說謊。人們想要相信我。他們真的相信我。

豁免於性愛世界之後，我們會是朋友嗎？

事後，我有一陣子不曾遇到琳娜。她消失在妓女的冷宮裡，當你不想找她們時。但我真的想再見到她，即使只是幫她拍照。這是我跟我自己做的妥協，我認為我能想出這個辦法聰明極了：我走前會見到琳娜，我會邀請她到我分租的公寓，我會請她為我的照相機寬衣解帶。我會付給她要求的任何金額。我不會碰她——那等於是對我的女友不忠。即使如此，仍是猥褻，因此我覺得有義務付她一些錢。畢竟，答應比她有錢的人的齷齪願望是她的職業。完全拒絕她就像是拒絕米其林星級大廚提議幫你燒晚餐，條件是你花錢買食材。

當然，我並未做任何事去實現我不太熱中的幻想。我離開金邊，到了吳哥窟，在那裡染上流行性感冒，錯過所有樂趣，然後回首都停留十二小時，等候回紐約的班機。那十二小時是我最後一次找到琳娜和拍攝她的機會，但我並未去馬丁尼找她，反而在金邊的外籍記者俱樂部混一下午。那裡很可能是全柬埔寨最不下流的酒吧，充滿褐色單人座皮沙發和擦得油亮的木頭，外交官和商人在這裡會面、休憩和眺望洞里薩河（Tonle Sap River），他們的啤酒杯子上蓋著杯墊，以防綠色飛蟲誤入。

三個高檔型的觀光客在我附近的椅子坐下。他們四十多歲，穿著相當體面：卡其褲，而非短褲；襯衫鈕釦扣好，塞進褲腰；沒有明顯的照相機或背包。他們剛從胡志明市過來，我們交換了情報：我問我過去常去的地方，他們問柬埔寨的觀光景點和政治局勢。我只在這裡待了一個月，但我知道政府不穩，貪腐嚴重，以及高級官員偷腥，妻子往二奶臉上潑硫酸。當我講這些故事時，我給人的印象（可能是故意的）是一個聰明的年輕人，一個在世界危險地帶出生入死的冒險家，樂於用文化觀點為我的美國同胞詮釋異國現象。我可以看出這些觀光客仔細聆聽著我說的每一個字，臉上露出欽佩的表情。

當我正講得口沫橫飛時，琳娜進來了，看起來比她過去任何時候更像妓女。不是因為她的穿著打扮，不是迷你裙、太濃的眼線或廉價的中國製高跟鞋。她只是年輕、本土又厚臉皮，警覺的眼睛總是在搜尋某物或某人。像她這樣的女孩不會進來這裡，從來不。

幾秒鐘內，琳娜和我已打過招呼，我唐突地留下觀光客而去。我們在陽臺上站了幾分鐘，眺望底下寬闊又渾濁的河，一星期前的尷尬遭遇已經忘記，或至少不再提起。我的機會來了。

「我今晚就走，」我告訴她。「跟我回我住的地方，我想為你拍照。」我們走出去時，我可以感覺觀光客們的眼睛都在盯著我。

公寓在轉角一個巷子裡，屬於一個西班牙通訊社記者，琳娜以漠然的神態看待室內一切。她幹麼在乎？她肯定見過類似的地方，說不定這不是她第一次來這裡，尤其因為巴克敏斯特，她那晚的恩客，最近也曾借住這裡。

「脫掉你的衣服，」我說，但不是大聲命令。「立刻脫掉。」

她不脫衣服，反而先說話。「跟我說說你的女朋友，」她說。

我直接告訴琳娜，我正在和一個漂亮的服裝設計科學生約會，她來自臺灣，有可愛的微笑和極好的胃口。同時，其實也是告訴自己，我真正想揭露的是琳娜的肉體。但告訴自己和告訴琳娜是截然不同的兩件事，兩者差距之大恰似美國與柬埔寨、誠實與背叛、富貴與貧窮。只要她開口要求……但她並未要求，甚至當我帶她爬上通風、架高的睡眠區，給她看我掛蚊帳的床時，她也沒要求。彷彿由於那一晚我拒絕了她，我已豁免於性愛世界，由於我違反一切常識，不屈不撓地堅持她和我如正常人一般相處，如兩個平等的人，我已實際成功了。我得到我要的，即使我要的是改變。

最後，我告訴琳娜我想為她拍照，她順從地跟隨我走到陽臺。陽臺外是暮色中的河，河外是穆斯林社區，那裡失去土地的居民在本地屠宰場工作，穆斯林區外是稻田和地雷區，我用慢速快門拍了幾張她的臉。鏡頭下，她看起來睥睨一切，但話說回來，她潑辣的眼神和上翹的鼻子使她永遠看起來睥睨一切。然後我陪她走下樓，來到街上。

分手前，琳娜說：「不要給你女朋友看照片。」

「我不會，」我告訴她。「我保證。」我不是說謊。

重返金邊，尋找一顆高貴之心

五年後，我回金邊為我的小說調查資料。由於受到柬埔寨的經濟發展和獨裁統治者的約束，這個城市的無政府狀態已經收斂許多。馬丁尼、鯊魚池、黑暗之心和其他所有的應召站酒吧仍然存在，但我避開它們。它們不再令我著迷。我知道，它們是真實的，而且真實到使我招架不住。接下來幾個星期，我的生活將是規律和平靜的。

但我確實重返和平酒館。自從我上次光顧後，達夫的妻子已死於手榴彈攻擊（隔鄰卡拉OK店發生爭執的意外結果），他把酒吧搬到城的另一端，所有他最愛攻訐的非政府組織都在那一區設有辦公室。他已再婚，他的兒子現年五歲，他仍像過去一樣熱情、好客，引用他正在讀的史達林傳記，不停咒罵柬埔寨的貪腐。

「有一顆高貴的心的妓女？」當我不可避免地打聽起琳娜下落時，他說，「她在磅遜港（Kompong Som）。」那是一個充滿背包客的海灘城市，較為人知的名字是西哈努克市（Sihanoukville）。「她與海星計畫（Starfish Project）搭上了，你聽過他們嗎？」

我點頭。這個組織收容街童，教他們謀生技能：烘焙、手工藝、餐館工作。海星是好人，至少他們不是達夫在威士忌加可樂刺激下辱罵的對象，就像世界展望會、聯合國兒童基金會、神召會、摩門教……

「喔，」達夫繼續說，「她去了那裡，領養了幾個海星兒童。可愛的姑娘。在幾家酒吧當服務生。可愛的姑娘。當然，她永遠是酒吧的頭痛人物，會喝太多和嘔吐。你在我的店裡吐，我給你一個水桶，你自己洗乾淨。她就是這樣。她有一個交往了一陣子的男朋友，叫做馬克。她會醉得亂七八糟，然後懷念他，然後在我的酒吧吐得到處都是……她現在年紀比較大了，也許不像以前可愛。她不想再當妓女。因為，誰想當妓女？」

這是好消息。真的，驚人的消息。一個有不凡氣魄和志氣的妓女，自己主動脫離賣淫行業，如今在防止其他兒童步上她的後塵。現在我的目標清楚了：我必須找到她，聽來自源頭的第一手故事，並提供她可能需要的任何協助。

西哈努克市不是一個令人印象深刻的地方。它和許多柬埔寨城鎮一樣，感覺雜亂無章，有一系列素質參差不齊的海灘區，包括：背包客愛去的勝利海灘；位於五星級聖卡海灘度假村，有警衛看守、閒人莫進的私有海灘；有一段長長的沙灘，從觀光客、外籍居民、街頭攤販到中產階級柬埔寨人，人人都去的歐丘提亞海灘。城北是柬埔寨的主要航運港，內陸則是一個不起眼的商業區及一堆廉價賓館，座落在勝利海灘上方的山丘上。我曾路過此地，儘管我不介意泡在泰國灣的溫暖海水中，但我覺得西哈努克市枯燥乏味——這個海灘城市的存在，只因為柬埔寨覺得它應該有一個海灘城市。但此行僅部分為了日光浴，只要一有機會，我就去海星計畫在商業區經營的小餐館打聽琳娜。

她不在，柬埔寨員工說。他們似乎也存有戒心，不願多說，只表示她可能在歐丘提亞海灘。一位替海星工作的北歐女人問我是否確定琳娜是柬埔寨人。「聽起來不像高棉名字，」她說。

在歐丘提亞，我問每一個我能找到的人是否聽過琳娜。一個賣點心的婦人似乎聽過這名字，但說她有幾個星期沒見到琳娜了。也許她回金邊了？

我不確定該如何理解這個訊息。如果她領養了小孩，她不是應該留在這裡照顧他們嗎？或柬埔寨人的「領養」觀念有所不同？或達夫搞錯了？

不，歐丘提亞海灘的人知道琳娜——至少知道某一個琳娜。在海龍餐廳，一個外籍酒保對這個名字反應熱烈且高興。「噢，琳娜，當然知道，」他說。「個子高高的？皮膚白白的？在海星工作？」

這下子我糊塗了。難道西哈努克市有兩個琳娜，兩人都扭轉人生去幫助街童？達夫絕對知道我說的是誰，但這個酒保似乎也相當肯定。好吧，我想，不管找到哪一個琳娜，我都高興。但那天或那晚一個琳娜也沒出現。第二天我去勝利海灘打聽，那裡的攤販和酒保叫我去氣象局山，城裡更低檔的背包客旅館和酒吧開設的地方，去問一個賓館老闆，他可能知道。然後那個老闆指點我到大宅院裡的一個房間，他說，琳娜的朋友住在那裡。琳娜本人可能也在那裡——他不確定。

我走過去，敲了敲輕薄的房門。一個看起來像越南人的年輕女子來應門。「琳娜不在，」她說。我看到她身後有一個脫掉襯衫的男人。我迅速道歉和離開，以免進一步打攪他們。

我再度回到前臺求助，老闆終於想起來了。他帶我走出賓館，沿街走到一棟矮小的水泥房子前面，門口擺了一臺賣三明治的手推車。賓館老闆指著經營攤子的老婦，打包票說，「琳娜媽媽！」

這真的是琳娜的母親嗎？她的皮膚黝黑、頭髮鬈曲、鼻子略為上翹，確實像琳娜。我用初級的高棉話開始說明來意：「我是琳娜的老朋友。我五年前認識她。我想找她。請問，你知道她在哪裡嗎？」

「她回金邊。」老婦頭也不抬地回答。

「你知不知道她是否在海星工作？她是否在幫助兒童？她現在在金邊做什麼？」我可以感覺我的問題一個比一個急迫，老婦則越來越冷漠。她已經告訴我琳娜——某個琳娜——在金邊，她要說的都說完了。

突然間，我明白怎麼回事了。對她來說，我只是另一個想跟她女兒睡覺的外國嫖客，這個女兒，為了某個理由，再度離家去賣淫。每一個我問的問題，每一次我堅稱她是一個聰明女孩，以及我們只是朋友，都在提醒她，她養了一個妓女——恰似多年前我不經意地提醒了琳娜同樣的事情。我想幫忙，卻無意間造成傷害。

一、兩個星期後，我回到金邊，做了我非做不可的事：我去馬丁尼。這地方現在變大了，有一個蔓生的戶外空間，通往一個小舞臺。電子音樂在夜空中震天價響，群眾看起來和過去一模一樣：外國男人喝酒，本地女孩跳舞。我叫了一瓶虎牌啤酒，邊喝邊四處走動，對一個接一個帶著稍稍恐懼的微笑試探我的女孩悲哀地搖頭。我爬幾層臺階，登上舞臺，瞭望妓女和潛在恩客的茫茫人海，但我看不到琳娜或琳娜們，沒有一人顯示出一絲絲獨特個性或活力或慧黠。

或不如說，她們統統是琳娜，都穿「sex girl」洋裝，都困在同一個系統中，這個系統獎勵她們把自己當作性交機器，嘲笑任何希望或決心的表達。我竟期待會有不同的結果，也未免太愚蠢了。我把喝了一半的啤酒擱在水泥壁架上，回家睡覺。

那些非典型難民教我的事

法國富翁光腳丫。二〇〇八年五月一個涼爽的日子，他和我一樣，剛從英國多佛爾至法國加萊的渡輪下船。腳踝以上，他一副見過世面的高盧人模樣：筆挺的長褲，V領羊絨毛衣，清澈的藍眼，銀髮小平頭。他正回到自己的地盤，心情愉快，渾身散發出自信和自滿的氣息。

但他沒穿鞋。他的腳乾淨，但看起來粗糙，我尚未瞥見他的腳底，想必堅韌如牛皮。我們共乘一輛計程車從港口進城。在車上，他解釋他在一九六〇年代某時決定赤足，從那一刻起，他從未恢復穿鞋。除非出席的社交場合或體育活動要求絕對要穿鞋，否則他一定光腳。不論冬天或夏天，不論搭頭等艙或去餐廳。當然，他有時會引人側目，但他在乎什麼？他有錢，他知道他是誰，他不想穿鞋。幾個異樣眼光換來自由，值得。

計程車把我在城中心放下，離羅丹的著名雕像「加萊義民」不遠，這座雕像紀念英法百年戰爭期間六名顯赫市民向英軍投降以解除圍城的義舉。在我眼中，加萊看起來和法國富翁一樣得體。它的堂皇建築、藝術氣氛，以及乾淨、略冷的空氣，正是我認為一個法國北方城鎮應該有的，而本地人對啤酒和炸薯條的喜愛又賦予它一個人性面向。我住進馬林圈，一個設計得一絲不苟但又天馬行空的民宿——印度支那室有一隻鱷魚標本，羅馬室有一個巨大的四爪浴缸。我意識到加萊可能是一個能讓我感覺如魚得水的地方，位於高雅和低俗之間那條細線上。

但我知道，加萊還有另一面。過去幾年，它變成一塊吸引難民的磁石，難民來自世界各地，希望在這個英吉利海峽狹窄之處，在這個貨車於海底隧道穿梭不停的地方，能找到抵達英國的最後辦法。直到二〇〇二年，許多難民待在附近一個叫做桑加特（Sangatte）的難民營，但當時的內政部長尼古拉・沙柯吉（Nicholas Sarkozy）下令關閉難民營，政府官員宣布問題已經解決。

然而，這個措施阻止不了難民繼續前來。我聽說，數百名難民偷偷住在加萊一帶，身為省錢旅遊達人，我覺得我有責任盡可能瞭解這些旅行者，對他們來說，省錢不是出於選擇，而是必要。

一天，我走到加萊運河附近一塊空地，馬林圈的女老闆安妮蘇菲告訴我，難民每天聚集在那裡領取免費餐食。果然，有兩百人左右在空地上徘徊，等待La Belle Étoile的拖車開門，那是供餐給難民的三個救援組織之一。我透過訪問得知，他們絕大多數是厄立垂亞人（Eritreans）、伊拉克人、阿富汗人和巴勒斯坦人，很多人已經付了幾萬美元逃離家鄉，為了穿越隧道偷渡到英國，願意將他們所剩無幾的錢全部拿出來。有些人花了十八個月才走到這一步，甚至還有更久的，而且旅途中備嘗艱苦。

「你無法想像有多苦。」一位年輕的厄立垂亞男人告訴我，然後走開去排隊等午餐。

他們命運多舛，有時表面上看不出來。法國不肯給他們庇護，不肯驅逐他們出境，也不准他們暫時居留和工作。難民援助工作者告訴我，更惡劣的是，如果他們白天在公共場所走動，警察通常會逮捕他們，因為他們在這個國家是非法身分。他們會被關二十四小時，然後釋放，也許幾小時後再被逮捕。

對一些人來說，這只是小小的不便。很多人是被人蛇集團偷運到加萊，只在這裡等幾天，就會接獲通知，一輛貨車會載他們到港口，如果夠幸運的話，就能抵達英國。

與上述的典型相較，救援工作者介紹我認識的羅山和阿米並非典型難民，他們一個是斯里蘭卡人，一個是索馬利亞人。兩人都逃離他們飽受戰爭摧殘的家鄉，但目的不是尋求英國庇護，他們只是單純逃命。羅山是一個圓臉、善良、二十來歲的巴士司機，在他的車掌被謀殺後逃亡，因為他聽說自己就是下一個目標。他坐了七個月的船，先經印度到義大利，再到巴黎。至於阿米，救援工作者叫他艾迪．墨菲（Eddie Murphy），因為他很有幽默感，而且穿著酷似艾迪．墨菲在《精神錯亂秀》（*Deliriously*）裡的紅夾克。他在父母同一天被殺（父親在早上，母親在傍晚）後，與四個朋友搭船到吉布堤（Djibouti），然後躲在一艘貨輪的貨櫃中，幾天後發現自己到了法國。

阿米和羅山都不曾獲得人蛇集團的協助，兩人都一文不名。他們被困在加萊，加萊的生活是人間地獄。他們在一個被稱作「叢林」的樹林裡，合住一個捐贈的帳篷，靠捐贈的餐食（一天兩餐，如果運氣好的話）和捐贈的衣服勉強活著。另一個救援組織會發放淋浴券，但需要洗澡的難民眾多，這充其量是一周一次的奢侈享受。

「連狗都不如！連貓都不如！」阿米告訴我，然後苦笑著訴說爭取庇護的經過：他被拒絕，因為索馬利亞大使館關閉，他不能證明自己的故事；但法國也拒絕驅逐他出境，說索馬利亞太危險，不能讓他冒險回去。

儘管處境悲慘，但他們並未喪失基本人性。若說有什麼差別，那就是困頓的生活似乎使他們更具人性。當羅山抵達加萊時，他舉目無親、束手無策，甚至不知道去哪裡找食物，但阿米伸出援手，教他如何求生。兩人都是他們祖國在此地的唯一代表，兩人都沈著和聰慧（兩人都說自己會講至少六種語言），兩人感情深厚。

阿米說，有回他獲邀加入另外幾個難民搭午夜貨車去英國的計畫，但當他問羅山能否同行時，其他人說不。他們是回教徒，阿米也是，但羅山不是。因此，即使到英國重獲自由的機會就在眼前，或至少能去生活條件較好的索馬利亞移民或難民社區，但阿米拒絕了。他忠於朋友，寧可坐困愁城。換作是我，做得到嗎？我懷疑。而又有誰會為我做同樣的事？

第二天，我帶了雞肉、鮪魚、乳酪的三明治和幾罐水果飲料，去找他們。但當我抵達空地時，羅山和阿米已經在排隊領免費餐食，我沒有機會從包包裡拿出我帶來的食物。我也不想讓其他難民看到我給他們任何東西，怕破壞更大團體的平衡。就這樣，我們三人坐在運河邊上，在溫暖的初夏陽光下。

阿米和羅山打開他們的午餐盒，裡面有罐頭鮪魚、迷你棍子麵包、乳酪、水果和優格。他們正準備吃，卻發現我沒有東西可吃，於是立刻開始重新分配他們的午餐，遞給我一罐鮪魚和半個麵包。我試圖拒絕，堅稱不餓，並準備被排山倒海的可怕罪惡感席捲。當他們一無所有時，我怎麼可以拿他們的食物？但他們也堅持。如果他們吃，我也應該吃。

於是我接受了。我撕開麵包，蘸淺罐裡的鮪魚沙拉吃，然後又吃乳酪片，使我想起從紐約飛來時飛機上供應的餐點。我們分享著我們的瓶裝水，我們吃飯，我們聊天。

我想像的罪惡感始終沒有出現。我認為我明白發生了什麼——他們的分享本能如此強烈，如此根深蒂固，以致任何事都阻擋不了，甚至連他們幾乎沒有東西可以分享的事實，都不能阻止他們分享。與朋友、陌生人或飢餓的人分享食物，是他們在老家做慣的事，這個習慣曾支持他們度過幾個月的艱困旅行，把他們帶到加萊叢林，他們會繼續做下去，為了維護他們僅存的尊嚴。這是他們主張平等的方法，雖然他們擁有的很少，但足夠送人。而這也提醒了我，我和他們差不了多少。我，和他們一樣，也飢餓。我，和他們一樣，也感受到靈魂深處對這個善舉的感激。有半小時時間，我們可以只是三個來自世界不同地方的人，在這個我們從來沒有想過要來的地方，像朋友一樣一起吃午餐。

我不知道阿米和羅山如今何在。二〇一一年，一位 La Belle Étoile 的代表幫我證實他們到了英國，「但我們沒有更確切的消息，」她在信中說，而我進一步尋找他們的努力也失敗了。在無法獲得更確切的消息之下，我不由得做了一些抽象的假設：也許他們熬過偷渡旅程，找到了庇護所，或政府援助，或社區支援，儘管生活困苦，還是繼續活著，並努力維持一些表面的尊嚴；或者 La Belle Étoile 搞錯了，他們在偷渡的路上被發現，從一個地獄被驅逐到另一個，直到新的平靜之所，直到某種死亡的結局。

事實上，我討厭把他們歸類為難民，討厭想像他們具有某種典型的歷史和典型的命運。如同對琳娜，我寧願想像他們是個體，有人格、有家庭、有怪癖的獨特個人，有故事將他們與刻板印象和統計數字中的群體區隔開來，有故事證明他們曾經活過，而且有幾分鐘或幾小時間，我們分享過一罐啤酒或一罐鮪魚，待在同一塊水泥板或蚊子嗡嗡叫的陽臺。我不知道明天我們各自在何方，但願我們能分享更多（是的，但願我能尊重琳娜的人性，接受她的提議）。我們的道路也許會交叉，我們的處境也許會逆轉。我已流浪夠久，我擔心未來，並在腦中勾勒萬一走投無路時會怎麼做，我希望到了與陌生人分享我最後一塊濕答答的棍子麵包時，我會表現得像他們一樣——毫不遲疑，如一個平等的人，如我擁有全世界的麵包一般。

6

不看地圖，不靠導航

我為什麼故意讓自己迷失？

旅途上，引導我的是運氣，
我相信，只要繼續尋找，世界一定會向我揭露它的祕密……

我讀的第一本左拉（Émile Zola）作品是《人面獸心》（*The Beast Within*），一部關於情慾和謀殺的小說，發生在巴黎和勒阿弗爾（Le Havre）之間的鐵路線上。我在金邊做研究時發現了這本書，它就躺在我住的房子裡，我沒有其他讀物，隨手拿起來，立刻被吸進書中扭曲、暴力的世界。故事講火車站長魯伯發現他的妻子蘇薇玲從小在鐵路局長家中長大，遭到局長性侵。狂怒中，魯伯逼迫蘇薇玲幫他殺死局長。然後，由於相信鐵路技工賈奎斯目擊了他倆犯行，魯伯又慫恿妻子去勾引賈奎斯，以防他告發他們。但賈奎斯也有一個祕密：任何時候，只要受到女人性吸引，他就無法控制地想要殘殺對方，並拖著她赤裸的屍體遊街示眾。哇，這才叫戲劇性反諷！

我喜歡這部小說的陰暗氣氛，以及它充滿懸疑的情節，但我愛它的背景更勝一切，後來我發現那是左拉所有幾十部作品的共通背景：十九世紀的法國，一個不單單是社會流動，而且實際流動的時代。鐵路將全國史無前例地連結起來，普羅斯旺人遷移到北方去重建奧斯曼男爵（Baron Haussmann）設計的巴黎，勒阿弗爾的居民可以去首都一日遊，還能及時回家吃晚餐。旅行重塑人民的生活，挑戰過去的傳統，誘惑胸懷大志者去他們所能想像的任何地方重新開始。

在旅行過程中，我又讀了許多左拉的小說：《娜娜》（*Nana*），描寫一名活躍於巴黎暴發戶之間以色騙財的交際花；《酒店》（*L'Assommoir*），描寫娜娜的母親，一名努力向上卻有酒癮的洗衣婦；《巴黎之腹》（*The Belly of Paris*），描寫政治與美食在巴黎著名的中央市場的交織關係。我有時在家中讀這些書，但多半在旅途上。我感覺到它們調整了我的步調，去適應旅行改變世界的方式；它們超級精準的語言則允許我幻想，也許有一天，我也能用這麼清晰透明的細節描述我自己的探險。這些故事使我靈魂出竅，神遊一個陌生、迷人又驚人完整的宇宙，一個距離我自己的生活如此遙遠，而我但願能永遠留在那裡的地方。

這就是為什麼二〇〇七年春季的一個晚上，我躺在床上讀左拉，抬起頭來竟不知自己身在何處，也就不足為奇了。我不知道我在哪個城市、哪個國家——我不在任何地方。恐懼如火車頭一般向我衝來。我的心砰砰撞擊著驚恐的胸膛，彷彿隨時會有一個政府官員衝進來叫我老實交代我們究竟在哪，而我該如何回答？這個幻想嚇得我動彈不得。

為什麼這種情形不是更常發生？那時候，我每年有幾個月在旅途上，造訪十幾個國家，但從不在一處停留兩周以上。我來，我見，我逃。僅僅兩個月前，我才花七天從日內瓦飛布拉格，再飛哥本哈根，再飛倫敦（經柏林），再飛費茲，再飛巴黎，再飛布達佩斯，再飛日內瓦，移動速度之快，使我在倫敦乾脆省了找旅館的麻煩，在雨中街頭走了一夜。我個人的周轉率也逐日加快，我半預期我會轉昏了頭，誤把布達佩斯當布拉格，或忘記哥本哈根下一站是哪裡。

但此事不曾發生。我始終知道我在哪裡，我去過哪裡，我接下來要去哪裡。這不表示我始終感覺**穩定**，彷彿我真正居住在我剛好路過的任何地方。我會帶著蕁麻啤酒的微醉，快步穿過卡夫卡（Franz Kafka）筆下的布拉格，我會不假思索地鑽進鑽出費茲的巷弄，沒有一次迷過路。移動是我的自然狀態，我的方向是前進，我在表演我的拿手好戲，我可以永遠這樣繼續下去。

那麼，為什麼只在此刻，當我躺在床上閱讀時，我會彈出現實？為什麼我對這個前景如此懼怕？最重要的，我該死的究竟在何處？

我努力思索，掃視房間，希望從室內裝潢中找到線索。有四根柱子的木床。古董書桌因冷氣而有點黏答答。海綿刷漆的桃色牆壁。畫框裡的藍身千手觀音像。這個我認得，這個我認得！

印度！我在印度，和……和……前法國殖民地旁地切里（Pondicherry）！我幾小時前抵達，將在五天後離開。下一站是大吉嶺，然後孟買，然後布魯克林。

安心感湧上心頭。我繼續看書，不知不覺睡著了。第二天早上醒來，我仍在旁地切里。

不過，在接下來的數星期乃至數幾年之後，我開始對自己在旁地切里四柱床上的敏捷思考感到後悔。為什麼我不能抓住那個入侵我身體的迷失感？為什麼我不能在腦中好好來回咀嚼、品嘗它，多享受幾分鐘完全脫離現實的感覺？它就在在那裡，在我心理能力所及的範圍內。自我七歲以來，我第一次迷失！但它溜得這麼快，什麼都沒留下，除了困惑和舌尖殘餘的恐懼滋味。

算了，事到如今，我只能靠我的丹麥經驗，那是發生在二十四年前的事。

提佛利花園創傷的後遺症

成人書店之後，餵漢堡之後，亡羊補牢的炸薯條之後，終於可以玩提佛利花園遊樂場了。我坐了摩天輪和過山車，看了歌舞秀、燈海和高大丹麥人的腿。父親聽說煙火表演即將開始，於是我們拚命擠過人群奔去。我記得有一排金屬欄杆，和我不到四呎的身高一樣高，我記得不能如我所願看清楚。我東奔西跑，繞著人群跳上跳下，從縫隙中鑽來鑽去，只瞥見閃爍的風車和爆開的火焰——向下墜落的煙火，不是我和家人在麻州大學校園一覽無遺的國慶日沖天炮。

當煙火終於熄滅，觀眾散去，我發現只剩我一人。爹地走了，我不認得周遭環境。漢堡攤子在哪裡？我們從哪條路進來的？我在哪裡？我將近八歲，有金色褐色夾雜的頭髮和藍眼睛，我一定看起來和任何丹麥兒童差不多。也許我哭了。也許有人前來協助我，說我聽不懂的語言。這個情況持續多久？隔了多久才有某個母親帶我去找警衛，他把我帶到一間辦公室，父親正在那裡等著帶我回家——或我比他先到？

我不記得了。我也不記得迷失的真正感覺。我恐慌嗎？我有沒有嘗試推敲回到父親身邊的路徑？我有沒有注意地標，或沿著金屬欄杆回到我先前的位置？在那個年齡，我肯定看過那輯經典的《芝麻街》（*Sesame Street*）卡通，描述一個小男孩迷失在充滿迷幻色彩的風景中，那裡的女人長了蝴蝶頭，一棟塑膠房子像點唱機一樣脈動，一個穿綠色衣服像皮條客的人物從溜溜球的線走出來，告訴可憐又困惑的小孩，「唉呀，你應該自己想辦法，小傢伙。但我會給你一條線索：回想你經過的每一樣東西，不過當你回去時，把第一樣東西變成最後一樣。呵呵！耶！」得到這條線索，小孩就簡單地折返原路，經過動物噴泉，經過吃巧克力的河馬，回到他家，進門時（門框是希臘石柱），他邊跑邊喊，「嗨，媽！老天爺，我迷昏了頭！」

但我不能說這句話，因為我不記得那個感覺。我只知道自從那晚在哥本哈根之後三十年，我從來沒有接近迷失過，一次都沒有。我難以確定究竟是如何發展出我的方向感。（倘若我能證明在提佛利花園迷失的創傷是催化劑，豈不太妙了？可惜啊！）印象中，小學五、六年級時，老師教我們讀地圖：如何檢查圖例，瞭解比例，測量兩點之間的距離。也許更早——托爾金小說中的地圖一向比錯綜複雜的情節更令我著迷。

我對托爾金的著迷隨著年齡成長、突變。一九九六年，我到越南後最早買的東西之一是胡志明市地圖，它的主要道路標示清晰，行政區清楚編號，並用不同顏色套色。這張地圖的資訊品質遠勝於它的紙質，以至於我換了兩、三張。每一次換地圖都能看到些許變化，新的地標添加了，舊的街道移除了——使我感覺我真的在目睹這個城市的發展。一年後，在巴爾的摩，我買了一九六七年版的《泰晤士報》倫敦地圖集，它的豐富細節和過時的政治路線曾經是我（至今仍是）編織一下午白日夢的材料。然後，Yahoo、MapQuest 和 Google 製作的網路地圖開始消耗我的時間。在布魯克林，我在家中第二間臥室掛了一張十三乘九呎的世界地圖，在辦公室則掛了一張護貝的三呎高的世界地圖（可惜缺乏今日世界最新的國家南蘇丹），只要從我的筆電抬起頭來就會看到它。另外，家中書架上還擺了一個法國地球儀，我相信那是來自二次大戰剛結束時：上面標誌了大片殖民地，以及尚未分裂的德國。

一旦你凝視這些地圖夠久，你便會開始墜入其中，去連結世界無數的點。那張牆上的大地圖顯示了航運線，像是烏拉圭首都蒙特維多（Montevideo）到美國邁阿密、南非開普敦（Cape Town）到埃及塞德港（Port Saïd）。而另一張地中海地圖，是為了準備省錢旅遊達人第一次環遊世界之旅而購買的，它標出了北非沙漠中的綠洲。在巴西中部，我看到馬托格羅索高原（Mato Grosso Plateau），心想何時才會遇到與我的同名的「大叢林」。南大西洋的挪威群島，阿拉斯加最西邊的阿圖島（Attu Island），還有我過去不曾注意但現在渴望拜訪的城市，如伊朗的賈斯克（Jask）、剛果的姆布吉馬伊（Mbuji-Mayi）、加拿大的卡尼亞皮斯考（Caniapiscau）、羅馬尼亞的普洛耶什蒂（Piolesti）。當我去時，我就會知道我在哪裡。

誰說一定要會看地圖

話說回來，我能讀地圖，很多人卻不能——有的人一知半解，甚至有人根本看不懂。通常，讀地圖的能力取決於你來自哪個國家，在某些國家，地圖毫無意義。

「九〇年代中後期，我在金邊碰到很多這種情形，」我的朋友李察．葛瑞拉在臉書上告訴我，他在《柬埔寨日報》（*Cambodia Daily*）工作。「最顯著的是，有回在報社，我們打算掛一張巨大的柬埔寨地形圖。那張圖由無數小片構成，因此我請行政部門一位職員幫我拼起來。沒想到她對那張圖毫無概念，我叫她做什麼她才做。我拜託她想像自己是一隻鳥，飛到天上往下看，然後指出她家的村莊給她看。她震驚得不得了。」

我也有過類似經驗，我剛開始替《紐約時報》寫稿時，曾去貢布市採訪，一個昏昏沈沈的柬埔寨河城。在貢布市中心，我注意到一家樣子很新的旅館，叫做波哥酒店（Borey Bokor），於是進去詢問。前臺職員是一個年輕女人，戴金飾，化了時髦的妝，既友善又熱情。我問她旅館的設施、房間、房價，最後問了地址。她不知道。

「好吧，」我說，「這條路叫什麼名字？」旅館外面是一條中等寬度的馬路，通往貢布的中央交通圓環。

「我不知道，」她用英文說，然後兩眼圓睜，彷彿靈光乍現。「我不知道，」她興奮地複述，「因為我不關心！」

她的意思，更確切地說，街名對她實在不重要，或對任何住在貢布市的人也是如此。波哥酒店在圓環附近，有這麼多方位指示就夠了。

這種態度很容易被視為發展中世界的常態而不予深究，但背後肯定有複雜的因素，譬如柬埔寨在二十世紀歷經殖民、戰爭、自我種族滅絕及外族入侵的悲慘歷史。當半文盲的人口居住在一塊每換一個新統治者就改一次名的土地上，何必在乎地名？

但我在全世界各地都發現類似現象，有時呈現有趣的差異。例如，在日本，通訊地址超級精確，但不同於西方地址的線性累進方式，他們標示建築物的位置不是用特定街道，而是用特定的城市街廓，主要是便於郵局、警察和政府機關使用。因此儘管街道有名字，但街名未必能告訴你某個商家或住宅的位置。

這不表示無人知道任何地方在哪裡。在很多地圖使用不普遍的國家（包括美國，美國人不識地圖的程度可能和任何國家相同），人們靠連結個人觀點與地標的方法來導航。這是很多人找路的預設方法（專業術語叫做「線索—反應策略」cue-response strategy），也是地圖會隨著行進方向旋轉（turn-by-turn）的GPS導航系統如此成功的原因。這個設備不給你一條路線的總覽圖，要求你全面瞭解點與點之間的關係和連接方式，反而採用我們的視野，告訴我們每一刻該做什麼、走哪條路。

這個基於人類視覺的導航方法，不但在我們心理上根深蒂固，在地圖繪製上也源遠流長。奧地利國家圖書館的檔案中有一份珍貴文件，是羅馬帝國地圖。這張地圖是十三世紀的複製品，原始地圖繪製於第四或五世紀初，展示出不可思議的道路網，縱橫交錯連結羅馬帝國。但它不採用如今必然使用的鳥瞰圖，而是像卷軸一樣展開，約一呎寬，二十呎長，以羅馬為中心，道路向外延伸，大體上東西走向，從伊比利亞半島到安條克、美索不達米亞，甚至遠至恆河。道路用紅色墨水畫出，附帶間距記號，標示一日行程，從一個地標進展到下一個：大小不一的建築物、河流、山岳、湖泊，以及清楚標示的城市鄉鎮。它恰恰是一個旅行的信差、士兵或外交官沿途看到的景象——羅馬帝

國版的 Google 街景圖。

羅馬帝國地圖令人目不轉睛，我花了三十分鐘才寫完上一段，因為我不斷被這張地圖的電子版吸引進去，搜索可辨認的地名，如巴勒斯坦和巴克特里亞。不論我看得多目瞪口呆，但我驚奇的程度與一個真正的第五世紀羅馬人相比一定微不足道，他可能凝視卷軸的長度，想像它不但涵蓋全世界，而且可航行、可使用——按人體比例繪製而成。

就我們已知的，比羅馬帝國地圖更早的世界地圖則不同。有些地圖是象徵性的，例如巴比倫的石刻地圖，顯示一條「苦河」環繞七座島嶼。大多數的古代地圖是透過後世修復才得以讓我們知曉，它們採用更可辨別的地理方法去描繪大陸和海洋，例如義大利的靴形就明顯出現在許多古地圖上。由此可以明顯看出人類知識的局限。

這些更早的地圖有一個共通點：它們都企圖**如實**描繪世界。城市和地標也許出現在地圖上，但世界的自然和客觀形貌更具有至高無上的重要性。羅馬帝國地圖則不然，反而描繪人造的世界。道路變成組織原則，人類建造的城市取代上帝創造的地形地貌，成為基本存在單位。由此更加凸顯出羅馬帝國地圖的革命性，它是人類統治地球的紀念碑，勘測人類存在的可能性。從前人問：「世界是什麼？」隨著羅馬帝國地圖出現，我們改問：「**我**在世界何處？我可以去其他什麼地方？」

迷路是路癡的才華

面對地圖，我可以沈思這些問題好幾個小時，但拿走地圖，我可以立刻回答：我知道我在哪裡，我也知道我如何來到這裡。我甚至能夠給你相當精準的經緯度。

我不知道的是迷失的感覺，也就是當**你**，幾百萬或可能幾億，既沒有方向感又缺乏閱讀地圖技能的人，環顧四周，發現沒有一樣東西認得，沒有地標勾起你的記憶，沒有路徑返回熟悉的地方，你是什麼感覺？我在意的是這件事，因為它非常普遍，也因為身為一個想瞭解人們為何及如何旅行的旅遊作者，我不想假設當你迷路時，你內心充滿驚慌或恐懼。也許你和我的朋友唐．喬治一樣，他是一個永遠樂觀的作家和編輯，有幾十年闖蕩世界的經驗，但當他開車載我穿越舊金山時，卻必須向我問路——儘管他就住在舊金山灣對岸。對唐來說，迷路是他必須接受的現實，但他在二〇一〇年的訪問中告訴我，「迷路是路癡的才華。」

「我的直覺叫我走的方向幾乎總是和我應該走的方向相反，」他說。「專業上，這對我極有幫助。當你迷路，當你總是走反方向時，各式各樣奇妙和大開眼界的冒險便會接踵而至。」

他繼續說，在開羅，有一天他出發前往一個（他認為）充滿「觀光客吸引物」的鄰里，結果卻陷入一個迷宮，巷道越來越窄，他越陷越深。「我看到形形色色尋常、工人階級的商店和住宅，在我計畫的遊覽路線上，我大概永遠看不到這些。」他說，「最後我走進一個巷子，兩旁全是落魄潦倒的人，垂涎地望著我的手錶。巷子變得非常窄，有些地方窄到我必須跨他們的腿而過。我顯然迷路了，而且可能即將遇上大麻煩。然而，就在我開始絕望時，一個小男孩突然出現了，一言不發牽起我的手。他帶我轉彎，走出迷宮，進入越來越寬的大街，直到把我帶到一個大廣場放下。我環顧四周，發現我知道我在哪裡。然後我轉身想謝謝他，就在那一刻，他消失在人群中。」

唐的開羅故事衝擊我的不是它的高潮和危機解除，而是它的開端。我也有過不只一次關鍵時刻救兵從天而降的經驗，在斯洛伐克、在喬治亞、在英屬哥倫比亞……，但要陷入唐那樣的困境，我必須刻意為之。我必須瞭解地圖或城市布局，刻意避開觀光區，明知故犯地一步步進入我希望進入的區域——未遭觀光業汙染的工人階級商店和住宅鄰里（或不管什麼）。這也許不是最值得抱怨之事，但當我聽到像唐這樣的故事時，我感受到自己的殘酷和工於心計：我**知道**我能找到這樣的地方，在那裡小孩會帶我脫離險境，老人會倒一杯飲料給我，並用他小時候學過的義大利話講故事給我聽，吉爾吉斯坦鄉下迷你巴士上的老祖母還會給我一條她替姪女烤的麵包。我未必認為唐的方式比我的做法更好或更純潔，但我也明白，知道如何操縱這些形勢完全於我無益。因為我精通地圖和方向的本領，讓一切操之在我，並且在我想一探險境時又能避免陷入完全無助的地步。好吧，如果我想迷路，到底該怎麼做？

體驗意外和迷失，像從未旅行過

當你抵達一個陌生城市，並想迷路時，第一件事是擱下你的行李。迷路必定涉及密集的步行，行李箱或沈重的背包只會拖慢你，使你渴望住進旅館，洗個澡，換件衣服。如果運氣好，你已經在巴士站或火車站，行李寄放處完全有能力看管你的東西，隨你愛放多久就放多久。然後，發誓絕不瞄一眼手機上的地圖，你就出發上路吧！

理想上，你會採取一些促進迷路的預防措施。你不讀旅遊指南，不看地圖，也不曾到過該地，因此你完全不知道這個城市的結構（當然，除非你能嗅到從直布羅陀海峽穿過丹吉爾〔Tangier〕老城區吹來的鹹空氣，或你能從夜間沙漠任何一處看到拉斯維加斯大道上燈火通明的宮殿）。你只知道這地方的粗略歷史及它的名聲，來自依稀記得的中學課本，或是著重刻板印象、不顧細微差別的電影，或是消息來源可疑的新聞報導，也可能是朋友度假歸來後的讚美和抱怨。

也許你知道更多。也許你去那裡是因為你知道這地方的特色容易讓人迷失。譬如丹吉爾，一個位於摩洛哥北端的灰色地帶，阿拉伯侵略和歐洲殖民的起點，因此它既不完全像阿拉伯，也不真正像歐洲，而是法國、西班牙、阿拉伯（及美國）等人種、語言與生活方式的大雜燴。又譬如巴黎，其十九世紀漫遊者（flâneurs）重新界定無目標的漫步為高雅的現代嗜好。又譬如重慶，一個位於中國西南部、有三千三百萬人的城市，其暴增的摩天大樓不受控制地蔓延在一塊有兩個瑞士大且群山疊起、眾河貫穿的土地上。

威尼斯？不錯的主意，但也許你已經去過，知道它實在小得可憐。在威尼斯，你可能迷路五分鐘、十分鐘，但接著你會遇到一群觀光客，或發現一個水上巴士站，於是你立刻重新定位。其他幾百個城市也一樣，包括熟悉的和陌生的，其混亂的布局似乎充滿迷失的機會，但其極限——規模、多樣性、複雜度——都太明顯了。

你想到了荒野。蒙大拿州的森林，撒哈拉的沙漠，蘇達班（Sundarbans）的紅樹林沼澤。是的，在荒野迷失可能很容易。但你最終還是想脫困的，在一、兩個星期後好好活著走出來。畢竟想迷路不是想找死。迷路是渴望摒除預期和結構的干擾，去體驗意外和迷失方向的挑戰，像你從未旅行過一般去旅行。

新品種探險誕生——麥特迷航記

當然，假裝我從來沒有旅行過是不可能的，但從二〇一〇年夏季開始，也就是我不再擔任省錢旅遊達人之後，我企圖「製造」了。新編輯丹妮爾最近接掌旅遊版，約我在紐時大樓附近一家簡餐廳會面，在吃牛排、薯條、喝紅酒的過程中，她叫我提一個新旅遊報導系列的案子，那個系列要有雄心壯志，但不含服務元素。她說，這些探險不必對讀者有用或可以複製，只要故事精彩和文字優美就行了。

於是我開始和丹妮爾談我在提佛利花園發生了什麼事，以及之後再也沒發生過的心路歷程。我告訴她，我想做的是「迷失」，為了達到目的，我必須走極端：我將不帶旅遊指南或地圖去旅行，沒有門路或計畫，甚至不訂抵達時住宿的旅館。

多虧丹妮爾看出這個點子不只是一個古怪旅行者的瘋狂使命。迷失，或如這個新系列的名稱「迷航記」，是拋開一切束縛，不走按表操課的觀光行程，不按GPS指示的方向開車，不聽網路論壇上的建議，以期發現更迷人、更純正、更真實的東西。我想，這也是我期待的，即使當時我尚不能表達清楚。我只想盲目地去某個地方，讓這些人為限制支配我的行為，看看會發生什麼。

發生情況如下：七月裡，我花了一星期每天橫衝直撞穿越丹吉爾老城區，一個由土黃色巷道、厚重木門和短暫遮蔽地中海陽光的陰影所構成的迷宮。我拚命忍住不考慮我的路線，我左轉右轉再左轉，爬上階梯，鑽過拱門，不理會踢足球的小孩警告我某些路封閉了（他們總是正確的，那些路總是死胡同，我總是必須原路折返）。我觀看婦人挑著一捆捆氣味濃烈的薄荷去市場，老翁穿著寬鬆、連帽的長袍緩緩而行，像退休的絕地武士。

我一邊保持前進動力，一邊意識到：這是白費工夫。不管老城多錯綜複雜，它座落在山坡上，順著山勢向海傾斜——這表示我幾乎下意識地自我定位。每一步上坡都把我帶向內陸，每一步下坡都帶我到海邊。當我的路徑交叉和重複時，我可以看出從老城一端到另一端的確切路線，即使我的腦子尚未開始計算，我的腳已經猜到了。叛徒！

各式各樣的導遊（有執照的和臨時起意的、老頭和男童）也來幫倒忙，用英語、法語、西班牙語嘰嘰咕咕對我說，「你在找什麼？你要去哪裡？你想看城寨？印度大麻？」我不想忽視他們，那樣似乎很無禮，但不管我說什麼，尤其是實話，都不能滿足他們。的確，任何回應只會吸引他們更靠近。我遇到的其中一位，在我第一晚決定住的傳統住宅四合院（riad）外面，這個高高瘦瘦的男人叫做阿巴杜，宣稱他不是導遊，只是鄰居，他在城寨長大，即老城山頂上有圍牆的舊堡壘，他想陪我四處逛逛。他保證，他不會向我要錢。

我盡可能清楚又犀利地向他解釋，我來丹吉爾的目的是迷失，而迷失是一件只能獨力做的事，儘管他的提議非常慷慨，我別無選擇只能拒絕。

他回答，既然這樣，他就不打攪了，但他會跟在我後面幾公尺，我若有任何不明白的事情，他隨時可以向我解釋。我覺得這是一個公平的妥協，於是邁開步子向前走，他亦步亦趨貼在我旁邊，鉅細靡遺解釋每一樣東西：這扇木門後面是滾石主唱米克・傑格（Mick Jagger）的房子；那座清真寺尖塔是丹吉爾唯一的八角塔；聯合國秘書長安南（Kofi Annan）曾經去過那家飯館。我嘗試抗議，要求空間，突然轉身離開，趁他不注意躲在轉角，但一概枉然。好吧，我既然甩不掉他，乾脆擱置我的迷航計畫一晚，利用阿巴杜的專長。我問他知不知道哪裡有皮匠，可以修理我肩膀上掛的古老帆布包。他果然知道，我們花了漫長的一小時在一條極窄通道的一個極小店面門口，觀看一個半邊臉上布滿可怕疤痕的斷掌男人縫補帆布包。那是一段令人沮喪的插曲，當它終於結束時，我迫不及待想擺脫阿巴杜，自己一人逛。

當我們分手時，他向我要錢。我掏出口袋裡的銅板給他。付錢時，我知道我不可能迷失——不會在丹吉爾。

但接下來一星期，我發現了其他形式的迷失。丹吉爾有多種語言——法語、西班牙語、英語和阿拉伯語，其混雜的程度令人歡喜地不知自己身在何處。我可能用一種語言開始一個句子，中間夾一個來自第二種語言的單字或片語，再用第三種語言結尾。下午我口渴，我會找一家咖啡館，但因為我想不起來法文的西瓜怎麼說，我會混合法語的果汁、西班牙語的西瓜，叫一杯「un jus de sandia」，補一句阿拉伯語的謝謝「Shukran」，而且對方聽得懂我在說什麼，彷彿司空見慣！它的確是。

在丹吉爾，關鍵在聽，不在看。有一天，我和一群住在當地的德國人、法國人、美國人和韓國人在一家夜店，我喝多了，閉上眼睛聆聽各種語言的雜沓交織，以及樂隊從邁爾士·戴維斯（Miles Davis）的爵士樂忽而轉到騷莎舞曲的連續演奏。另一天，我漫步到山頂一個隱蔽之處，在那裡聽到婚禮進行的急遽鼓聲，從底下一個看不見的巷道傳來。不管我多努力確定聲音來源，卻始終看不見他們，只聽到隨著微風強度和方向時強時弱的節奏。

卡關！迷路比不迷路更難

當我為紐時（及此刻在這裡）撰寫我的所見所聞時，這些另類迷失也許感覺上是有意義的，但在丹吉爾現場，我覺得自己失敗了。不論是在那裡，還是在愛爾蘭、重慶、耶路撒冷和巴黎的後續「迷航記」現場，我都不可能置身事外而去理解究竟發生了什麼，也不可能擺脫地理，享受無數讓自己迷失的方式。相反地，我糾纏在具體的、逐步的、實際的迷失程序中。我該在這裡右轉或左轉？我之前看過這家店、這個十字路口嗎？我如何遮住眼睛，不去看張貼在每一個巴士站的地圖？

巴黎的挑戰特別大，因為我之前起碼去過五次，每一次都走遍巴黎，一走再走，從蒙馬特山丘（Montmartre）到瑪黑區（Marais），到珍留學海外那年住的十五區角落。我逛過城市邊緣的跳蚤市場，在聖馬丁運河旁吃披薩野餐。我認識巴黎，雖不是如數家珍，但相當熟悉，我認為在巴黎迷失需要額外努力。因此，抵達之前，我埋首研究：我讀關於漫遊者的資料，這種漫無目標的都市漫步者，變成十九世紀詩人（如波特萊爾）的偶像；而《*le dérive*》將其直譯為「遊蕩」；情境主義大師居伊・德波（Guy Debord）在一九五〇年代發展的

「心理地理學」理論，描述我們如何毫不猶豫地穿越都市空間。或大意如此。老實說，我看不出漫遊和遊蕩有多大差別，但我能體會給普通人經常做的事情冠上一個高級知識分子架構的十足法國味。

事實上，我自己的思考方式很可能也變得太「法國」或「德波味」，因為在一個陰雨綿綿的九月天，我一降落巴黎，就立刻全神貫注地給每一個腳步冠上一個理論架構。任何時候我看到一個我認識的地標，例如卡那瓦雷博物館或梅子酒吧，我就轉身走另一條路。這表示我得折回剛才走來的路，但那裡似乎也是禁區。所以……我該右轉還是左轉？要繼續前進穿越熟悉之地入陌生之境？目的何在？又不是腦力訓練，這樣做有何意義？如果是波特萊爾會怎麼做？

走路也使我疲累。第一晚，精疲力竭，我住進共和國廣場附近一家乏善可陳的小旅館（雖然我不再是正式的省錢旅遊達人，但紐時也未增加我的預算），第二天早上，當我扛著沈重的背包出發時，我知道我不可能再這樣走一天。在蒙馬特山坡上，我剛好看到一個代理短期公寓出租的仲介，於是安排該周剩餘日子住在一個重新裝潢的七樓閣樓。公寓——他們叫它「鷹巢」——很小、乾淨、壯觀，有令人目瞪口呆的城市景觀，從蒙特勒伊（Montreuil）到布洛涅森林（Bois de Boulogne）一覽無遺。每天傍晚我會坐在窗口，喝桑塞爾葡萄酒（Sancerre），吃溫熱、得獎的棍子麵包，想像那一大片雙重斜坡屋頂下可能進行的事情。

這正是問題所在：我的想像力。我懷著一個太既定的想法前往巴黎，想像如果迷路我可能找到什麼：稀奇古怪的博物館藏在四樓公寓，活潑生動的小飯館躲在觀光客罕至的街廓，巴黎人一反巴黎常態，以驚訝和歡欣的態度迎接一個法語講得還可以的美國人光臨（不論法國人的歡欣是什麼樣子）。但我其實不知道這類事情是否存在，我也不准自己上網查詢。相反地，我依賴地鐵上的廣告，我執著於策略：我如何去我尚未見過的區域？這是一個傷腦筋的問題——我住在蒙馬特區，從那裡走到巴黎的遙遠部分非但需要幾小時，而且必須一而再、再而三經過我熟悉的區域。當然，巴黎有地鐵，但即使我盲目搭地鐵，仍可能從某個我認識的地方鑽出來。除非……

除非我看地鐵路線圖。

所以我看地鐵路線圖。

完全違背我自己訂的「迷航」規則，我挑選巴黎角落，規畫接駁路線，從 Passy、Tolbiac、Bel-Air、Pré-Saint-Gervais 等站鑽出，一心以為會發現其他旅遊作者尚未發現的東西。我發現的是，我期待的稀奇古怪博物館並不存在。相反地，我路過漂亮的建築，上面的銅牌告訴我，那些神祕的三樓套房和花園工作室全是婦科醫生和物理治療師的診所。我坐在側街小館，吃油封鴨腿和燉羊腱，以我的味覺來判斷，跟我在其他社區小餐館吃過的鴨腿和羊腱無分軒輊。無數小路通往拉雪茲公墓（Père Lachaise），穿過瑪黑區被遺忘的地帶，或通到證券交易所，路旁不見地下精品店，只有賣廉價中國製服裝的批發商。

這不表示巴黎每個社區都一模一樣。絕對不是。帕西區（Passy）擠滿逛國際連鎖店的青少年和中產階級家庭，二十來歲的情侶躺在十五區的安靜公園曬太陽。國家圖書館附近拘謹工整的大區域中，蘊含多采多姿的小區塊，如開在舊冷藏倉庫內的藝術家集體企業，專賣日本漫畫、動漫和電子遊戲的商店，而十三區的鵪鶉丘（La Butte aux Cailles），恰恰是我在尋找的雞犬相聞、鄰里互助的老派村落，沒有人相信這種村落還存在於巴黎（它並非默默無聞，但不知何故我從未聽過）。但是，當我向我的巴黎朋友回報這個發現時，他們不當一回事。他們說，鵪鶉丘離任何地方都太遠，他們懶得去——儘管它離三個不同的地鐵站才五百呎。

我開始瞭解，我已經認識的部分巴黎，如瑪黑區、巴士底區（Bastille）、第十及十一區平價又有創意的餐廳、蒙馬特區等，是巴黎值得認識的部分，至少對我而言。但我不承認這一點，不企圖像第一次到巴黎一般單純地享受它們，反而毫無意義地追逐一個不可能的目標，使我內心充滿焦慮，掩蓋了一個古怪的事實：我其實玩得很開心。在聖日耳曼區（St. Germain）的凱瑟琳街，我發現一家郵票型戲院[1]在演亨佛萊·鮑嘉（Humphrey Bogart）的

註1：指銀幕寬高比為四：三的傳統影片規格。

老片，並發現（感謝地鐵廣告！）法國電力公司所屬的 Espace 基金會在展出一個以人體部位為主題的藝術展，我也在城中各處的小館子苦讀村上春樹的新小說。此外，還有夕陽下的棍子麵包和冰紅酒……

但當局者迷。當時在現場，我只看到失敗：一個偷懶的、作弊的文青，重施他在巴黎的故技。

比醞釀迷失更重要的事：讓幸運來敲門

我不斷想，迷失不該是這樣的。在其他「迷航記」旅行，它並非如此。那年稍早在拉斯維加斯，探險展開得十分順利。我一降落機場，拿到我租的車子，接著就有意外的發現，幾乎毫不費工夫，恰恰是我希望發現的：老派的墨西哥餐廳，食客包括戴眼罩的本地人；復甦的商業區，有活潑的酒吧和咖啡館；春山路上的越南、中國、韓國、臺灣和夏威夷餐館；瘋狂而友善的人，如姓「危險」名諧音「危機」的 Krissee Danger，指引我去稀奇古怪的機構，如彈珠檯遊戲名人堂。一天下午，我在大都會酒店大堂巧遇《美味》雜誌編輯詹姆斯·奧斯藍。第二天我們結伴去紅岩峽谷（Red Rock Canyon）健行。一晚，Krissee 和我在一家雞尾酒吧遇到網路鞋店 Zappos.com 創辦人謝家華，他請大夥喝一輪酒。

那年夏天也一樣，我進行一趟不同凡響的跨地中海奧德賽（Odyssey）之旅。我叫它奧德賽，是因為我在追溯荷馬史詩《奧德賽》描述的奧德修斯（Odysseus）的航海之旅，他的英勇迷航故事是西方文學的基礎。我先飛到伊斯坦堡，再搭巴士到特洛伊城遺址，從那裡啟程，模仿偉大的英雄，向希臘本土另一邊的伊薩卡島（Ithaca）前進。我知道，我們的航線不會完全相同。奧德修斯從特洛伊向北航行，然後在基西拉島（Kythira）附近被風吹離航線，漂到絕對虛構的陸地（不管文學家怎麼想，那些陸地是神話）。我則向西南航行，搭一趟接一趟渡輪到愛琴海諸島，但既不知群島的確切地理位置，也不知連接各島的渡輪網絡。誰知道前進那些島嶼的渡輪明天或下星期會不會開？或我從哪裡可以搭到一次跑兩、三個島的渡輪？當然不是希臘人本身，他們只有從他們自己的島可以去哪些島的大致概念。因此每前進一步，都可能走到死胡同，逼我原路折返，如奧德修斯必須在暗礁和大漩渦（Scylla and Charybdis）之間做選擇般左右為難。

每天我登上一艘新船，抵達一個新港，通常有足夠時間租一輛車，沿著之字形公路開上山，找一家酒館，喝酸紅酒配一碟燉羊肉和黃瓜番茄沙拉。我徒步穿越克里特島（Cretan）的峽谷，與一位叫做小吉姆的希臘人談他父母之死（父親死在納粹手中，母親幾十年後才過世，享年一百歲），花區區四十歐元住在一家白粉牆的精品旅館，遇到一個騎前輪大後輪小自行車的文青，邊喝比利時啤酒邊觀看雲朵從基西拉島的山脊升起，奧德修斯曾在那裡迷失方向。

「那朵看起來像一個男人，」酒保說。

他的老闆同意：「像旅行者守護神赫米斯（Hermes）。」

我的奧德賽之旅可不輕鬆，我在流浪者的自由奔放和作家的截稿焦慮之間徘徊。每一個被忽略的島嶼都有這麼多等待我發掘的東西，如地震震垮的教堂旁的小飯館、從海外歸來修復祖厝的希臘人、印證荷馬史詩的誘人線索、隱約逼近雅典的政治和經濟風暴。每一個向我伸出友誼之手或請我喝一杯濃縮咖啡的好客希臘人，都是海神女妖卡莉普索（Calypso），使盡渾身解數要把我留在遍地橄欖和茴香酒的伊甸園。但我必須離去，跌跌撞撞前進，並信任希臘幸運女神泰奇（Tyche）將一路伴隨我，在港口，在海上。沒有一件事確定，直到我再度上岸。

儘管有一些臨時延誤（五點以後沒有巴士離開尼坡里……！？！），以及意外開支（雇一輛計程車橫越凱法利尼亞島要三十歐元……！？！），經過十天充滿不確定性的跳島旅行，我終於抵達伊薩卡島，奧德修斯的故鄉，一座狀似駝峰、晨霧繚繞的綠色島嶼，在那裡我什麼都不做，僅僅休息和散步，並花短短幾小時企圖整理我的探險經歷。

我不能。我從來不能——在現場當下。我需要時間和距離，以及空白的電腦螢幕，才能將我的經歷理出頭緒。頓悟只在書寫旅行的動作中迸發，不在旅途中。但現在，在我寫這一段之際，我敢說頓悟同時發生在兩處——前者也許揭露後者，但後者始終存在，只是隱藏、迷失。在遠距觀察下，啟示開始湧現。例如，現在我可以看出，在拉斯維加斯和希臘迷失，與在其他地方迷失的差別。在前者，我忘記關心地理。拉斯維加斯如此平坦和明顯，我從未考慮在它方方正正的格局中迷失自己的可能性，而我的奧德賽之旅步調如此之快，使我只能向前看——繼續前進！由於拋開讓自己迷失的俗務，我才有餘裕去做更重要的事情，那就是讓幸運來敲門。

只要去尋找，世界一定會吐露它的祕密

儘管我當時不知道，直到現在才明白，在那兩次旅行中，我再度真正旅行得像一個業餘旅行者，相信只要我去尋找，世界一定會向我揭露它的祕密。雖然我有磨練了幾十年的導航技術，但引導我的向來是運氣——運氣和接受它有時不明確後果的勇氣。

例如，幸運之神就陪我度過了我到重慶的第一天。幸運之神把我送上前往商業區的六〇一號巴士，經過Prada廣告看板和立體交叉公路，跨越奔騰的楊子江。幸運之神派來了一個小學生，指引我到一條巷子去吃一碗被辣油染成深紅的美味湯麵，麵裡灑滿豬肉和內臟碎屑，散發令舌頭麻木的四川花椒香。幸運之神引導我路過這個爆炸性成長城市的種種矛盾：

摩天大樓頂端的旋轉餐廳不會旋轉；在遍地古蹟的鄰里，磚牆上長出大樹，銅匾上卻歌頌共黨英雄的豐功偉業；在人民廣場，退休老人蕩氣迴腸地唱著老歌，用吉他和二胡伴奏（我花了幾分鐘才醒悟這場秀不是演給觀光客看的，僅僅是重慶老人娛樂自己的方式）。我所做的只是走路，問簡單的問題，再走更多路，允許自己被這個城市大得驚人的體形淹沒，就像舊金山，但有更多山、兩條河、十倍人口，既無建築法規，也無統籌的都市計畫。至於其餘一切，就交給運氣。

直到最後，好運終於結束。太陽下山時，幸運之神把我擱在一家我以為整潔的小旅館，結果它卻下流、破爛，充滿通宵打麻將的男賓和他們租來的女友。幸運之神誘導我走到一個熱鬧的夜生活區，那裡每一間酒吧和夜店都俗豔、喧嘩地塞爆，我毫無希望認識或聽到任何有趣的人。那裡有幾家豪華旅館，我進去問會說英語的服務臺職員哪裡能找到比較安靜、適合交際的酒吧。他們疑惑地看著我，指引我回到菜市場似的酒吧，在那裡我將孤苦無依地形單影隻。

此事不該令我如此喪氣。我曾在越南和美國的小公路上度過數日（甚至數周！）孤單的日子，而我總能找到我的方向，總能找到一個酒保樂於和我聊一小時賽隆尼斯．孟克（Thelonius Monk）的爵士樂，或一個友善的飯館老闆娘願意讓我在她的客房住幾晚。我過去也經歷過其他性質的迷失，曾處處迷惘，除了地理方面，而我總是勇往直前，不顧語言障礙，最後時來運轉，安然度過。

但重慶的規模和混亂使我不知所措。我該如何在這些鋼筋水泥深淵中找到任何與人類規模相當和相關的東西？我的旅行本領似乎全部棄我而去，我對做出任何聯繫的可能性失去信心。到了第二天早上，我已準備放棄。我搭巴士回火車站，去取我存放的行李，途中我考慮一走了之，不但逃離這個城市，乾脆逃離這個國家。國泰航空能否讓我改搭去香港或日本的班機？丹妮爾會諒解。她信任我。這趟旅行是替另一個雜誌採訪順道做的，幾乎沒花紐時一毛錢，臨陣逃脫應該不是問題。我已經寫了幾百篇報導，可以容許我失敗一次，是嗎？

不，我不能。這次失敗會折磨我一輩子。

巴士滾滾向前。再過二十四小時，我將遠離此地，拜訪上海或大阪的朋友，試圖忘記這段不幸的插曲。我焦躁不安，我咬牙切齒，但願我已回到布魯克林家中，我詛咒這些愚蠢的「迷航」規則。到底是誰想出這些鬼主意？

是我，我豁然貫通，既然規則是我訂的，而且是任意訂的，當然可以隨我高興隨時改變。我拿出我那裝了本地3G SIM卡的iPhone，Google「重慶青年旅舍」。「老街客棧」瞬間出現，一間有便宜房間的趣怪小旅舍，離我昨晚住的地方不遠，在古老、多坡的十八梯老街，這一區幾乎所有建築外面都漆著「拆」字，表示它們已被列為拆除對象。客棧內有一群嘰嘰喳喳的年輕中國員工和遊客（很難分辨誰是誰），多數會講還不錯的英語，個個

TRAVEL
bon appétit
tofino
CANADA'S SECRET
SEAFOOD PARADISE
SEOUL
FRIED CHICKEN
HEAVEN
London
Love
TAIWAN
COOKING IN
TECHNICOLOR
GET A
ROOM!
TOP FOOD

渴望探索重慶（從趣怪的地下酒吧到高不可攀的藝廊），而且樂於邀我一起外出吃一頓四川麻辣火鍋晚餐。

我的房間很小，我的規則已被破壞，我清楚知道我在哪裡，但我感覺終於自由了，可以交新的朋友，搭巴士去不知名的地方，在山頂花園輕咬罕見品種的紅辣椒。雖然直到現在我從未對自己承認過，我發現了當我終於真正迷失時會怎麼樣：我驚慌失措——然後繼續前進。

7

與家人一起旅行
恐怖啊！但我們快樂歸來

為什麼吵架？
因為你愛旅行，也愛家人。

「我怕！」在香港飛臺北的國泰航空四七二班機上，兩歲四個月大的莎夏．瑞雯．葛羅斯尖叫。「我怕！我怕！我怕！不要不要不要不要！」當空中巴士A三三〇滑行到起飛位置，她在座位上掙扎扭動，用力扯她的安全帶，伸手搆著我太太珍，「我怕！我怕！我怕！我怕！我怕！我怕！我怕！」

我們無能為力，不論我們多想把她抱起來，不論多少憤怒的鄰座乘客用中國人說的「臭臉」瞪我們。空服員說，莎夏年齡夠大，不能坐在我們腿上，但我們知道，僅僅身高和年齡不能代替情緒成熟度。空服員兩度過來看看她們能幫什麼忙，但什麼都做不了。莎夏害怕，被聲音和行動嚇壞了，不能理解她周遭發生的事情，不論我們多麼緊緊地握著她的手，不論我們多麼溫柔地哄她，告訴她一下就好、別怕，她仍然害怕。更糟的是，她知道她怕，而且懂得用言語表達。這是恐懼的感覺：「我怕！」

同樣情形也發生在上次飛行時，紐約到香港的十四小時直飛航班，但上次起飛出乎莎夏意料。她嚇得尖叫，但隨著飛機迅速升空和穩定，她也安靜下來。可是，這一回，她知道接下來會發生什麼，恐懼感提前累積。

當飛機滑到跑道起點，空服員最後一次過來，帶著來一條親子共用的延長安全帶。她說，為大家好，我們可以違反規定，把她抱在腿上繫安全帶。只是動作要快。

我們迅速做了。莎夏安靜下來，但只安靜了一下下。當飛機引擎聲大作，掩蓋她的嚎喲，我終於能稍稍鬆懈一點。不到兩小時，我們將降落臺灣，珍十八歲以前居住的地方，接下來十天，我們有珍的家族——她的父母、她的哥哥嫂嫂和他們的女兒、她的許多阿姨、舅舅和表兄弟姐妹，大家會一起幫忙照顧莎夏、陪她玩耍。一切將會很順利。

帶孩子去旅行是父母的夢魘，反之亦然？

過去也曾順利。幾乎從二〇〇八年十二月她出生那一刻起，莎夏就注定和她的父母一樣是旅行者。不到一個月，我們已開車帶她去麻薩諸塞州普文斯頓市，在鱈魚角（Cape Cod）度過一個下雪的省錢旅遊達人周末（從車上拖出她的嬰兒提籃時，我在冰上滑了一跤，撞到膝蓋，把她摔到地上，但她沒事）。短短兩周後，珍、莎夏和我又飛往義大利，進行另一趟省錢旅遊達人長途旅行：在濕冷的威尼斯度過一星期，在霧濛濛的米蘭度過另一個星期。

那趟義大利遠征，懷著不只一點忐忑不安出發，結果令我們大開眼界。我是說，我們並不是隨便挑了義大利，雖然每一個我們請教過的人都說義大利人對小孩和嬰兒是多麼友善，但我們所到之處獲得的殷勤招待和關注程度實在出乎意料。「親愛的！」有的義大利人（不分男女老少）會衝著莎夏驚呼，「好可愛喔！」一把莎夏變成小公主或小寶貝了，有的則帶著誇張的義大利抑揚音調喚她，「莎西亞～」在餐飲店，她安靜地睡在我們懷裡；在葛拉西宮

（Palazzo Grassi）和佩姬古根漢美術館（Peggy Guggenheim Collection），則是窩在嬰兒背帶中安靜地睡覺。

只有一次她在公共場所大哭，那是在總督宮（Palazzo Ducale），威尼斯共和國歷任總督管理他們的跨海帝國的地方，但那是因為我們不小心違反了旅行中嬰兒與父母之間的默契：莎夏用娃娃語言表示，保持我溫暖，保持我乾淨，保持我吃飽，那我就會按照你們的需求，看是要坐著、睡覺，還是看起來要多可愛就多可愛。我不需要玩具，我不需要娛樂，我不需要活動，除了正常的抱抱晃晃。但是如果讓我不舒服，我會讓你們活受罪。

在總督宮，當我們用嬰兒背帶背著她走路時，把奶瓶塞在她的身體和我們之間，因而忽略了保溫她的奶

瓶。她隨即爆發的嚎啕大哭響徹冰冷的石板走廊。不過，博物館員工迅速前來解圍，帶我們到一間閒置的房間，讓珍餵母乳。

除了那一次犯錯，我們在整個旅途中遵守默契，吃、喝、購物都很順利，而且沒有花太多錢。最後我們說服了自己，是的，我們辦得到。回家兩周之後，我們再度出發，先去臺北探親，再去明尼阿波里斯市出差，然後去法蘭克福參加婚禮。舊金山那次的省錢旅遊挑戰，只有我和莎夏，珍沒去。之後再去鱈魚角。再去臺北。沒有一次訂機票時感到猶豫。畢竟，我們曾帶著六周大的嬰兒征服義大利。帶孩子旅行幾乎易如反掌。

我不確定這是否就是珍和我決定生孩子時所期待的，因為那個決定本身早已沒入記憶的濃霧中。我確實記得的是，很久很久以前，珍和我是快樂的無子夫妻，快樂到我們打算一直維持無子狀態。我們住在下東城平民住宅六樓，賺取雖非可觀但也不差的收入，想上館子就上館子，遲睡晏起，興致來時飛到墨西哥度假。珍雖不像我這麼愛冒險，但事實證明她能隨遇而安。其中一次墨西哥假期是陸路旅行，從墨西哥市南下瓦哈卡市，再沿太平洋海岸北上，一路諸事不順：首先，航空公司漏運我們的行李，當我們抵達時，珍的月事意外地來了！她沒有衛生棉，只有丁字褲，時值周六晚上，所有商店都打烊了。幾天之後，她在瓦哈卡市遺失臺灣護照，我們慌亂地找了好幾小時，才找到臺灣駐墨西哥市半官方代表處的電話號碼。接下來，開車穿越寒冷、松林密布的山區，一路飽受折磨，那裡傾覆的卡車四平八穩躺在路中央，成群男人包圍我們的車子，強迫我們停車，「五分鐘就好！」直到轉彎處傳來音樂，一列小孩化妝成骷髏、吸血鬼、女巫、僵屍，在媽媽、姐姐、阿姨的陪伴下，川流不息向我們湧來，團團圍住我們，然後全部消失在後照鏡的遠方。待我們好不容易開出山區，我卻開始生病了（**梨形鞭毛蟲，你這個老不死的！這一陣子到哪去了？**）。我們一直不停開車，全程一千哩，珍自始至終興高采烈，只因為我們一起出遊而狂喜，即使每到一間新旅館，我就抱著一瓶開特力運動飲料虛弱地倒在床上，她則去游泳池游泳和吃路邊攤塔可。人生也許不是萬事順遂，但我們在一起，我們的共同生活美妙無比。

每當有人問我未來的打算，我就說珍和我打算當雲遊四海的阿姨和叔叔，從遙遠的地方歸來，給我們的手足和朋友的小孩帶來充滿異國色彩的禮物（可口可樂罐頭做的直升機、便宜的日本電子小玩意），令這些孩子（遑論他們的父母）深深羨慕我們的自由。有一陣子這是我們的生活，一種低成本的生活方式。

直到我滿二十九歲那年。一天，莫名其妙地，我突然想要小孩。我不曾醞釀這個想法，不曾經歷一連串事件告訴我命中注定要當父親。不，這個念頭像一個基因開關被「啪」一聲打開，我身上每一個細胞都想要繁殖。如果男人也有生理時鐘，那麼，這就是我的鬧鐘。充其量我只能說，我始終存在的死亡恐懼終於和我不能成為作家的恐懼對撞——既然我尚未寫出任何傳世之作，那我唯一準永垂不朽的希望，就是延續我的DNA在新一代葛羅斯身上（很多人為了更糟的理由生小孩）。不論它的起源是什麼，不論它可能被接下來幾年出乎意料的專業旅行和寫作搞得多複雜，這個開關一旦打開就不可逆轉。珍（她同意我的想法，基於她自己的神祕理由）和我遲早要生孩子。就這樣決定了。

倘若我知道接下來兩年生活將出現何種變化，可能會重新考慮。帶孩子去旅行是公認的最恐怖經驗之一，對父母、孩子和旁觀者皆然。在這麼可怕的情況下，全家人仍要一道旅行，一道去度觀光和探險兩種假期，而且這幾乎是無庸置疑的。我的意思是，在某個意義上，家人顯然**必須**一起旅行。在現代西方生活機制下，假期雖短，仍和工作、上學一樣，是日曆不可避免的一部分，而此機制不會因為你生小孩而停頓，也不會等到哪天孩子大到不哭不鬧、能應付洲際飛行時才重新啟動。旅行的父母和旅行的非父母經常在旅遊網站評論欄上開戰，雙方都懷著難消的怨氣，形成兩敗俱傷的僵局，沒有一方願意承認現實：小孩子可以是可怕的旅行者，小孩子也可以是優秀的旅行者，大人亦然，而且這個情形一時不可能改變。

追求獨立就像咖哩羊肉丸和擁有護照

記憶中，我的家庭假期倒是相當愉快，似乎一向如此。我們去康乃迪克州探望祖父母；我們開車暢遊蘇格蘭、法國和義大利；我們偶爾飛到加州或巴黎度假，或是駕駛旅行車南下佛羅里達州，保羅．賽門（Paul Simon）的《*Graceland*》一路陪伴我們；還有旅居英國和丹麥那幾年。當然，不是每一次旅行都順利。我母親曾因膀胱炎在義大利比薩附近住院；我父親有一晚在優勝美地國家公園附近被警察攔下接受酒測（判決：是近視，不是酩酊）；我和弟弟、妹妹，史蒂夫和妮爾，為了最小的事情（他**呼吸**）爭吵。但衝突不至於惡劣到、失敗不至於災難到讓葛羅斯家發誓永遠不再旅行。這是我們做的事——我們是這樣的人：旅行者。

我因此痛恨他們。不是因為我不喜歡旅行，或討厭他們的陪伴，而是因為我太愛兩者。成為少年及後來的青年後，我極度渴望叛逆，為自己打造一個與家人分開的身分，但一轉身又發現自己喜愛且享受父母所建立的鮮明葛羅斯風格的活動。更糟的是，我不能在他們的水準上競爭：我母親早在六〇年代就已完成泛歐壯遊，我父親曾在巴黎教書；他們有錢，也有經驗，而我需要很多年才能得到，但為了取得那些東西，我知道，未來很多年我必須依賴他們的資金和專長。我從未有意識地希望完全擺脫他們，變成格林童話裡的孤兒，但有天晚上我做了一個夢，至今記憶猶新。夢中，我開車離開我家的房子，心中知道兩件事：一、全家人都在家；二、幾秒鐘內，一顆炸彈將在屋內爆炸，炸死每個人。最令人不安的部分？夢的調子是愉快和冷靜的——它不是惡夢。事後，我將自由，終於獨立。

獨立這件事是我與生俱來的權利。我出生在麻薩諸塞州協和鎮，美國獨立戰爭發源地，因此我是美國革命之子，我身上流著獨立的血液。我在協和鎮出生，只因為我的歷史學家父親將這個鎮的歷史，從民兵到先驗論者（Transcendentalists），當作他的畢生志業。「自力更生」的觀念和華爾騰湖（Walden Pond）畔林中的隱居小屋伴隨著我長大——我理所當然應該重視獨立，重視美國人擁抱的獨立價值，但此價值本身是我與生俱來的，是生為葛羅斯不可避免的一部分，如咖哩羊肉丸晚餐和擁有護照。

我沒有謀殺家人，而是用凡事保密和走極端的方式宣布我的獨立。我向父母借車，從不透露目的地，然後與朋友開兩小時車北上華盛頓特區。我逃避歷史，念數學，剃光頭，然後搬到越南，享受這個消息帶給嬰兒潮世代的震撼——但是當我告訴父母越南交通之混亂和娼妓無所不在後，他們決定不來看我，還要求我，拜託，別去柬埔寨，太危險了，我又有點失望。（下一站：金邊！）

滑稽的是，我的計謀得逞了。從越南存活下來，在紐約安居樂業，並開始以成年人身分經常出國旅行後，我變成葛羅斯家的旅遊專家——知道最好的買機票方法、能找到美妙的新餐館、在任何地方都活得下去、不需要任何人協助的那一位。當我開始做專業旅行，我趁機將家人納入我的探險計畫：母親和我在聖塔菲共度一個省錢旅遊達人周末；我的省錢旅遊達人陸路旅行以西雅圖為終點，那是妮爾自大學畢業後定居的地方。在這兩個例子中，我們相處甚歡。媽媽甚至陪我在某個龐克搖滾地下室酒吧喝威士忌，不過她拒絕和我一起在新墨西哥山區男女共用的裸體溫泉池泡湯。一切完美。當然，我們共處的時間不長——來不及讓火星濺起或爭執惡化。每一個小小成功都幫助我克服因旅行而對家人滋生的怨恨。

唯一例外是史蒂夫，他小我四歲，一輩子惹我生氣——當然不是故意的。惱火的事全是我自己想出來的，典型的老大情結，我殘酷地發洩在他身上，小時候直接跟他扭打，後來當我們能真正傷害彼此時，改採心理戰。我命令他拿樂高積木來給我造火箭船，我鄙視他，我嘲笑他。有一回，他和我及我的一些朋友去漢堡王，我把整杯橘子汽水倒在他頭上，只為了贏得我朋友的欽佩。

最蠢的是，即使我使盡手段證明他不如我，我仍愛史蒂夫，並佩服他。他是傑出的鋼琴演奏者，青少年時期就找到電腦程式員工作，他有一整群聰明、有創意、適應良好、重視學業的朋友，完全不像我混的那幫不良少年。有時候，我既嫉妒史蒂夫的社交圈，又為他的成就感到驕傲。他明顯智商高、創造力強，而且善良，我很慶幸有他天真活力和從不質疑的陪伴，不論在我們屋後的小溪探險，或去鄰鎮溜滑板。

儘管我作惡多端，我們仍住在同一棟房子裡，被迫互動，而且仍然是兄弟，這份關係不知何故仍對我們兩人有意義。這一定是為什麼升高三那年暑假，我會向史蒂夫透露一個大祕密：我有女朋友了——生平第一個。她叫做艾美，喜歡 Pixies 樂團，而且難以置信地，她覺得我有魅力。我告訴十三歲的史蒂夫，拜託，幫我保密，我不知道這段感情會發展到什麼地步，千萬別告訴任何人，尤其是我們的父母。

史蒂夫發誓他絕不會洩密，我的約會和初吻是我們之間的祕密，維持了兩個禮拜。直到一天在晚餐桌上，我決定向全家揭露一切。我告訴他們艾美的事。父親面露微笑。

「我們知道。」他說。

原來史蒂夫聽完我的祕密後幾乎立刻就告訴父母。他也在微笑。

就背叛而言，這是小事一樁，但我一直懷恨在心。史蒂夫真的這麼白目嗎？他是否在報復我？現在我該怎麼辦？

史蒂夫運氣好（我也是），我什麼都沒做。不到一個月，艾美和我吹了。一年內，我離家上大學，然後去越南，有了我自己的生活。史蒂夫繼而也離家就學，在法國史特拉斯堡念了一學期，在紐澤西、克里夫蘭、明尼阿波里斯等地工作。這些年來，我們只在感恩節見到彼此，或在暑期短暫相聚。我們很少通信，儘管我們兩人都整天坐在電腦螢幕前面，都絕對擅於使用電子郵件、ＩＭ即時通訊系統、Skype 和臉書。偶爾，他會在下午四、五點打電話給我，問我烹調意見：有二十磅牛絞肉，該怎麼辦？油封鴨怎麼做？這一堆茄子能做什麼？

這些電話令我滿足。終於，我可以給他大哥的忠告，在我們兩人都真心喜歡的話題上！但與此同時，我感覺挫敗。他怎麼到現在還不知道如何燉兔肉？他真的從來沒烤過一片牛排或吃過四川花椒？我靠自己的力量，經過多年的嘗試和錯誤，自己搞懂了這些事情（好吧，我承認我從來沒燉過一隻兔子，但我知道怎麼燉！）。他為什麼不能和我一樣自己摸索？

在我看來，此事說明我們之間的基本差異。我個性獨立，願意面對失敗，這可能是我追求知識和經驗所導致的後果。而史蒂夫儘管才華橫溢，但需要別人解釋人情世故給他聽。他不瞭解人生有些期待是不言可喻的，除非有人明白告訴他（我自己的焦慮感的投射？也許吧）。我一再看到我的理論被證實，譬如某年一月，為了要把珍的福斯 Jetta 車開到西雅圖去給妮爾，母親和我進行了一趟快速跨美國陸路旅行，我們開了兩、三天車後，終於接近明尼阿波里斯市。我打電話給史蒂夫，告訴他我們即將抵達，請他安排晚餐，他問，「那麼，你們住在哪裡？」

媽媽氣瘋了。她以為史蒂夫和他的妻子泰拉一定會留我們住在他們新的、相當寬敞的兩臥室公寓。我也是。我們是自家人，不是嗎？

然而，這個期待卻大出史蒂夫意料，不是因為他有什麼根本上的理由反對我們住他家（雖然他一度擔心地方不夠大），而是因為這個「家人留宿家人」的假設對他是陌生的。也許是因為我們家過去從未發生過這樣的情況（我們家人少，隨機登門造訪的情形很罕見），但他的反應卻顯得我們似乎來自完全不同的星球。我們的母親用難掩憤怒的口氣告訴他，如果我們必須住旅館，晚餐也不必一起吃了。史蒂夫總算明白事態嚴重，邀請我們去住他家，最後我們度過相當愉快的一晚。但此事無助於拉近我和史蒂夫的距離。

直到二〇一〇年秋天。那年十月的一個傍晚，我和兩個老朋友勞倫和內森在布魯克林喝酒，內森告訴我們他岳父與手足之間的故事：他們都老了，長年疏於聯絡，如今面對死亡，才後悔讓彼此間的距離擴大。聽起來很可怕，聽起來也很熟悉。我開始搜索記憶，意圖尋找史蒂夫和我攜手完成的任何一件事，沒有憎惡或爾虞我詐的快樂團結時光，但我的記憶一片空白。我們之間一片空白。我只記得我加諸於他的痛苦，我覺得自己真是一個混蛋哥哥。此時我已喝了幾杯啤酒，但我的頓悟使我清醒：我必須做點什麼來改善我和史蒂夫的關係，儘管我們爭吵了幾十年，我愛這個弟弟，我想與他分享我逐漸減少的重要祕密。很顯然地，我必須這麼做——我們得一起去旅行。

追求臺灣女孩千萬別在螃蟹上澆醬油

「你要喝咖啡嗎？」二〇〇二年的一個晚上，劉康男醫生問我。我們坐在他家客廳沙發上，電視機開著，在播當日新聞。劉醫生的女兒珍幾年後將成為我的妻子，此刻與她母親及家庭長期雇用的廚子阿梅在廚房。珍和我兩小時前才降落臺北，第一次以伴侶身分拜訪她的家人，在這個場合，我卻累癱了。我確實需要喝一杯咖啡，但我沈默不語。

我想，這是因為珍的父親說中文。他的聲音非常輕柔（而且我有嚴重時差），待我回過神來意識到他在對我說話，而且我居然聽懂了這幾個簡單的字，已經來不及回答了。過了沈默的幾分鐘，珍進來，我們上樓睡覺，在不同的房間。

以第一次拜見準岳父大人而言，這不是好兆頭——恰恰是我擔心的。當時，珍和我已交往多年，而且相當認真。我們已經搬到一塊住，在下東城一個租金過高的小套房，但我們對此保密，以免冒犯她傳統觀念的父母。我知道，有些男人會被兩人關係需要保密傷到感情，但我不會。我瞭解她必須在家人面前維持一種形象，在我面前維持另一種。這是亞洲生活的基本要素：清楚區隔一個人的公開和私下面貌。在公眾面前，你必須努力表現出正直和誠實的一面，但關起門來，你可以，唉，做任何狗屁倒灶的事。這種人格分裂在西方社會可能會引起憤慨，但在大部分亞洲地區似乎比較能接受。這不表示當一些滿嘴仁義道德的政客被逮到貪贓枉法時，亞洲人（即使使用**亞洲人**一詞有以偏概全之嫌）不憤慨，他們只是比較不**意外**而已。

公開和私下不同，有時兩者之間存在明顯矛盾，也允許人們假裝相信前者，用以維持一些人際關係和諧的假象。換言之，我不知道珍的父母是否知道我們同居，但因為她裝作我們不住在一起，這就變成公認的事實，即便偶爾他們深夜打電話給她，接電話的人是我。**哦，他只是來看我**，她會這麼說。而且因為沒有人想吵架，所以他們選擇相信她。

但珍有她的極限。她留學巴黎那年，實際上甩了我。她在電話中告訴我，她母親打算聖誕節來看她，她不想被迫對母親說謊。因此我們分手，直到第二年秋天她回到紐約。

雖然她討厭我提這件事，但她渴望對母親誠實，很可能是她趨於美國化的徵象。珍在臺北長大，在臺北上學，學會讀寫中文，但十八歲赴美，首先在約翰霍普金斯大學念生物系，後來在帕森設計學院念服裝設計，拿到第二個學士學位。到我們一起去臺灣探視她的家人時，她已經在美國住了十年，產生了一些微妙的變化——願意和一個白人交往乃其中之一。

這不應該令她的家人吃驚。畢竟，是他們送她出國的。他們以為會有什麼結果?他們亦非表面傳統或落伍的鄉巴佬，她父母兩人都是醫生，母親是家醫科，父親是神經外科，而且整個家族充滿醫生、牙醫、銀行家和工程師。他們住在臺北市中心，一個古老但霓虹燈閃亮的社區，青少年去那裡逛街買便宜時裝，吃烤魚丸和串燒臭豆腐。他們的住宅是從一所已歇業的醫院分割出來的四層樓建築，雖不耀眼，但舒適現代。珍的父母會說一些英文（好過我的中文，但不流利），而且去全球各地度假，從日本、俄國、義大利到南美洲。他們能夠在這麼見多識廣的環境把女兒養大，並送她出國多年，仍期待她交往並嫁給一個來自家鄉的男人，似乎不切實際。

至少，在我初次拜訪中，他們不曾流露對於我有什麼不滿意。我們與幾位阿姨、舅舅、表親及珍的祖母，如一家人一般去一間閃亮簇新的上海餐廳。在那裡，在一疊疊竹編蒸籠中，我吃到生平吃過最美味的小籠湯包；與此同時，他們拷問我的家庭背景。我父親是歷史教授，我母親是編輯，似乎可以接受。我曾祖父母的出身引發了簡短的討論：立陶宛的中文怎麼說？臺語怎麼說？但真正令他們感興趣的是知道我是猶太人。在亞洲（如同其他地方），猶太人擁有聰明和成功的名聲。

隔著餐桌，珍的祖母發表意見：「好在你的眼睛不太藍，」她說，「否則會嚇死人！」此處有必要註明，她的視力很顯然不太好。其實，我的眼睛又大又藍得嚇人。

一星期後，到了我們飛回美國的時候，我可以看出這趟旅行並不成功，但也沒有發生災難。我不是電影《喜福會》裡那個在嬌貴的螃蟹上澆醬油的傢伙。相反地，我是熱中食物的人（尤其對家庭廚子阿梅燒的菜），我用起筷子來揮灑自如。這一點對臺灣人很重要，臺灣人對食物著迷的程度，不輸任何布魯克林美食部落客。此外，我態度謙恭有禮（我必須如此，因為我不會說中文），也努力做到絕不招搖或表現如刻板印象中的美國人。

然而，等我們回到紐約，批評聲浪開始透過小道傳來。我的中文不好——是事實，但我可以學。我是作家，不能養活他們的女兒——是事實，但她不需要我養。我是美國人，因此揮霍無度；我是猶太人，因此一方面富有，另方面吝嗇。雖然珍的一個阿姨替我說話，總之我配不上珍。沒有人提到第一晚的咖啡事件，但我敢打賭珍的爸爸——在他溫和的舉止和從容的微笑下——在意這件事。但珍和我住在地球另一邊，天高皇帝遠，日子大致和過去一樣過。我做我的文字編輯工作，珍在時裝世界力爭上游。誰管她父母怎麼想？

過了一陣相對平安無事的日子，到二〇〇三年中的一晚，問題突然到了緊要關頭。珍的母親打電話來。聲音升高，眼淚流下。我忍著不要太靠近去聽，即使她們用我不懂的語言在爭吵。當珍終於放下電話，她向我解釋情況。

她說，她父母認為我們應該分手。他們要她交往及最後嫁給一個臺灣人（順便一提，不是任何亞洲人，也不是任何一九四五年以後從中國大陸來臺的外省人後代）。但珍堅持立場——她跟定我了。因此她和她母親達成一項妥協。珍同意兩年內不結婚，兩年期限是她家的算命師批的，這段時間結婚對珍極不吉利。在這兩年期間，珍同意與她家人替她在大紐約區找的臺灣男人約會。如果兩年後她還沒有找到更喜歡的人，家人會嘗試接納我（珍現在否認上述描述，但當時情況之瘋狂在我腦中留下深刻記憶）。

我問，所以，我們所要做的是讓她和別的男人約會兩年，然後就會獲得她家人的祝福？

是的，她說，是這樣講好的。

這……這……太奇妙了！我立刻看出這個協定的喜劇潛能，並構思一個我自己的計畫。每當她出去約會，我也必須去約會——在同一個時間和地點，跟某個我在JDate.com交友網站上找到的猶太女孩。這樣一來，珍和我可以互相監視，一有機會就溜出來在電話亭旁邊溫存一番。萬一被我們的約會對象抓包怎麼辦？我們能不能反過來撮合他們兩人？萬一我們……搞不好……有點喜歡他們怎麼辦？這個關係之光怪陸離將不會只是一場試煉，它將是一篇精彩的雜誌文章的主要題材。不，根本是一部劇本！

「他們多快能幫你安排約會？」我想問，但我沒問。珍好不容易才停止哭泣。我們遲早會進展到喜劇。今晚，就暫且留給悲劇吧！

最不能忍是……家人！

「你們是兄弟！」蒙特婁中國城的外幣兌換商在防彈玻璃窗後面驚呼。「我敢打賭他是哥哥！」

這個南亞血統的男人指著史蒂夫說，史蒂夫則望著我微笑。我們在天寒地凍的二月蒙特婁街頭（平均氣溫攝氏零下四度）玩這個遊戲已經玩了好幾天，結果總是一樣。史蒂夫，比我高一吋，頭髮比我長，但髮際線更退後、衣著更保守，臉上鬍子刮得乾乾淨淨，是哥哥。我，留著修剪整齊的鬍子，比較瘦（但在保暖外套下，你未必看得出來），是弟弟。

在蒙特婁的背景下，角色顛倒是常有的趣事，但也是一種解脫。在這裡，我們終於可以不受我們的傳統角色限定，我們可以只做自己，兩個三十多歲的男人，分享對法語文化和豐富、多脂、創新的魁北克美食的喜愛。有一個多星期時間，史蒂夫和我住在該城最時髦的社區，皇家山高原中心一戶十六樓的出租公寓，我們不打算做什麼，除了逛街、大吃大喝、擺姿勢給《遠方》雜誌派來的攝影師拍照（由我執筆報導這趟旅行），並做一點附庸風雅的事，以免報導淪為另一個酒池肉林故事。

但有一件事我沒有告訴史蒂夫：這趟探險的真正目的是挽救我們的關係。這個目的感覺太沈重，用不著拿來煩惱我們兩人——萬一不成功怎辦？況且，要揭露我別有用心，我就必須開宗明義承認，為什麼我認為我們的關係有危機，我絕對沒有準備好面對這麼明顯的對質。再說，我其實毫無概念史蒂夫本人是否認為我們之間有問題。說不定他認為我們的關係好極了，運作得恰似兄弟關係應有的運作方式。我們是彼此唯一的兄弟，在缺乏比較下，他為什麼會認為我們的關係應該更好——或更糟？

所以，與其討論這些敏感話題，不如吃。我們在著名的 Au Pied de Cochon 餐廳吃鵝肝起士薯條和「罐頭鴨」，觀察另一桌上來一整個烤豬頭，用整隻龍蝦做裝飾。在猶太簡餐廳 Schwartz’s 吃燻肉三明治，那裡的法文菜單列在英文標題「Sandwiches」下，英文菜單列在法文標題「Les Sandwiches」下。中國城的越南料理好得出奇。Rôtisserie Romados 的葡萄牙烤雞美妙無比。還有 La Banquise 的乳酪肉汁澆薯條，用小香腸和辣椒提味，這地方幾乎在我們公寓正對面，二十四小時營業。我們在 Club Social 陽光燦爛的窗口喝香醇濃縮咖啡。華燈初上時分，在半打鄰里酒吧喝啤酒，我們的冬衣高高堆在沿窗的長椅上。

吃有效，大部分時候。擺一盤豬肉或鴨肉在我和史蒂夫面前，塞杯紅酒在我們手中，我們會笑得合不攏嘴，狼吞虎嚥，快樂地呻吟。我們愛吃，我們懂吃。我們可以凝視彼此的眼睛，知道對方，我的兄弟，也樂在其中。除了當我們摸不透對方時。我是說，我忍不住注意到我們的口味不盡相同。在 Schwartz’s，史蒂夫剔出燻肉裡的肥肉，擱在盤子上，嘗都不嘗一下，就像小時候他對待所有肉食的方式，從培根到油脂分布均勻的雪花牛排。在一家叫做 Après le Jour 的昏暗酒廊，我們快樂地叫啤酒，我喝帶啤酒花香的苦啤酒，史蒂夫喝比利時風味的白啤酒，我們都覺得對方的選擇噁心。這些是微不足道的差異，我知道，我也絕口不提，但它們依然令我不快。更令我不快的是，我竟然對這種小事不快。為什麼我不能接受史蒂夫的本色？為什麼我能忍受一再復發的梨形鞭毛蟲症，在陌生國度熬過漫長、寂寞的夜晚，置自己於不自然的拮据預算的屈辱下，卻不能忍受這件小事？

不過，當你與某人一起旅行，情況不同。你們離開熟悉的環境，進入更廣大的世界，在那裡沒有人認識你們，你們可以隨心所欲做幾乎任何事。你們實際上活在一個氣泡中，使你們比過去任何時候，比你們所希望的，更親近。你想與對方同步，以同樣方式喜歡（或討厭）同樣的東西，因為如果你們不同步，那豈不表示你錯過對方領會的東西？或對方錯過你領會的東西？當那個與你不同步的人是家人，你應該比其他任何人更瞭解他，在這趟不幸的旅行結束後很久還會繼續瞭解、見面和互動，此人與你在你們人生之初就綁在一起，如果你們不能像平等夥伴一般和睦相處，並且同樣喜歡（或討厭）這趟旅行，那個挫折可是會讓人承受不了。既然我已帶史蒂夫進入全球趴趴走的旅遊作家世界，我迫切希望他能認同我的看法，瞭解燻肉味道之美全靠牛腩上的肥肉。

當他不能時，我只覺得史蒂夫本性難移——自顧自待在他自己的氣泡中，對街上每一隻不怎麼可愛的狗呢呢噥噥，隨時尖著嗓子喊，「葛羅斯先生！」（我聽說，這是他從我們祖父那兒學來的口頭禪。）在我們住的公寓，史蒂夫會像唱歌劇似的打嗝，不管我們去哪裡，從熱瑜珈教室到漫畫書店，他都拿法語詞彙來考人。他問漫畫書店職員，你怎麼說「戳」？很遺憾地，職員說，沒有這個字。

「那麼，小孩子做什麼來惹惱彼此？」史蒂夫問，不完全是開玩笑。

我想告訴他（但沒說），聆聽和觀察才是正確的學習方法。那是我們某天晚上在劇院做的。那齣戲叫做《男人間的祕密》（*Histoires d'Hommes*），果然高深莫測：三個女演員飾演十來個不同角色，全在獨白令她們瘋狂的瘋狂男人。

或大概如此。這齣戲不但講法語，而且使用大量俚語、濃濁口音，模仿喝醉酒的法國人，又無明顯故事串連一個場景到另一個。直到看完戲，史蒂夫和我去別緻的鄉村風味餐廳La Salle à Manger，吃生醃鹿肉和楓糖醬烤鴨，我們才有機會討論我們究竟看懂多少。愛情是個屁？懂了。我們推論，「se tromper」的意思不是常見的「犯錯」之意，而是「偷腥」。我估計，兩人加起來總共看懂這齣戲的六成五，這是一個共同成就，也許是我們數十年來的第一次，而且我們不必求助任何人，只需互相幫忙。

問題是，也許史蒂夫的方法才正確。畢竟，他的法語比我好，好到一家古董店老闆誇獎他的口音，問他是否有法國背景（史蒂夫難為情地改用英語結結巴巴地說，他在史特拉斯堡住過一個夏天）。一晚，我們請一小撮朋友和朋友的朋友來公寓晚餐，人人似乎都覺得他的問題有趣：你怎麼說「禍水妞」（jailbait）[1]？「辣妹餐廳」？「放馬過來」？「去他的！」？

註1：指與之發生性關係即構成強姦罪的未成年少女。

我們喝掉六瓶紅酒，吃掉從農夫市集買來、夠開一間熟食店的乳酪和醃肉，兩隻Rotisserie Romados餐廳的烤雞，以及一些史蒂夫烤得恰到好處的馬鈴薯。席間我觀察我們的客人，包括一位說法語的蒙特婁人、兩位說英語的加拿大人和兩位旅居加拿大的法國人，如何與史蒂夫互動。他意氣風發，對一切事物發表高見，從自行車專用道的設計到等離子氣化（gas plasmification，一種高科技的垃圾處理技術）。他們聚精會神聽他說的每個字，被他的熱情逗樂，對他的知識之淵博嘖嘖稱奇。我也是。我甚至有點嫉妒他能這麼快樂、這麼自在地做他自己——彷彿，如那位外幣兌換商及無數其他人說的，他是模範哥哥，我是崇拜他的弟弟。

然而，當他說話時，我也感覺自己漸漸退出談話，我觀察和留意，但話越來越少，我不再是那個四海為家的旅遊作家，而是這齣戲的跑龍套。當我向內退縮時，我再度疑惑：為什麼我不能替他高興或陪他一起高興？為什麼我們之間必須是零和遊戲？

第二天早上，我們搭電梯下樓，史蒂夫開始談他昨天在一間店裡看到的可愛小狗，一隻法國鬥牛犬，我終於爆發。

「老實說，史蒂夫，」我說，「我一點也不喜歡狗。」

「喔，」他說，「但我不會因此停止談牠們。」

就在電梯停止和門打開之前，他補了一句，「你知道嗎？你和生物的關係實在很差。」

你問我愛你有多深，美食代表我的心

莎夏鬧脾氣。你知道，兩歲半的孩子不懂時差。他們不瞭解世界又大又圓，太陽繞著它轉，從一邊飛到另一邊，關在一個鋁管裡二十多個小時，意味他們的睡眠周期與終點的每個人都不同步。我們大人可以設法對抗系統：我們算好在飛機上打盹的時間，我們吃褪黑激素，我們抵達後去跑步。但對學步嬰兒來說，每一個調整時差的步驟都是完全不可理解的謎，不可理解到甚至不被當作謎。莎夏只知道她累了、餓了或不睏，爸媽則否。因此莎夏痛苦，也讓爸媽痛苦。

如果我們早料到帶莎夏一起洲際航空旅行的恐怖，我們或許也能準備好應付降落臺北後等待我們的挑戰：全家人去臺灣最南端旅行。好吧，我們確實知道抵達後不到四十八小時，一家九口將搭乘高鐵去臺灣第二大城市高雄，然後爬上一輛巨大的出租休旅車，漫遊南臺灣幾天。我們知道這一切，我們仍無計可施，不可能留在臺北家中補眠和調整時差。這是家庭旅行，我們是家人。

我猜，珍和我能走到這一步，就家庭接受度而言，應該算勝利了。幾年前，我是珍應該放棄的傢伙：一個非臺灣人、非醫生的不受歡迎人物。但珍和我及我們的關係躍過她家人設置的障礙。延遲兩年結婚期限的約定開始不久，我們一起搬進新公寓後一天，珍為了工作緣故調職到俄亥俄州哥倫布市，那地方嚴重缺乏可供她約會的合格臺灣男人。這段時間，我留在紐約，我們每隔幾周輪流去看對方。我們都有一點寂寞，但這個距離也感覺正常。當我父親去外地教書時，我父母偶爾會分居兩地，而且珍和我才交往六周她就搬到巴黎了。相愛，但分開，真的那麼可怕嗎？

這樣過了一年多一點後，我也決定逃離紐約，展開使我日後成為旅遊作家的東南亞旅行。我在越南、柬埔寨和泰國之間進進出出，珍和我天天通電子郵件，甚至趁她出差之便，在香港會合幾天。與此同時，時鐘繼續滴答前進，家庭規定的等候期日漸縮短，珍和我的感情親密一如往昔。

到了二〇〇六年初，我們在紐約重聚之時，婚姻已成定局。我想，珍只是某一晚碰巧在電話中向她父母提起，事情就這樣決定了。他們說過，他們會試著接納我，他們會遵守諾言。珍的哥哥路易士將於三月結婚，因此我們（加上我的家人和兩位朋友）將去參加婚禮，同時宣布我們訂婚。在一些臺灣家庭，訂婚和婚禮本身同樣重要。

葛羅斯家遠征臺灣的三月之旅進行得非常順利。旅館舒適。全家幾度聚餐，其間雙方父母進行禮貌、甚至友善的談話（史蒂夫還是老樣子。「Explode 的中文怎麼說？」他在一頓午餐中問道。**爆炸！**）。去太魯閣健行兩天，吃樸實的臺灣山地食物。陌生人在臺北街頭為我父母指路。一切活動在盛大的婚禮達到高潮，朋友、親戚、同事、父母的朋友，還有達官顯要們，將近四百人在一家豪華飯店的宴會廳聚集一堂，慶祝路易士的婚姻（娶一位叫做Charmiko的甜美臺灣女子），以及我和珍的訂婚。雙方家長致詞（我父親由一位退休法官介紹上臺，他朗誦了我父親的整個學經歷），然後我們四個年輕人，加上珍的父母和Charmiko的父母，用法國紅酒瓶子裝的葡萄汁，一桌一桌輪流敬酒（以至少要敬三十五桌而言，真紅酒恐怕是壞主意）。最後，路易士和Charmiko切結婚蛋糕——原來是硬紙板做的假蛋糕。在臺灣，象徵作用有時比甜點重要。

時光飛逝，轉眼輪到我們自己的婚禮，一個規模較小的儀式，六個月後在鱈魚角海灘上舉行。雖然珍的家人表面上看來接納了我，但仍未減輕我的焦慮。我仍然不是臺灣人，雖然我終於找到當作家的好工作，但短期內不可能賺到醫生水準的收入，甚至永遠不可能。我有輕微夢魘，唯恐珍的神經外科醫生父親晚上溜進我的臥房，給我的腦子開刀，割掉讓我愛上他女兒的腦葉。我想，一定有辦法讓她的家人接受我，不論多不情願，而且瞭解和擁抱我如真正的自己人。但是，該怎麼做？

婚禮前兩天，我意外獲得一個似乎可行的辦法。兩家人聚在離鱈魚角尖端不遠的楚羅鎮（Truro），珍的父母、哥哥、阿姨、舅舅及各式表親都住在我們幫他們租的兩棟相鄰房子。他們總共十五人，在鱈魚角的第一晚要吃飯，這個差事落到我頭上，我欣然接受。我明白，這是一個機會證明我雖然是美國人，雖然很可能永遠賺不到「照顧」珍所需的那種收入，但我至少能應付某些情況和挑戰。十五人的晚餐？用本地食材做出適合臺灣口味的飯菜？在合理的時間範圍內，用不熟悉、設備簡陋的廚房，搞定這一切？這個我在行。

在珍的母親的表弟的女朋友的觀察下，我煸香剁碎的洋蔥和蒜頭，擦檸檬皮，把切成塊狀的葡萄牙臘腸煎得焦香，開幾罐碎番茄，最後在文火燉的醬汁中加入幾十粒洗刷乾淨的文蛤，這些全部用來拌Q彈有勁的義大利麵，搭配簡單的生菜沙拉。當家人分坐兩張長桌吃飯時，我恭賀自己：我找到恰當的菜餚迎合臺灣親戚的熟悉感（他們吃慣番茄醬義大利麵）及對海鮮的渴望，海鮮在他們心目中代表特別餐食。事實上它也相當美味——那是我做慣的家常菜，即使這個版本可能需要多一點鹽，也許再加一些蛤蜊汁。重點是，這餐飯是我燒的，她的父母看到我燒。我不是完全無能！

但不管他們給我多少讚美或感謝，我都嫌不夠。婚禮本身進行得很順暢，而且很愉快，沒有差錯，沒有尷尬場面，沒有人感情受傷，但總感覺像行禮如儀。珍的父母幾個月前已同意接納我，因此婚禮其實只是正式承認他們的決定。而我要的是更深刻的東西：完全認可我為了成為這個家庭一員所做的努力。

是的，我有神經病。

但我並未追求這個目標。接下來兩年，我沒做任何事，這段時期我們之間關係正常。珍的父母甚至給了我們一大筆錢，幫忙買布魯克林的公寓（好啦，我承認我不是那麼渴望**完全**

經濟獨立），雖然他們起初對我的名字也在貸款契約上表達了一些疑慮，我們告訴他們，已婚夫婦不這樣做很難貸到款。問題就解決了。

直到珍懷孕，我才意識到我有另一次機會證明我的忠誠。我知道，我在很多方面失敗。和珍在一起十年，我仍只會說一點點中文，而且不久後我將在紐約撫養我們的女兒，遠離他們的家族及語言、文化的影響力。珍會盡力做她能做的文化傳承，但我也想參與。我能做的是烹飪。我決定，我需要學會燒珍從小吃慣的菜餚，也就是阿梅替劉家燒了三十多年的熱湯和快炒。畢竟，總要有人延續家族的烹飪香火，那人何妨是我。

二〇〇八年十月，離珍的預產期兩個月，我飛到臺北——單飛。我去過臺灣的次數多到數不清，但這一回忐忑不安。這一回我孤立無援，沒有珍幫忙翻譯或居中緩頰。只有我和她的父母，以及我們的洋涇濱對話——還有我的指導老師阿梅，她不只不會說英語，連中文也不太會。阿梅說臺語，島上超過三分之二居民都懂的方言。如今在臺灣幾乎人人會講中文，但阿梅來自另一個時代。她在一九四〇年代變成孤兒，當時臺灣剛脫離日本殖民統治，短暫回歸中國，繼而被逃亡來臺的國民黨軍隊統治。阿梅被中臺灣一戶農家收養，那不是一個重視女孩子教育的地方，會講臺語夠好了。

珍的母親中英文夾雜地告訴我，阿梅沒有上學，反而學習烹飪，並被安排嫁給養父母的兒子阿漢。但她不滿意這個婚姻，幾年後，在一九七〇年代末期，她逃到臺北，經一位鄰居介紹，與珍的家庭搭上線，從此留在劉家。現在阿梅準備退休了。她快七十歲了，身材像一顆大梨子，味覺也失靈了。我聽阿姨們說，最近她燉的湯鹹到好笑的地步。目前她準備搬到南部，她已用她的積蓄在那裡買了地（她也做到送她的兩個孩子念醫學院）。聽到阿梅的傳記，我感覺任重道遠。這不只是某個我玩票的實驗，因為阿梅的遺緒在我手上。

不過，這個重擔在每天清晨六點我和阿梅會合時消失得無影無蹤，我們一起去菜市場，一個潮濕、實在的底層社會。在那裡，男人揮舞著噴火槍燒去豬腳上的毛，紫色、一碼長的乾魷魚泡在塑膠水桶中恢復原狀。我愛菜市場，雖然阿梅和我幾乎不能溝通，我知道她看得出來。當她向熟識的肉販和菜販解釋我何以在場時，沙啞的聲音夾著咯咯笑聲，當她回頭看我時，眼睛閃著笑意——沒錯，笑意！

七點半，我們打道回府，兩手拎著大大小小的塑膠袋，裝滿豬肉和雞、嫩筍尖和青葉菜、幾塊豆腐和幾把青蔥。然後，快速吃完早餐的煎蛋餅和新鮮豆漿後，我倒回床上，錯過阿梅的一切準備工夫：洗、切、造型。到了十一點，她會搖醒我，帶我進她的廚房，一個面積很小、鋪磁磚的空間，有兩口瓦斯爐、一個水槽和一臺冰箱。當她組合著一道接一道菜，炸紅糟豬排、麻油雞、花生燉豬腳等，我在一旁記筆記，驚嘆她熟能生巧的效率。二十分鐘左右，端出五道菜的午餐。我真想看看她能用葡萄牙臘腸和一些蛤蜊變出什麼花樣！

下午，我會休息，或搭捷運穿越城市去向一位私人教師學中文。傍晚，我和朋友會面——珍的同學或這些年我在臺灣認識的各式各樣的人。經常陪我的是珍的表弟 Vince，身高六呎的牙科醫生，他熱愛食物的程度和我不相上下。他找到一家餐廳賣日本讚岐之外最道地的烏龍麵，他對他的家庭濃縮咖啡機的關注到了癡迷的地步，像舊金山的專業咖啡師一般，對各種咖啡豆和烘焙法如數家珍。

實際上，他給予我幾乎同等的關注。我們經常外出，吃香辣牛肉麵，吃臺灣傳統小吃滷肉飯，或逛這個城市的諸多夜市。雖然他通常是我在這個城市、他的家鄉的嚮導，但我從不覺得自己受到監護，如客人一般，反而被欣然接納，這是我始料未及的。我憑什麼贏得 Vince 的善意？我們只不過每兩年見一次面，但我們的互動有一種出乎意料的輕鬆自在。一天在品咖啡之際，我問他為什麼選 Vince 這個英文名，因為他的中文名「宇文」很容易譯成 Ewan，如伊旺．麥奎格（Ewan MacGregor）。他的反應是誇張的、小丑似的用手捂臉，一副悔恨莫及的樣子；他說，他沒有想到，再說，從前誰也沒聽過伊旺．麥奎格。那是一個微小時刻，一閃即逝的輕度幽默，但和史蒂夫在一起時總是很難出現——我的問題總是被解讀成（也許是故意的）批評，而非詢問。所以，這就是兄友弟恭應有的樣子？

同時，我在 Vince 身上看到一種哀愁。不是寂寞，不完全是——他在臺北有他自己的朋友，當然。但我感到某種悵惘，鑑賞咖啡和搜尋麵條只填補了一部分的空虛。珍指出，她這一代一起長大的表兄弟姐妹中，Vince 幾乎是最後一個仍住在臺灣的。他曾申請美國研究所獎學金，但至今運氣不佳。因此，也許我的出現對他來說代表某個意義，是他與這個小島外的世界的新聯繫，何況還有親戚關係——一個新的同輩。

問題是，我根本不確定我在家族中的位置，Vince 的接納令我緊張。我該如何反應？在臺北一個大型夜市，饒河街夜市，一端有一座金碧輝煌的廟宇，聚集了一些我最喜歡的攤販（哦，那個豬血糕！），我終於鼓起勇氣問 Vince 那個我超想問的問題。

我們在排隊買胡椒餅，一種麵粉做的包子，裡面塞滿甜豬絞肉和很多黑胡椒，在看起來像印度泥窯的爐子裡烤。等候時間很長，至少三十分鐘，但當我們向前緩緩移動時，Vince 看起來很有耐心，也很快樂。我知道，這是好時機。

「Vince，」我說，「我可以問你嗎？家人對我有什麼看法？」

他疑惑地低頭看我，彷彿在思索這是什麼鬼扯或嚴肅的問題。「喔，」他終於開口說話，謹慎地選擇他的用詞，「你只是……家庭一分子。」

家庭一分子？我知道 Vince 的意思，我已經進來了，家庭已經接納我了，不需要做更多了，不會有重大時刻等著我。這趟旅行結束時，沒有回報，沒有擁抱，沒有表面平靜、內心激動的時刻，珍的母親不會兩眼含淚感謝我的努力，珍的父親不會道歉他曾考慮在我的腦袋上開刀，讓我放棄他的女兒。只有 Vince 的話——我在臺灣所能達到的唯一高潮。現在無事可做，除了坐在廟前臺階，在石雕龍的守護下，一起吃甜甜、辣辣的胡椒餅。

爆炸的蘋果西打——我們兄弟究竟有什麼毛病？

鄉下的冷和城裡的冷不同。城裡的冷起初令人振奮，過幾分鐘提醒你，你被建築所包圍——有暖氣的建築，擋風的建築，你可以脫掉厚手套、假毛皮帽子和盔甲似的夾克，暴露你細嫩的皮膚於空氣中的建築。城市的冷可以應付，但鮮少受歡迎。

鄉下的冷鼓舞精神。當你在冰雪覆蓋的大地跨步前進，吸入冷凍的空氣到你肺中，你在一個呼天不應、叫地不靈的世界。你一無所恃，貼在你身上吸走潮氣的層層布料，是你此刻唯一的建築。冷提醒你，你還活著，你必須盡一切力量維持這個狀態。

至少，這是史蒂夫和我在蒙特婁城外一、兩個小時車程的洛朗山區（Laurentian Mountains）穿上雪鞋出發時，我腦中閃過的念頭。豬肉、鴨肉、啤酒、紅酒固然美味，但這條路才是我吃它們的原因，為了禦寒和提供體力，以便在凍硬的雪地長途跋涉，走完威爾大衛村（Val-David）的十九哩登山步道。

「不害臊地快樂」是史蒂夫描述我情緒的用詞，他說得對。在戶外，我感受到整個星期不曾有過的解放，彷彿城市以它的種種複雜性和選擇禁閉了我。在蒙特婁，我是旅遊專家，知道如何尋找最好的餐館和最趣怪的社區，能夠為我們每一分鐘的快樂負責。在那裡我是我弟弟的守護者。現在再也沒有選擇要做——也許除了右轉或左轉，但前進是預設方向，深入

松林和積雪，在那裡我們的共同努力也許能一勞永逸地鞏固我們的感情。

有一陣子，我們與其他人分享步道。小孩子圍著一棟有暖氣的小屋蹦蹦跳跳，情侶在冰牆旁邊看地圖。但走了三十分鐘後，人群消失。碎木屑灑在一棵粗樹幹周圍的雪上，是啄木鳥到此一遊的證據。山雀的啁啾在白色和灰色的空曠中共鳴。我們前進再前進，當我們因用力而開始冒汗時，我們脫掉外套和圍巾，讓清新、冰冷的空氣撲上皮膚。在一張野餐桌，史蒂夫和我停下來吃午餐：野豬肉香腸，清淡細緻的羊乳酪，從威爾大衛村麵包店買來的新鮮麵包，還有，最重要的，一瓶美味的魁北克蘋果西打。找西打費了一番工夫。我們昨晚買的，經過漫長的搜尋，跑遍洛朗山區幾個小鎮，貨色齊全的酒舖出乎意料地難覓。此事令人不解，這種西打是本地特產，難道不該到處都賣嗎？最後我們終於找到一家大型紅酒坊，我挑選了這瓶。現在我們，葛羅斯兄弟，終於坐在這裡，吃我們的典型盛宴，用一瓶上好的飲料助興。我直接對著瓶口喝一大口。帶水果香但微酸，有硬而小的泡沫。完美。

我把瓶子遞給史蒂夫，他禮貌地啜一小口，但僅此而已。剩下的都是你的，他說。我不大喜歡西打。

那一刻我胸中湧起的怒氣幾乎要爆炸。為什麼？為什麼你昨晚不說？你有什麼毛病？我一定已開始氣急敗壞地結巴起來，一幅圖像閃過我腦際：西打瓶子倒立，飲料像橘子蘇打瀑布順著史蒂夫的頭流下。但是，我勉強控制住自己。我再喝一大口西打，並問我自己：**你有**

什麼毛病？此時此地史蒂夫和我擁有寒冷、寧靜、樹木和彼此，以及一桌豐盛的野餐，而我卻不能享受其中任何一樣，只因為我不允許自己。或不如說，因為我太急切地關心史蒂夫感覺如何、他喜歡什麼，以及我們怎麼會陷入困境。他不想要或需要這樣的關注，我恨自己感覺非給他這樣的關注不可。所以，深呼吸一口冷空氣，並發揮我最大的意志力（也許再喝一大口或三口西打）之後，我改變主意。我決定不再在乎，這個世界太美麗，不值得為這麼瑣碎的小事煩心，並藉著不在乎，顯示我多麼在乎。

我們收拾東西，繼續穿越樹林前進，而且我不在乎。我感覺身輕如燕。當史蒂夫碰到一對帶了三隻狗的情侶，像小女生似地對狗呢呢噥噥，我隨他去。當他對那對情侶說法語，對方顯然是英語系的人，我一句話都沒說，只是微笑。如果他高興，我也能高興。

我們繼續前進，我們的雪鞋嘎吱嘎吱踩出節奏，我突然聽出來了。那是保羅·賽門的歌，出自《*Graceland*》專輯，我父母多年來在陸路旅行中放個不停的唱片。我向史蒂夫指出此事，我們在寂靜的樹林中合唱：

我知道我所知道的
我將唱我所說的
我們來來去去

有一件事我藏
在記憶深處

我們悽慘因為我們是家人

北迴歸線將臺灣島整整齊齊地切成兩半。北邊，是連綿不斷的稠密都市結構——港口、工廠、住宅，以及臺中和臺北的商業區。南邊，巧合地，這個島嶼開始感覺像真正的熱帶，空氣溫暖而潮濕，山岳和海洋近在咫尺。

臺灣南部不單單風景優美，它是珍的母親的家族幾代以前的發源地，當我們開車經過這一區時，我們沿途拜訪仍住在這裡的親戚。一個親戚從他自己的樹上摘來蓮霧和木瓜給我們吃。在另一個村莊，一條小支路引導我們到一棟大豪宅，座落在修剪整齊的草坪上，那是另一個八竿子打不著的遠親的家，他在臺灣前總統陳水扁時代擔任法務部調查局長；和陳水扁一樣，也因貪汙罪入獄。儘管如此，我們仍像主人翁似的，大剌剌地穿過整齊的草地，隔著窗子探頭看室內。我們可以這樣做——我們是自家人，不是嗎？

在第三個村子，我們停在戴氏家廟，戴家是珍的另一個祖先。廟整齊樸素，比較像一所兩間教室的小學，不像正式寺廟。當珍的家人和管理員聊天時，我翻閱戴氏年鑑，一本記載

（中英對照）戴家在世界各地親戚的目錄，還有照片和聯絡資料。我意識到，這些也是我的親戚，連結之廣大深遠令我震撼。葛羅斯家族很小：我沒有姑姑，只有一個無子女的叔叔，沒有在世的祖父母，沒有表親，沒有一代接一代開枝散葉的大家庭。媽媽、爸爸、史蒂夫、妮爾和我是全部，雖然蓋瑞叔叔和他的歷任妻子及男友稍稍壯大我們一點點，但葛羅斯幫仍然人少勢寡。

不再如此。我知道，我現在屬於一個更大的世界，也許有一天我會在旅行中遇到一個姓戴或姓劉或姓陳的人，和我一樣可以追溯他或她的家系到哪個南臺灣村莊，或回溯到中國大陸，或遠至加拿大，或布魯克林。如 Vince 所言，我是家人——我們每個人都是。

這是令人抓狂之處。因為這個家庭周遊南臺灣之旅完全不考慮我們之中最小的成員莎夏，她極不開心，因此珍和我也開心不起來。時差戰勝一切。我幾乎不能保持清醒，也不能入睡，當然也不能享受這趟旅行，儘管我想去南部想了很多年。我們似乎不停移動，午餐和休息站總是來得太遲；對一個習慣中午十二點吃飯的小娃兒來說，一點半才吃午餐簡直是酷刑（通常此時她早已進入夢鄉，進行兩小時的午睡），尤其當她還沒有機會消耗累積一上午的精力時。最後一天可能是最糟糕的。那天上午的休旅車行程長之又長，莎夏煩躁不安，飢餓加上得不到休息的恐怖組合，隨時可能全面沸騰——爆炸！我們唯一能讓她安靜的辦法是餵她棒棒糖和硬糖果，直到我們終於抵達高雄市，在河濱公園下車伸腿，看被棒棒糖充飽電的莎夏足足跑了半哩路停不下來。

我想知道，我們——莎夏和我——被家庭接納的跡象在哪裡？誰關心我們的舒適和精神健全？我們曾被熱情歡迎回臺灣，但現在我們被視為理所當然。

哦。有了。就是這個，這是我知道我們被接納的證據。當你，你的人格，你的歷史，你存在的事實，終於被視為理所當然，甚至被忽視時，你就真正找到你在家庭的位置。當無人注意你來來去去，當他們不再覺得須為你的快樂負責，當他們停止問你要不要毛巾或想不想喝咖啡，就是他們把你當作自己人之時。我們是家人，我們悽慘，我們悽慘因為我們是家人。

兩天後，我們回到臺北，再度舒服地在自家房子裡安頓下來。莎夏熱情地和她的三歲表姐玩，毫無畏懼地牽她外公、外婆的手，街上路人評論莎夏的頭髮多麼鬈，問我們是否幫她燙過（天哪！沒有），阿梅燒神奇的午餐，珍和我獲得一點睡眠。不夠，永遠不夠，但多少有一點，我猜，有這一點就夠了。

我們吵架因為我們太在乎

一天在蒙特婁，史蒂夫和我搭地鐵到奧林匹克體育館，然後走幾個不可愛的街廓，到胡奇拉哥街上一棟貌不驚人、有玻璃鏡面窗子的一層樓建築。這地方叫做「公主」（Les Princesses），全蒙特婁最有名的「性感餐廳」。這是一家上空簡餐廳。這是我們的目的地。

早在我計畫遊蒙特婁之前，我已耳聞這家上空簡餐廳：簡餐廳！你可以點煎蛋的地方！由露兩點的女人為你端來！我雖然不是脫衣舞俱樂部的常客，但這似乎是蒙特婁特有的古怪制度，代表這個城市的勞動階級品味，以及它的法國化放蕩藉口，我非得去見識一家不可，也許兩家，但不超過三家（好吧，最多五家）。

但當我告訴我的蒙特婁朋友史黛西這個計畫時，她揭露「上空簡餐廳」這個英文詞彙並不足以……呃……描述事實。她說，那裡的女服務生會一絲不掛，餐廳四處的電視會播放真刀實槍的色情片。這些性感餐廳是玩真的。

當史蒂夫和我鼓起勇氣推門進入公主餐廳時，我們驚呆了。女服務生……穿比基尼？電視在播……地方新聞？我們走錯地方了嗎？我們坐下，一個戴肚臍環的漂亮女人接受我們點餐：黑咖啡、燻肉、炸薯條。悶極了。

幾星期後，我才知道究竟是怎麼回事。二〇〇九年十二月，市政府控告公主餐廳，說它在禁止色情業的土地使用分區上經營色情行業。公主則宣稱它是餐廳（別管裸體和色情片），因此勝訴，但繼而在市府上訴後敗訴。從此以後，蒙特婁的性感餐廳女侍都穿上泳裝，使餐廳感覺更絕望和低俗。

儘管如此，我們仍然失望。沒有裸體，東西又難吃透頂。我們走出餐廳進入冷空氣，向地鐵站走去。

過了一會兒，史蒂夫開口了。「我知道你是大哥、大哥罩小弟等等，」他說，「你想給我性教育。但這就是**全部**嗎？」

這就是全部——但不同的全部。他的評語如此完美，如此平衡地介於喜劇和溫和批判之間，使我當下知道我們的關係可以改善——我必須告訴史蒂夫一個祕密。真的，那個大祕密是我生命中極少、極少不可告人（包括你，親愛的讀者）的細節之一。

但怎麼做，何時做？沒有一個時機感覺恰當——我當然不能在那裡，在公主餐廳外面冷漠無情的荒地上說任何事。因此我拖延，一拖再拖，直到我們在蒙特婁共度的最後一夜降臨。我在 La Club Chasse et Pêche（一間狩獵釣魚俱樂部）訂了位，那是一家豪華、舒適的餐廳，位於該城的老區。它似乎適合親密的感情交流：私密、昏暗、令人耳目一新的老派。但從我們點的雞尾酒——史蒂夫的側車（Sidecar）和我的尼格龍尼（Negroni）——端來的那一刻起，餐食就不斷製造障礙。生蠔、生牛肉、鯉子、北極紅點鮭魚、焦煎小牛肉——每一道新上來的菜都讓我們滿嘴歡樂，阻止我說我必須說的話。因為萬一我失敗怎麼辦？萬一我揭露的真相刺傷史蒂夫，毀了晚餐怎麼辦？因此我克制亢奮的舌頭，一路吃到冰淇淋完結，然後我們東倒西歪地步出餐廳，再度進入冷空氣，尋找計程車載我們去商業區的蘇打俱樂部，我已買好票去那裡聽一位法籍摩洛哥人獨立流行音樂歌手。

我們到得太晚。抵達劇場時，最後一輪掌聲已稀稀落落，觀眾開始從我們旁邊魚貫出去。史蒂夫和我聳聳肩。算了。我們再度走回零下的街頭，尋找適當的酒吧，找不到適當酒吧，我們有一搭沒一搭地聊著不重要的話題。

我們知道，今夜已結束，我們的蒙特婁探險也到了曲終人散時。我們攔下另一部計程車，在回旅館的路上，幾乎沒有意識到我在做什麼，我開始告訴史蒂夫一切：自從幾乎二十年前他背叛我，向父母洩漏我交第一個女朋友的祕密，我就無法信任他，但現在我想信任他，並認為也許我終於能信任他了。**背叛？**原來史蒂夫根本不記得這件事了。他為什麼應該記得？那時他只是小孩子。我也是。但老天保佑，我們都不再是了。

於是我告訴他我的祕密。

當我說完，他看著我，開始微笑。然後他說，「沒關係。」

你是觀光客，還是旅行者？

一個很難回答的問題

對觀光客來說，旅行是你在假期做的事。
對旅行者來說，人生的意義在旅行。

「嗨！」一天深夜在突尼斯郊區一個戶外串燒烤雞攤，一個男人向我的桌子走來。我剛用手指撕開脆皮雞腿，將肉浸在哈里薩辣醬和橄欖油中，我抬頭看他，手上仍黏著雞肉碎屑。他四十五歲上下，穿著整齊，蓄著幽靈般的銀色鬍鬚。

「我們彼此認識，」他說。「在沙烏地阿拉伯。十年前。」

我楞住了，不知如何回答。我十年前去過沙烏地阿拉伯？這是間諜密碼嗎？為什麼他對我說英語，而不是法語？最後，我終於用另一個問題回答他：「你認為我是誰？」

這個問題我大可問我自己。對這個他說他叫做卡梅爾的男人來說，我是塔雷克，一個本名湯姆的英國人，十年前他在沙烏地阿拉伯吉達港交的朋友。有一剎那，這似乎是真的。也許我**曾是**塔雷克／湯姆。我的突尼西亞之行如此振奮，如此困惑、匆忙、散亂和快樂，使我不再感覺是麥特．葛羅斯，那個幾天前才盲目搭機來到北非地中海岸中部的人。

麥特．葛羅斯降落在這個四百萬人的大都會，將行李寄放在突尼斯火車站置物櫃，一頭鑽進市中心的麥地那（medina）之後不久就消失了，麥地那是一個米色和白色的迷宮，由高牆林立的巷道、殘破拱門、袖珍清真寺、自發市場及隱密宮殿構成，已被聯合國教科文組織列為世界文化遺產。在麥地那頭幾個小時的記憶殘缺不全：一杯（或三杯？）冰涼的街角檸檬汁（比柳橙汁普遍，令麥特意外）；遇見阿里，一個蓄鬚、暴牙、穿鮮豔襯衫的男子，他在一座皇家陵墓發現麥特後，就亦步亦趨跟著他當私人導遊；找到便宜的出租房間，在一所已歇業的博物館頂樓，那地方專門收藏灰塵覆蓋的陶器和十九世紀服飾，與西西里有某種隱晦關係。

但毫無疑問，到了下午，麥特已變成另一人——其他人認為他是誰就是誰。陌生人會問，他在突尼西亞住了多久？計程車司機問，他的研究進行順利嗎？假設滋生假設。導遊阿里顯然認為麥修會對一條娼妓聚集的麥地那巷子感興趣，他說，那裡的女人「脋不貴」。麥修通常不好意思糾正他們（雖然他避開那條巷子；他畢竟從柬埔寨學到**某些東西**）。相反地，他讓假設層層堆疊，他是他們所說的一切，在同一時間。

你認為我是誰

不，完全錯了。我沒有變成「另一人」，至少我在突尼斯的四天並非一貫如此，不足以構成任何敘事意義，透過該主題去看我的所見所聞——雖然突尼西亞本身的多重認同值得探究。

三千年前，突尼西亞突出地中海的乾旱角落原本住著柏柏爾人（Berbers）和圖瓦雷克人（Touaregs），他們是西北非的游牧民族，但在西元前八百年，一艘船從如今屬於黎巴嫩的提爾城（Tyr）開來，載來腓尼基女王伊麗莎（Elissa），亦稱狄多（Dido）。她在她弟弟腓尼基國王殺死她的丈夫，也就是她的叔叔之後，率眾逃離家鄉。她為她的子民取得的土地（透過狡猾的不動產交易，涉及將一張牛皮裁成無數小片）變成傳奇的迦太基王國，一個延續幾百年的文明避難所。直到漢尼拔（General Hannibal）將軍率軍攻打羅馬帝國，迦太基才被徹底摧毀，它的土地鹽化，人民遭到屠殺和奴役，國家被殖民。到了公元第四世紀，迦太基仍存在，但陷入墮落、頹廢狀態，變成一只「烹煮邪情惡慾的大鍋」，如聖奧古斯丁（St. Augustine）在《懺悔錄》（*Confessions*）中描述的。

之後，阿拉伯人來了，各行各業的義大利人也來了，接著是法國人，有一小段時間德國人也來參一腳，然後是美國人和英國人。自從二次大戰，他們全都走了，留下阿拉伯—法國—柏柏爾—圖瓦雷克—迦太基後裔，如今可以隨意挑選祖先來承認。

其中一個驕傲的、自我認定的迦太基人是阿貝德拉西茲．貝爾克侯加（Abdelaziz Belkhodja），我透過小世界社群網站找到的小說家和業餘歷史學家，並約好在我抵達突尼斯的第一個下午見面。鬈髮、粉紅皮膚的阿貝德拉西茲沈迷於古迦太基，當我們在充滿藍色門窗白色粉牆房子的濱海郊區西迪布薩伊德村（Sidi Bou Saïd）的山頂咖啡館 Café des Nattes 喝咖啡時，他告訴我他如何挖掘迦太基的傳奇故事和英雄人物來寫他的驚悚小說，這些小說顯然為他博得了突尼西亞的《達文西密碼》（*The Da Vinci Code*）丹．布朗（Dan Brown）之名。然後我們爬進他的賓士，開車經過古迦太基海港，如今是富裕的郊區。迦太基是阿貝德拉西茲的至愛——他笑著說，很可能是他至今未婚的原因。

那天和次日，我跟阿貝德拉西茲一起混，與五星級精品旅館的老闆及前國家足球英雄會面，同他的朋友在現代主義風格的公寓喝紅酒，與他共赴迷人女性朋友的午餐約會，其中一人挑逗地問，嘿紐約客，你覺得突尼西亞女人（les tunisiennes）怎麼樣？呃，「令人意亂情迷」的法文怎麼說（我弟在哪？當我需要他時）？

撇開任務，我不過就是個觀光客

不錯，這個題材似乎大有可為：一個懷古卻似乎體現現代突尼西亞的趣怪「迦太基人」。他要把我帶到哪裡去？我們一起幹了什麼奇怪的冒險活動？唉，問題是……幾天之後，我與阿貝德拉西茲的關係無疾而終。突然間，他變成難以聯絡，我發簡訊，但無回音。我不確定他是否在躲我——我的法文真的**那麼**差嗎？我應該說一些妙語來回答 les tunisiennes 的問題嗎？或他只是在忙其他事情，但沒有一個本地聯絡人，我感覺不踏實。我發電子郵件給小世界的其他會員，沒有回音。我考慮沙發衝浪網站，但幾十個突尼西亞會員的陣仗讓我不知所措。我該聯絡哪一個？

無計可施，我轉向推特，希望懇求建議或認識新朋友，但推特竟被封鎖了。噢，想起來了：突尼西亞，儘管美麗和悠閒，也是一個警察國家，被總統班阿里統治了二十七年，他的臉從遍布突尼斯的廣告看板上盯著底下百姓。

「我敢說這些年來他一根頭髮都沒變白，」當我們開車經過一個看板時，我對阿貝德拉西茲說。

「相反地，」他說，「變更黑！」

所以，政治？倘若我知道六個月內，一個突尼西亞小鎮的菜販會引火自焚，掀起整個區域的革命（及準革命），演變成「阿拉伯之春」，我會挖得更深，找出被迫害的部落客，揭露這個度假天堂醜陋卻真實的內情。我會有一些嚴肅話題和阿貝德拉西茲討論，他在革命後變成該國共和黨主席，這個黨的主張與美國式的反聯邦主義無關，而是政教分離和自由市場。有回在我們的午餐約會中，他和他的金髮朋友數街上包頭巾的女人有幾個。只有三個，但三個對他來說已太多，他說，與幾年前相比，這是一個顯著變化。

但我只在這裡停留四天，能對突尼西亞複雜的政治瞭解多深？《遠方》雜誌只給我這篇文章一千字的篇幅，連描述環境和鋪陳一、兩個有意義的場景都不夠，遑論討論突尼西亞勞動階級在經濟衰退中的困境，或伊斯蘭主義派系的壓迫和潛在崛起，或任何名義上世俗國家在更廣大中東地區的岌岌可危處境，尤其是我未必能找到阿貝德拉西茲與我會面，他是我在當地涉入政治最深的聯絡人。

任何性質的深度感覺都不可企及。沒有適當任務，我感覺精神渙散和漂泊不定——部分因為我實際上漂泊不定。在突尼斯市區古怪的前博物館度過第一夜後，我搬到西迪布薩伊德村一家叫做 Bou Fares 的可愛小旅館，這表示如果我想去村外任何地方，就必須攔計程車或等候通勤火車。我做了很多通勤，似乎總有某個地方要去，如迦太基國家博物館，或麥地那一家賣羊頭的餐館，或另一個郊區的室內設計精品店。

當然，通勤本身也有樂趣。與計程車司機的談話很逗。其中一位聽到我家的烹飪工作大多都是我做時，失望得不得了，他說，那是女人的工作，堅持我應該娶一個穆斯林老婆，或者四個，一個燒飯，一個打掃，一個懷孕，最後一個用來睡覺，直到她懷孕，然後她們全部輪調職務。

「你有幾個老婆？」我問。

一個都沒有，他說，然後補充：「所有突尼西亞女人都是我老婆！除了我媽和我妹。但其他所有人都是我的婊子！」

我愛這段對話，這個發生在突尼斯到西迪布薩伊德村路上的怪誕插曲。但我告訴自己，它只是插曲，它不重要，它不算數，當然不能跟我下計程車後會發生的事情相提並論。我常遐想，也許我應該直奔沙漠，去找《星際大戰》的天行者路克在泰塔溫鎮附近的老家。那起碼可以給我若干敘事結構，去懸掛我對突尼西亞生活的觀察。但在這裡過渡（我似乎總是處於過渡階段），僅能看到事情的表面。我該如何將這些浮光掠影編織成一篇對我的編輯、我的讀者和我自己有意義的故事？如果我不能，唉，那我只不過是個該死的觀光客。

傻乎乎觀光客vs.自大狂旅行者，你選哪一邊？

就我記憶所及，我一向討厭觀光客。青少年時期住在維吉尼亞州威廉斯堡，我到處看到他們，在殖民地公園道上慢速移動，成群結隊、穿著蹩腳地逛格洛斯特公爵街（Duke of Gloucester Street，我們本地人口中的Dog街）。他們無所不在，老是擋我的路，蠢到不行。我們叫他們觀光白癡（tourons），觀光客和白癡的混合體。我們討厭他們，最主要是因為我們依賴他們。這個城靠觀光業維生——殖民地威廉斯堡、布希遊樂場、水世界。觀光客睡在威廉斯堡的旅館，吃在威廉斯堡的餐廳，從塔可鐘連鎖速食店、史蒂夫媽媽鬆餅屋到擺派頭講排場的館子，如Trellis。

因為這個城靠觀光業維生，它（我們覺得）不顧自己的居民。一九八〇年代和一九九〇年代初，身為威廉斯堡手上握有大把時間的青少年，很無聊，而且對無聊感到無聊。我們能去哪裡？我們能做什麼？沒有咖啡屋，沒有中央公園，沒有青少年活動中心，沒有電玩店，沒有一樣東西能讓城裡的年輕人感覺他們在任何性質的公共空間受歡迎。當然，我們有圖書館，後來也有二十四小時營業的丹尼餐廳。但通常我們在狗街旁邊，靠近威廉斯堡戲院（好吧，我們也有一家藝術電影院）的小巷鬼混，嘲笑渾然不覺從我們旁邊走過的觀光白癡。除此之外，我們能做什麼？他們花的錢，以明顯和不怎麼明顯的方式，涓滴流到我們父母手中。沒有他們，就沒有我們。因此我們更討厭他們。

然而，幾年內，我降落越南——用觀光簽證。啐。是可忍孰不可忍。我不是觀光客。我來這裡是要深入和久居，要融入越南文化，要瞭解和適應和證明我不只是一個來自海外的凱子。至於如何達到目的，我不知道，但我調查我日後稱之為家的鄰里——以范五老街為中心的雜亂地帶，我知道我不會變成什麼：背包客。他們穿著邋遢，四處流動，用香蕉煎餅裹腹，遵守寂寞星球認可的旅遊路線，我可以感覺到，他們幾乎和威廉斯堡的觀光白癡一樣矬。雖然我們可能都在現代啟示錄、菩提樹、西貢小館混，但我們顯然不是同一等級的越南訪客，至少對我而言。

可是，一天下午在西貢小館，戴夫．丹尼爾森——給我在越南第一份正式教書工作的美國人——讓我注意到第三種訪客，我以前完全不知道的一種存在。他坐在塑膠椅上，挺直腰桿，模仿德國口音說：「我有一本護照，我有一張 Visa 卡，」他說，聽起來比較像模仿秀裡的阿諾．史瓦辛格（Arnold Alois Schwarzenegger），而不像阿諾本尊。「我不是觀光客——我是**旅行者**。」

多年之後我聽過幾十次這個區分。亦即，旅行者不是觀光客。旅行者更聰明、更精明、更靈活且不受行程約束，更願意離開熱門路線，更不在乎是否獲得正確經驗和看到重要景點，更喜歡與當地人接觸甚於買紀念品。對旅行者來說，人生的意義在旅行。對觀光客來說，旅行是你在假期做的事。

如果旅行者—觀光客二分法首次出現在我眼前，我可能立刻報名參加旅行者那一邊。它相當接近我對自己的看法：通常沒興趣收集著名景點，渴望奇特經驗，喜歡認識新人，願意忍受不只一點點不舒適。與觀光白癡（甚至背包客）不同，其他旅行者和我會以更充分、更好、更有意義的方式去認識世界。

但戴夫的模仿秀永遠打消了我毫不遲疑自命為旅行者的可能性。他的表演清楚顯示，旅行者是一群自大狂，自認為比其他人優越得多，除了愛吹噓自己更深刻、更真誠的旅行經驗，也不停互相較勁，用武斷的純正度去判斷彼此。他們簡直比觀光客還討人厭，因為觀光客至少知道自己的位置，而且反正他們多半不會跟你說話。但旅行者不同，旅行者想知道你去過哪裡，你有沒有找到那家神祕的麵店，或遇到山中那位瘋癲的、會說多種語言的和尚，或在秘魯喝過死藤水（ayahuasca）（「**真的**死藤水耶，老兄」），因為如果你沒有，那麼，你等於根本沒去過那裡。

當然，我拒絕選邊站意味我比旅行者和觀光客兩者都優越。我不追隨任何模式，我可以自行決定我是哪種，嗯，旅行者；我會在我的護照上蓋哪些，呃，觀光簽證。

當真正的探險就在眼前，艾菲爾鐵塔？誰理它！

但我究竟要當哪種旅行者？在越南及其他任何我可能去的地方，我到底想做什麼？

我不知道，我也懷疑我曾這麼明確地思考過這個問題。相反地，我忙著找工作和賺錢，而且花在謀生上的工夫超乎一切，形塑我對旅行的態度。身為待遇菲薄的英語教師，或鬻文維生的作家和編輯，我沒有多少時間去探索越南。當背包客、觀光客和旅行者無分軒輊都去參觀法越和美越戰爭的戰場時，我騎著我的七十西西摩托車去教書。當他們乘遊艇或滑獨木舟遊覽下龍灣瑰麗的石灰岩島嶼時，我在《越南新聞》修改爆笑的錯別字。

我的生活並非只有工作、沒有娛樂，但與其將星期天花在頭頓（Vung Tau）或藩切（Phan Thiet）的海灘度假村，我的朋友和我反而直奔公路，前往胡志明市第一個溜冰場消磨一下午，這地方雖然才開幕，一群本地青少年已經能像新英格蘭大專預科生一般旋轉和滑行自如。我也許去過美國戰爭罪行博物館和古芝地道，但那些遊覽發生在我初到越南之時，隨著我在胡志明市雕刻出一塊屬於我自己的生活，這類「吸引觀光客」的景點對我越來越不具吸引力。不是因為它們是觀光客愛去的地方，而是因為我有其他更重要的事情要做。

在離開越南後的十五年，我常後悔當初將自己的舒適生活看得比認真探索一個新國家重要，雖然不是故意的。是的，我可以告訴別人我在越南住過一年，但如果人家問我湄公河三角洲的稻田或中央高地的咖啡生產，我只能聳肩。如果他們想知道沙壩（Sapa），一個以服飾鮮豔的少數民族聞名的北方城鎮，是否值得一遊，我能根據我讀過的資料和聽有識之士朋友的描述，解釋大規模觀光業已改變當地的部落傳統，變成在公開劇場演出的賺錢儀式——當然，那只是我讀到和聽到的。我也許熟悉河內的三十六古街，卻從未看過胡伯伯的防腐遺體展示在他的陵寢。

更悲哀的是，我沒學會越南話。自從我放棄已註冊入學的越南話課程，幾乎完全停止進步。我東學一句、西學一句，尤其是罵人話和髒話，但四個月下來，仍不能用當地語言應付最簡單的狀況。直到二月，我去金邊採訪東南亞電影節，才恢復學越南話，因為我看到我的好友道格拉斯與旅館職員、娼妓和計程摩托車司機輕鬆地聊天，他們在越南占領柬埔寨的十年間學會了越南話。當我們回到西貢，我發誓盡可能學越南話，主要靠與露西旅館的員工談話，並請教每一個我認識的人。到了七月，我已能聽懂和回答越南人問初識者的基本問題：你叫什麼名字？你是哪國人？你幾歲？你結婚了嗎（及你有沒有小孩）？你做什麼工作？你的薪水多少？

但僅此而已。我能叫麵條，告訴計程車司機我要去哪裡，幫我的撞球夥伴加油（「Hai

qua！」），但我不能和任何人正經地談任何話題。令人沮喪的是，我的發音通常夠好，以致人們誤以為我的越語能力比實際上好。他們會嘰哩呱啦講一番話，然後停下來等我回答，我則一臉茫然地瞪著他們，羞愧地承認，我一個字都沒聽懂。

這個我喜愛的國家有太多我不知道的事情，但在某些方面，我又非常、非常瞭解。我知道如何穿越川流不息的汽車和摩托車安全過馬路。我知道如何開銀行帳戶。我知道如何敬酒（「Trăm phần trăm！」意思是百分之百，或乾杯！），當乾杯乾得太過火時，我也知道如何應付（「Năm mươi phần trăm！」百分之五十，或半杯！）。我知道去哪裡找好吃的法國鵝肝醬及何時吃河粉，當我想買一份《國際先鋒論壇報》時，我知道在范五老街一帶詢問耳聾的報攤老闆在哪裡，他總是多帶一份報紙。

最重要的，我知道如何在越南**存在**。你可以用乾坤挪移大法，現在就把我送到一個我從未聽過的村莊，我會感覺如在家中。我會分辨氣味（老椰子、燃燒的木炭、汽車排氣、茉莉花、魚露），以及本田喇叭、電子流行音樂與建築施工混合而成的不和諧交響樂，而且我不擔心我會不知道怎麼辦。我承認，宣稱我能應付一切，也許是一種非常錯誤、非常自以為是，甚至是妄自尊大的態度，但我確信我也能應付那個錯誤的後果。

不論我是否計畫如此，我的越南經驗變成我日後一切旅行的模型。其哲理：嗯，我願做任何事，不管是什麼。一九九八年我去巴黎探望珍，我們漫步，逛街買漂亮衣服，聊天。沒錯，我們確實花了一上午參觀羅浮宮，但相較於其他事物的強烈印象，我對羅浮宮的記憶根本不值一提——我記得我喜歡勝利女神像遠超過蒙娜麗莎。那些事物包括：去格勒內勒區（Grenelle）附近的市集尋寶，那裡的攤販賣堆成小山似的德國酸菜香腸醃肉，及風味清新無比的朗克種特級橄欖，此後我再也找不到；被一家野味餐廳粗魯地趕走，雖然我們已經訂位；在卡地亞現代美術基金會，我們看到令人驚嘆的展覽，展出日本服裝設計師三宅一生的前衛作品，在美術館書店，我還找到了馬利共和國攝影師馬里克·斯蒂貝（Malick Sidibé）及賽杜·凱塔（Seydou Keïta）的作品選輯，記錄他們國家奔放的後獨立時代，令我感動的是這一切勢力和民族如此隨意地交叉和重疊：美國、法國、日本、臺灣、馬利；藝術、時裝、攝影、愛情。那晚，我猜，我們意外地把自己鎖在珍的公寓外面，必須住進街尾一家便宜旅館，雖然這表示我將錯過第二天的飛機，但我欣喜若狂。當真正的探險在等著你時，艾菲爾鐵塔？先賢祠？龐畢度中心？誰理它！

觀光客的權利與義務

我是差勁的觀光客，並引以為傲。去過曼谷兩、三次後，我才在朋友的朋友命令下，去參觀金碧輝煌的皇宮（之後再也沒去過）。去過羅馬兩、三次後，我才見到古羅馬競技場

（嘆為觀止！）。在墨西哥市，珍和我甚至懶得去搞清楚墨西哥有什麼值得看的景點。相反地，我們忙著整天逛中央市場，這地方肯定在必遊名單上，但重點是我們去那裡因為**我們**想去——我們想看成堆的乾辣椒和品嘗牛鞭塔可。至少，我假設塔可裡面包的是燉牛鞭，從小販看到珍大快朵頤時忍俊不住的表情來判斷。

當然，有時適當地參觀不可避免。我第一次去印度是二〇〇三年，去參加婚禮，我的朋友珊卓和我住在新德里她的朋友家，一棟位於沙烏地阿拉伯大使館隔壁的大房子。時值十二月，新德里冷颼颼、霧濛濛、髒兮兮，有點無聊，因為珊卓和我在那場連續多日的婚禮開始前還有幾天要打發，於是決定去探險。大概是好運吧，接待我們的家庭的男主人擁有一家遊覽公司（還有進口古巴雪茄的專營權）。我們什麼都不必做，只要露面，就有一趟旅行已經為我們安排妥當。我們將乘車穿越拉賈斯坦邦（Rajasthan），參加賞虎團，最後看泰姬瑪哈陵。

拉賈斯坦邦是新德里西南邊一個乾旱但多采多姿的省分，看看無妨。我記得行程的主軸是參觀許多堡壘。這些宏偉、古老、迷人的堡壘，似乎對我們的導遊意義重大，帶我們參觀完一個又一個。但現在我知道，即使一個都沒去過，我也不會遺憾。儘管如此，如我所說的，看看無妨。

但賞虎之旅，卻讓我和珊卓大為興奮。老虎！一天清早，我們與二十名其他觀光客爬上一輛吉普車的敞篷後座，其中有印度人，也有英國人，直驅倫塔波爾國家公園（Ranthambore National Park）。我們開下顛簸不平的硬泥土路，導遊警告我們不要期待太高。一百五十平方哩的叢林只住了二十六隻老虎，他們不保證能看到。但瞧，那裡有一隻鹿！還有那裡，一隻五彩鳥！

大約此時，一個臉龐下垂、膚色泛灰、戴老土厚眼鏡的英國佬開始小聲對自己發牢騷。抱怨車上太擠，抱怨很難看到導遊指給我們看的任何東西，抱怨天氣太冷。珊卓和我開始揣測：他到底為什麼來這裡，而且孤零零一人？他看起來五十五歲上下，我們的結論是他若非死了老婆，就是離了婚，老家的朋友為了鼓舞他，說服他去遙遠的印度旅行，那裡的異國風采會讓他的生命再度充滿生氣。這個法子似乎無效。

突然間，吉普車減速至停止。我們左邊，一排稀疏的樹後面，有一大片原野，點綴著池塘和溪流。導遊手指原野，那裡，在中間，幾乎隱藏在深草中，有一隻老虎！一隻真正的老虎。我們摒住呼吸。老虎起身。牠慢吞吞地走過草原，正是老虎應有的樣子。我們全部鴉雀無聲，靜止不動，滿懷敬畏——除了英國佬，他咕噥他無法真正看到老虎。一旦他能看到，一旦他找到老虎的位置，一旦他看到老虎從容威嚴地走出樹林，走上我們前方兩百碼的道路，他用比先前清晰的聲音宣布，「像看油漆變乾。」

然後老虎消失在道路另一邊更濃密的樹林中。

此時大約上午十點，我們的導遊和司機先前擔心我們可能看不到老虎，現在面臨一個新問題。是的，我們看到老虎了，但行程還剩四小時，坦白說，倫塔波爾國家公園除了老虎沒有多少別的東西可看。鹿和五彩鳥還不錯，但當你看過老虎後，牠們就像嘗過五彩 Froot Loops 早餐麥片的小孩眼中的單色 Cheerios 麥片。

因此，有四小時要打發，有漫長的路要走，卻沒有東西可看了，司機猛踩油門。因此，接下來四小時，穿越一哩又一哩的森林，珊卓、我、悲哀的英國佬及其他所有人在吉普車後座縮成一團，忍受無止境的顛簸，在寒風中哆嗦。一個好心的印度女人把她的絲巾借給悲哀的英國佬，他把絲巾披在頭上和肩膀上保暖。他看起來有自殺傾向。

接近這趟不愉快旅程終點時，吉普車在路邊停下，好讓我們可以凝視遠方邁步行走的**第二隻**老虎，真是不可思議。然後，當牠消失時，吉普車加速開

回公園入口處，我們腰痠背痛地下車回旅館，一個簡陋、蚊蟲密布的「度假村」。在那裡，我們企圖睡覺，卻不斷被卡車行駛在一條看不見的公路上的轆轆聲吵醒，像恐龍在遠方低吼。

第二天清晨，珊卓和我逃亡了。我們本來被安排再走一趟賞虎之旅（以防萬一第一天沒看到老虎），但此計畫似乎不可取。我們衝到火車站，在那裡瞻仰「流忙（原文如此）畫廊」，一面貼著被抓到的小偷和扒手照片的牆，然後轉身觀看一群有組織的猴子犯罪集團搶走路人甲手上一袋芒果。我們終於登上一班三等火車，將我們載到阿格拉市附近某地，再從那裡搭巴士進城——去看偉大的泰姬瑪哈陵。泰姬瑪哈陵，十七世紀蒙兀兒皇帝為了紀念他的第三任妻子所建，每年有數百萬名遊客慕名而來，即使不是全世界，也是全印度最優美的建築之一。依我拙見，十分對稱。真

的，這差不多是我對它的全部看法。泰姬瑪哈陵固然美麗又激勵人心，但它執著於對稱的完美主義不能引起我共鳴。我要瑕疵，我要怪癖，我要人味。相反地，我們的導遊強調它的完美，它的嚴謹，它的神聖。對我來說，這些特質枯燥乏味。

泰姬瑪哈陵，以及我們在印度的大部分觀光行程，有一個令我不悅的共通點，那就是圍繞著它的「義務感」。如果你在北印度，你會感覺到「被期待」，甚至幾乎是「被命令」，一定要去那裡。如果不看泰姬瑪哈陵、堡壘、老虎，你幹麼來北印度？

我雖瞭解背後理由，但仍對這種期待惱火。為什麼我應該花我的時間和金錢看我不感興趣的東西和地方，尤其有這麼多被忽略的其他經驗在向我招手？看完泰姬瑪哈陵，珊卓和我必須設法消磨一下午，我有一個點子。我在城裡到處看到一種用絢麗螢光色彩畫成的海報，宣傳馬戲團來了。我們一定要去！

我們去了。那晚，在我們朋友父親公司雇的導遊陪伴下，我們看小丑說印度話笑話，摩托車騎士在鏤空的球體中頭上腳下騎車，還有訓練不足的雜耍團跳躍、翻觔斗、跌倒，然後爬起來再做一次。短暫平靜後，一隻河馬從簾子後面出來。在馴獸師牽引下，蹣跚繞場一周，張開山洞般的大嘴，馴獸師往裡面扔一顆高麗菜。然後牠又蹣跚走回簾子後面。

妙極了！誠然，這不是巴納姆貝利馬戲團（Barnum & Bailey），但表演者以有限的資源和才華，在馬戲團絕無可能和泰姬競爭大眾注意力的城市，賣力演出一場秀。那晚無人歡笑或向任何表演喝采，連觀眾中的小孩子都無反應。我始終不明白為什麼。但我知道珊卓和我笑得最大聲，喝采得最賣力，以彌補觀眾的冷漠，而且我祈禱，下次我再來阿格拉時馬戲團還在城裡。但蒙兀兒陵寢？呃……看過一個泰姬，等於看過所有瑪哈。

做你喜歡的事，無論那是哪

我肯定不是唯一感覺被參觀景點的必要性所困住或威脅的旅行者。但我至少有選擇——我可以脫身，去做我想做的任何事。

但不是人人都知道他們可以這麼做。二〇〇八年，美國最著名的學者之一史丹利．費許（Stanley Fish）在《紐約時報》網站上發表一篇評論文章，宣稱自己是「差勁的旅行者」。他解釋，最近幾次去英國、愛爾蘭和紐西蘭旅行，他參觀博物館、修道院和石器時代遺址，突然感到壓力，他稱之為「策略性倦怠」（strategic fatigue）：

> 每當我進入一間博物館（當我看到展示凱爾書卷的展示櫃被其他觀光客包圍，我沒有力氣擠進去），或接近一個古蹟（在克倫麥克諾伊斯，一座古修道院遺址，我立刻撤退到咖啡館，始終沒看到古蹟），或下車欣賞風景的機會出現時（我抗議那會花太多時間，

或我們需要加油，或某個同樣薄弱的藉口），策略性倦怠就襲上我身。

翻譯：他感覺無聊。「我實在不喜歡參觀景點，」他寫道。

嘿，這個態度我太瞭解了！但費許的文章令我困惑的是，如果他不喜歡參觀景點，那他為什麼要花所有的旅行時間參觀景點？為什麼不**去做別的事**，任何他喜歡做的事？

如果我想跳進觀光客與旅行者之別的辯論，我會把這種態度歸類為典型觀光客最糟糕的特性：假設旅行的唯一目的是參觀景點；假設除了接受和徒勞無功地假裝喜歡呈現給你的東西，你別無選擇；假設你不能運用自主性和想像力去行動；最後，假設你的旅遊生活必須與你的居家生活徹底不同。

當我還在寫省錢旅遊達人專欄，從事提供旅遊建議的工作時，我會告訴讀者如此計畫旅行：**你在家喜歡做什麼？好，現在去別的地方做！**不論你的嗜好是繡花、跑步、下棋、古典吉他、溜溜球……你都會在國外找到一群熱中此道的同好。只要 Google 你喜歡的活動和你的目的地，通常你就能找到他們。這些人多半非常高興認識你，一個外國同好，並接納你到他們的圈子（是的，其中**有人**會說英語）。當你們沿著水邊慢跑結束或耍完溜溜球的「搖搖籃」特技時，他們多半會邀你出去吃頓飯，或喝杯酒，或看看他們的城市鄉鎮裡一些你無法想像的其他面向。然後你將擁有一段真正美好的時光。費許教授，你不會無聊的！

在我當省錢旅遊達人期間（甚至之後），我花了非常多的時間納悶：當人們旅行時，他們究竟喜歡做什麼？我知道我喜歡什麼，這不是問題，但因為我是為更廣大的讀者群寫這些報導，我感覺有必要做更多事情，不能只是漫步、閒坐、吃飯和找人聊天。但除此之外，還有什麼事可做？參觀一間博物館，行。看一齣舞台劇，無妨。去一些人人必去的著名景點——有何不可？

就此而言，當省錢旅遊達人的最大好處是，很多最有名的觀光景點超出我的預算，因此我可以毫無愧疚地將它們排除在我的報導之外。但我也可以扭轉文章主題去避開它們。例如，第一次去羅馬，我引述馬克．吐溫在《傻子國外旅行記》（*Innocents Abroad*）中的一段：

> 羅馬有什麼我可以看的，是在我之前其他人沒看過的？有什麼我可以摸的，是其他人沒摸過的？有什麼我可以感覺、可以學習、可以聆聽、可以瞭解，使我在其他人之前先感到興奮的？我能發現什麼？什麼都沒有。不管什麼都沒有。

如果馬克．吐溫在典型的羅馬景點找不到任何可發現的東西，我這個省錢旅遊達人又何必嘗試？所以，我不去嘗試。「如果我錯過某個重要東西，」我寫，「算了，我永遠可以在一年內或十年內再回來。這就是為什麼他們叫羅馬『不朽之城』的原因。」於是我以臺伯河

（Tiber River）對岸，昔日不時髦的特拉斯提弗列區（Trastevere）為據點，在搖搖欲墜的小館子吃飯，結識一些至今仍是好朋友的人，將我錯過的偉大著名景點全部拋到九霄雲外。

不參觀古羅馬競技場或古羅馬廣場省下的二十五．五歐元，給我的個人偏好找到文學上的正當理由：無價之寶。

所以，旅行者與刻板印象中的觀光客的真正區別，也許就在於前者不受「期待」所拘束。旅行者去他們想去的地方，因為他們想去，做他們想做的事情，只因為他們喜歡做（雖然不可或忘，他們也受到其他比較不明顯的力量束縛）。因此，若要在「旅行者」和「觀光客」兩個詞中選一個來形容我自己，我想我必須將自己歸類為旅行者，否則我幹麼重複去我去過的一些地方？

撤退行動之一：讓人無法招架的拜林

拿拜林來說吧，那是柬埔寨西部一個與泰國接壤的小省分。如果你聽過它，多半因為它是赤柬根據地長達將近二十年。一九七九年越南入侵柬埔寨，推翻紅色高棉政權，總理波爾．布特（Pol Pot）、其副手及士兵撤退到叢林密布的拜林山區，在那裡，由於需款孔急，他們開始砍伐值錢的硬木樹林，開採地下的紅寶石及其他寶石。二〇〇三年，當我決定以拜林為我的小說《叢林必勝》的背景時，那是我對拜林的全部認識。它在一九五〇年代是什麼模樣？誰住在那裡？它如何運作？沒關係。我先寫場景，然後，待我有機會時，我會找到第一手資料。

二〇〇五年春天，我找到第一手資料。我在柬埔寨國家檔案館的調查出乎意料地成功——重點在出乎意料。當我閱讀布滿灰塵、一碰即碎的舊報紙和法國殖民政府駐拜林官員的報告時，我發現，唉呀，住在拜林的柬埔寨人其實主要不是**柬埔寨人**。他們其實是緬甸人，十九世紀末被一家泰英合資礦業公司帶到此地來開採紅寶石。這使得部分小說需要重寫，但重點在此——這是我來這裡學習的目的。

我在檔案中沒有找到有關拜林昔日生活的資料。我曾想像它是一個真正的城鎮，以某種方式組織起來，其居民努力為自己及子女的生活打拚——現在我知道，我想像的是一個非常美國式的地方。但我甚至連拜林的城市布局都沒有概念，遑論治理它的法律和社會力量。我必須親自跑一趟。

去那裡可不容易。我從金邊出發，搭了幾小時巴士到馬德望（Battambang），拜林東邊約五十哩的中型城市。但最後一程，我必須與另外七人擠進一輛計程車，嚴格來說，是一輛老舊的豐田Camry，忍受三小時車程，走在破損不堪、布滿車轍、根本不夠資格稱作道路的路上。不舒適，但我猜我忍受過更差的情況。

當我們接近拜林時，我注意到景色出現了變化。覆蓋山丘的茂密叢林開始稀疏，然後完全消失；山坡顯得光禿禿又灰濛濛，酷似外星球——幾十年不分青紅皂白濫伐的結果。當計程車把我在拜林市中心放下時，我已低落的心情跌得更深。我在柬埔寨待的時間夠長，足以知道大部分城鎮缺乏都市計畫，但即使如此，拜林仍是一個慘不忍睹的地方。潮濕、泥濘、破爛，中間一個雜亂的市場，四周圍繞著倉促組合的水泥建築。我住進拜林紅寶石賓館，一棟泛黃的四層樓笨重建築，如今在網路上被評為「你在市中心唯一合理的選擇」。

我已為我的造訪安排一個導遊，那天下午他帶我四處參觀。首先，他帶我去一個礦場——又是這樣，與我想像的拜林紅寶石礦不同。沒有巨大坑道下降至漆黑坑底，沒有重工業存在的跡象。基本上，它看起來像幾個男人向特力屋租來一臺個人挖土機，買了一箱啤酒，然後在後院幹起活來，每個周末如此，連續幹了三十年。他們挖到地下深處的紅土，灑幾加侖水在土上，然後一個巨大、東倒西歪的機器會吸起泥漿，吐出固體東西，再用手工檢查潛在的寶石。導遊告訴我，這家礦場的主人沒找到多少寶石，很多人擔心拜林的礦藏可能枯竭了。

當導遊帶我去拜林各處，我開始注意到處是窟窿，在空地上，在農田中，在光禿禿的山丘上。任何地方，只要有開放空間，就有窟窿——彈坑，彷彿這地方的每一平方英寸都被炸過。我開始覺得腳下的土地不穩定，在拜林再待兩天的前景頓失吸引力。導遊曾介紹我認識一個女人，據稱來自最後幾個緬甸裔家族之一，柬埔寨人稱他們為庫拉族（Kula），我想知道更多他們的歷史，但當我第二天一大早醒來時，我決定我受夠了。拜林太沮喪、太可怕，到了無法忍受的地步。我在這裡還能做什麼？這趟訪問的目的是什麼？企圖在被姦淫蹂躪的當代人間地獄看到六十年前的拜林是不可能的、瘋狂的、令人噁心的。我付了旅館費，雇了一輛摩托計程車，騎到泰國邊境，沿著滑順平坦如任何西方公路的道路走下去，經過一個閃亮、維護良好的賭場，在那裡我發簡訊給我的導遊，告訴他我不再需要他了。

多年來，拜林是我個人的挫敗標記，但是一個幽默的標記。看吧！我終於遇到一個連我都招架不住的地方，我在這個城鎮發現我容忍粗礪、貧窮和不適的極限。但笑話底下隱藏了一個令人憂心的事實：我曾凝視深淵——並躲閃。如果我不能應付拜林，一個雖醜陋但不特別危險或具威脅性的地方，我算哪門子的旅行者？

撤退行動之二：沒錢，沒腎臟，沒法承擔的衰敗

二〇〇七年，我開車橫渡美國，途中獲得一個機會重溫我的拜林經驗。我剛經過南達科塔州的黑山，開在崎嶇不平的伐木道路和天雨路滑、松林夾道的高速公路上，我不想再往西走。夏季才過一半，這個國家的中部，遑論西南部，尚待探索。

我也必須做另一件事。雖然這次探險的前提是「省錢又闊綽的陸路旅行」，我另外還有一個不同的指導原則。概略來說，我想看看美國各地人民的生活方式有何不同。當我開下黑山時，我知道這是開進松嶺印第安保留地（Pine Ridge Indian Reservation）的好時機，在那裡，糖尿病、酗酒和絕望聯手製造了全國最貧窮的地區之一。

當我開上歐格拉拉原住民拉科塔蘇族（Oglala Lakota Sioux）的土地時，天空晴朗，陽光燦爛。在歐格拉拉鎮，我訪問耶穌會辦的學校，得知保留地上沒有銀行（因此沒有商業貸款），在較大的松嶺鎮，我吃了難吃的「印第安塔可」，並試圖理解我看到的現象。兩個鎮看起來同樣衰敗，商家處於不同階段的倒閉狀態，拖車屋過多，但未必比我去過的其他地方糟，儘管那天的高溫或許使萬物顯得格外疲憊和遲緩。

我繼續開車，來到傷膝谷（Wounded Knee），一八九〇年美國騎兵隊殺死三百名蘇族的地方，因為他們誤以為蘇族在密謀造反。在靠近紀念館的停車場，我停好名叫薇薇安的 Volvo 車，去看屠殺遺址傷膝河，在那裡遇到一個寬臉、圓鼻頭、脖子圍了一條藍毛巾的本地人，名叫 J. T. Kills Crow。ＪＴ提議帶我參觀，由於紀念館關門，我沒有其他計畫，所以我同意了。接下來三十分鐘，我們徒步穿越高草叢，ＪＴ迂迴曲折地解釋攻擊事件，隨意從一八九〇年的屠殺跳到一九七三年聯邦執法人員與美國印第安運動成員之間的戰鬥，以致當他說他七歲時親眼看到一具屍體，我不懂他在說什麼。他說，有更多屍體躺在地下，被石塊遮住，未被發現，因為沒有人願意再經歷昔日夢魘——無論如何，夢魘持續進行。

「政府繼續虧待我們，」他說。

我猜ＪＴ和我處得還算融洽，因為他邀我去他家，一棟有陽臺的平房，與這個小社區的許多鄰居不同，牆上沒有塗鴉，院子也沒有用鐵絲網圍起來。大部分午後時光，我們坐在他的門廊，用塑膠杯喝啤酒（依法，保留地禁酒），看人生百態。朋友上門借錢，通常為了買藥或汽油，當他們離去時，通常開著似乎該進廢車場的車子。「印第安車，」ＪＴ笑稱它們。我心想，緬甸人開的車子都比這好。

對街鄰居和他的妻子從他們家出來，上了他們的車子——ＪＴ指出，那輛車沒有風扇皮帶。不管他們去哪裡，他們會開到車子過熱，停下來讓車子冷卻，然後繼續開。

幾乎像事後想起似的，他補充一句，「他也沒有任何腎臟！」

這是傷膝谷的生活：沒錢，沒風扇皮帶，沒腎臟。

天色漸暗，ＪＴ提議讓我在他的院子搭帳篷，為了答謝他，我建議我們進城買些披薩回來當晚餐。在開車進城的路上，我注意到ＪＴ手上仍拿著他那杯啤酒，他提醒我經過警車時要小心。我可以看出事有蹊蹺，但不知道是什麼，買了披薩後，我們開過內布拉斯加州界去一家酒舖。兩箱颶風牌麥芽酒花掉我四十二元，並觸動我腦中某個警鈴，但有ＪＴ引導我，一切似乎顯得很正常——他經常做此事，不是嗎？以致我不曉得帶酒回去（ＪＴ用一張毯子遮住）不但觸犯保留地的法律，而且還助人酗酒，此人後來不經意地提起他是酒鬼。

事後回顧，在紙上，我的行徑似乎惡劣：出現在美國最貧窮、最悲涼的城鎮之一，幫一個酗酒的印第安人非法運酒。但在現場，比較難用這麼嚴厲、統計的觀點看事情。當時，JT是歡迎我到他家的陌生人，我試圖瞭解他的生活，而非影響。而且JT完全不符合當代印第安生活的老生常談，他是一個複雜的人，不是一輩子輸家。他曾住在保留地外，在丹佛市當工頭，雖然現在是失業的酒鬼，但以前曾經當過警察。同樣地，他的兒子，雖然過重和有高血壓，曾在瑞典住過一年，是先進國家瑞典！這個家庭並非只是一個統計數字。

當晚，我們吃披薩，我教他們在披薩上塗一層厚厚的拉差辣椒醬（Sriracha sauce），然後一起看著MTV實境秀《拉古納海灘》（*Laguna Beach*）裡的金髮美人討論賓士運動休旅車。反諷意味極其明顯，但也不完全是反諷。這些金髮美人也是人。然後我走到戶外我的帳篷，爬進我的睡袋。在院子裡，我可以聽到JT和他的朋友徹夜喝颶風。

當我醒來時，四下無人，草原天剛破曉。蒼白的光線劃過天際，微風輕拂綠草。龐帝亞克車的殘骸代替瞌睡的野牛。屋內有我的拉差辣椒醬，我留在那裡，當作送給JT家的禮物，然後悄悄捲起我的帳篷。我隨身攜帶一包我在土耳其買的古巴小雪茄，我捏碎一支，讓菸葉散落地上——JT曾告訴我，這是拉科塔傳統。

然後我鑽進我的 Volvo 車不告而別。

一小時後，我正穿過惡地國家公園（Badlands），手機響了。ＪＴ打來的，禮貌地問我能否透過西聯公司匯二十五元給他買汽油。

「抱歉，」我告訴他，「我但願我能。」

我知道，我再度逃跑了，但究竟逃離什麼？我該為ＪＴ做什麼？支持他？拯救他？我在傷膝谷犯的錯誤是否可以預料，或可以避免？我希望在旅途中深入瞭解民情，我如願以償，但我完全不知道瞭解後該怎麼辦——如何表現得體和負責。

罪惡感吞沒我，不是第一次，也不會是最後一次，使我恨不得開著薇薇安衝出道路，衝入惡地的險惡岩石。但罪惡感是有思考能力的旅行者的宿命。身為一個富裕、大致運作正常國家的公民，你不可能看到更貧窮角落的現狀，或遇到真正無法掌控個人生命的人，而不在某個程度上感覺自己有責任。所以你怎麼辦？

我做的是開到奧克拉荷馬市，在那裡報導生氣勃勃的越南社區，特別是他們的餐廳。但我沒有嘗試交任何新移民朋友來帶領我進入社區。我花了一點時間在一九九五年聯邦辦公大樓爆炸案紀念館，但我沒有企圖探究奧克拉荷馬州徘徊不去的反政府情緒。在國家牛仔和西部傳統博物館，我報導館內展示品似乎只是延續浪漫的牛仔神話，而非嘗試瞭解那個神話在當代文化的角色——但我只願談這個題目談到這麼深。下一段，我又回到食物。

簡言之，我撤退到表面。在奧克拉荷馬州，以及之後德州的山地鄉，我自願變成觀光客，並試圖單純享受為了享樂的唯一目的而設立的機構。我吃烤肉，我參觀海軍博物館，我看賽馬，我試圖積極正面地報導這些經驗，因為它們也值得我的讀者花時間和注意力。

怎麼開心就怎麼玩

如今我更能瞭解，觀光客不是某種次等人。他們和所有旅行者一樣，有權按他們喜歡的方式去旅行，如果那表示參加旅行團和走按表操課的觀光行程，我憑什麼說他們錯了？旅行不一定要吃苦或深入。它甚至可以輕鬆和有趣，連我都做得到，而且毫無愧疚地。

再說，我們這些自認為是旅行者的人其實只是自己騙自己。我們也許在拜林或松嶺待了幾星期，但我們永遠可以一走了之，而且一旦離去，多半就忘記。除非我們具有向新經濟體投入金錢的能力，否則我們對我們造訪之地毫不重要。我們無權要求它們什麼，它們也無權要求我們。不論我們多深入觀察他人生活，我們永遠只觸及表面。我們統統是觀光客——過去如此，現在依然。

做觀光客也不錯，即使它有時令人挫敗。如今回想我的突尼西亞之旅，我仍不能將我的經歷理出一個前後連貫的內在觀點。它不黏合。但我最後為《遠方》寫的文章是黏合的。它黏合，靠的是既擁抱且刪除複雜的因素。

文章一開頭先談那位宣稱「所有突尼西亞女人都是我老婆！」的計程車司機。但與其僅僅將它當成喜劇呈現，或用來證明與當地人談話多容易，不如著重在它的陳腔濫調素質——他如何體現「刻板印象的穆斯林男性沙文主義觀點」，但那真的是他的想法嗎？或只是他在觀光客周遭扮演的角色，這種觀點可能正是觀光客期待於一個計程車司機的。

在描述這段互動的過程中，我開始領悟，我也可以選擇一個刻板印象來帶領我貫穿故事。我選擇的是我的老替身，我最喜歡的依靠：美食觀光客。是的，我寫突尼西亞料理，以及我從地中海沿岸追到麥地那深處的追尋美食過程。與阿貝德拉西茲，這位違反陳腔濫調的鬈髮迦太基人，一起吃迦太基沙拉，將烤青椒、水煮蛋、橄欖、續隨子、鮪魚碎片、黃瓜、哈里薩辣醬等全部拌在一起，用新鮮法國棍子麵包沾著吃，並大啖烤魚和鮮美的布里克炸春捲。我搭計程車，請司機載我去城裡最好的串燒烤雞（在那裡遇到卡梅爾，並變成湯姆／塔雷克）。一天，我獨自一人，在麥地那某處，吃掉半個烤羊頭，包括羊腦，並發現最甜、最嫩的肉藏在舌根處，你可能永遠猜不到的地方。我在文章中寫道，它「就像突尼西亞本身，如此立即和輕易地討人喜歡，以致陳腔濫調和反陳腔濫調都不重要，你必須對你自己承認，有些東西好就是好。」

歸來後的領悟

出發、回家及發現自己

世界是一本書，不旅行的人只讀了一頁。
但我自己讀了多少？

我幹了什麼？八月中旬，我坐在楚羅鎮租來的房子，我快瘋了。短短幾星期前，我還在胡志明市，浸潤在各種刺激之中——摩托車不規律的噗噗聲、燒炭和脂肪溶化的氣味、偶然遇到的越南人的直率盤問。我過著我從未想像過的生活，上班當新聞記者，下班與一群好友相濡以沫，學習如何航行於一個新世界，不單單是新的語言和文化，而是我自己創造的世界。我有摩托車，我有冷氣機，我有自由和獨立。我唯一缺的是專業前途，因此我放棄其他一切。只差大約兩周，我就在西貢住滿一年，而且就在我生日前幾天——我原本可以在那些美妙新朋友的環繞下慶祝生日！我卻登上國泰班機經香港返國。

但現在我究竟幹了什麼？搬回維吉尼亞州父母家的頭幾個星期糟透了。我沒有車子，沒有朋友，無事可做。這是一個無聲、無味、無感的世界，一間單獨囚禁的牢房。即使全家團聚在鱈魚角共度一周假期，儘管這裡有陽光、乾淨空氣、海鮮、寧靜，我的心情仍未好轉。我滿心怨恨。我恨這個一成不變、單調無聊的地方。我恨父母帶我來這裡。我恨美國不是越南，恨它竟然幾乎沒有越南食物。我恨在巴爾的摩，一個我痛恨的城市，未來九個月都得在此度過。我恨自己獨立自主做出來的這個決定，它使我陷入目前的處境。

未告知任何人，我從前門出去，走下通往南楚羅市中心的道路。我的褐色皮靴咚咚踩在人行道上，大步經過貴死人的食品雜貨店，左轉走上從高速公路底下穿過的道路。不知走了多久，邊走邊怒氣沖天。最糟的是，我知道我的憤怒和挫折只是逆向文化衝擊，許多長期旅行者都經歷過的尷尬和痛苦的重新熟悉過程。我是典型案例：朋友和家人想聽我的旅行見聞，但他們不能真正瞭解（似乎如此）我在那裡的經歷；我感覺這裡沒有我的位置和目標；而且我不敢表達我的失望，我怕顯得無病呻吟和不知惜福。我擁有這個奇妙的經驗，為什麼還不知足？

我離開幹道走向海灘。不久，可愛的木瓦房子消失，我進入林木更茂密、車子更稀少的區域。沒有人走向海灘。沒有人知道我在哪裡。我孤單一人。我腳步不停，不知道自己會走到哪裡。無所謂。每走一步，我的腦子就平靜一點。這正是我需要的——這個持續不斷的前進動力，我去**某地**的感覺，即使我不知道我的最終目的地。鳥兒在樹梢啁啾，小黑蚊繞著我的頭飛舞。沙粒斑斑點點灑在路緣。前進，汗珠順著我的背流下。我沒有迷惑到幻想自己來這裡探險，彷彿那樣可以彌補我的愚蠢抉擇似的。我只是渴望行動。

我爬上一座小山，半途停下，後來我知道這條路通往非常適宜游泳的大潭。我已走得夠遠。怒氣已消。家人可能開始納悶我去了哪裡，我不想令他們擔心。我轉身。該回家了。

對原地不動過敏

人人想回家。人人總是回家。從以色列人、奧德修斯到今天世上每一個民族、政治和宗教團體，人類一直在尋找和爭取一塊他們終於可以安頓下來的地方，他們的歸宿——那地方是他們的，只屬於他們。即使現代游牧民族也不是真正的流浪者。他們的家只是跨越一塊更廣袤的土地而已，他們的旅程由固定、通常季節性的限制條件所決定。沙漠游牧民族不會跋涉到北方的森林或西南方的平原。大多數人知道他們來自何方，以及他們希望落戶何處。

我非如此。早在我成年初期，被問過太多次「你是哪裡人？」之後，我就有意識地放棄家的概念。這個問題令我抓狂。我來自麻薩諸塞州嗎？如果是，那麼是協和鎮或安姆赫斯特鎮？如果不是，那麼是布雷頓或威廉斯堡或巴爾的摩（我不會搬回其中任何一地）嗎？「你是哪裡人？」不論問者無心或有意，都令我張口結舌，倉皇地在腦子裡尋找一個簡短但正確的答案。

答案是：無所謂。我知道，有些人在更漂移不定的環境下成長，例如生在軍人或外交官家庭，但即使如此，我搬家的次數也夠多了。「你們這幫人，」我母親的母親，有一天我將繼承其普利茅斯讚美車的外婆蘿薩琳，聽到我們再度搬家後表示，「你們像吉普賽人！」

好吧，算我們是吉普賽人好了。我是吉普賽人。我會搬家、搬家再搬家，知道我是誰，但未必我是哪裡人，我絕不會把我的身分和我的未來釘在某個虛幻、無法實現的家的概念上。我認為這樣比較容易，雖然當我對「你是哪裡人？」的問題回答「哪兒都不是」時，很可能顯得狂妄自大。我將隨遇而安，命運送我去哪裡就去哪裡，要我待多久就待多久。「目前的家」將是我最接近「家」的地方。

我不懷疑，這個態度在我開始旅行海外時對我有益。不論我在越南度過多少寂寞和尷尬的日子，我從來沒有一次想過家，從來沒有一次但願和我的老朋友在巴爾的摩，或回威廉斯堡的保齡球溝渠溜滑板。我甚至不確定我曾希望自己身在**他處**，我只希望我的西貢生活可以更好、更充實、更愉快。如果我曾朝思夢想巴爾的摩，我不可能在國外待那麼久。

幾年後，我開始旅遊作家的旅行生涯，此時缺乏地方依戀感無疑是一個長處。我的旅行可能很長，例如三星期或三個月，並使我離開我的妻子、我的朋友、我的東西。我當然想念他們（尤其是珍），但感謝臉書、Skype和每到一個新國家買預付ＳＩＭ卡的便利，使我不會思念成疾，而我也不懊悔我的處境。我怎麼可能懊悔呢？我正開車馳騁於奧勒崗沙漠，或在喜馬拉雅山上喝茶，這是我想待的地方，不論這裡是哪裡。

有時「這裡」剛好是紐約市一個遙遠的社區。九月某日，我從二〇〇七年橫渡美國的陸路旅行歸來不久，珍和我在斟酌是否去上西城訪友。珍解釋，如果要去，她必須先培養上西城心境（不管那是什麼）。換言之，她必須在心理上準備好面對地理和文化的轉變。而且，她宣稱這是大多數正常人的作為。我告訴她，我從不覺得這種調適有必要——我可以說去就去。

「你的腦子有問題。」她說。

也許吧，但不管我的腦子有什麼問題，它使我不斷換地方生活的方式不成問題。每一個省錢旅遊夏季結束時，我已離開紐約三個月，我總以為我會永遠不想再離開。我會以令人吃驚的自在沈浸於家居生活，與珍和我的朋友聊近況，做晚餐，看電視，早上醒來不立刻打包行李。這才是假期！相較於用微薄的預算快速越洋跨洲，擔心沒有學到夠多東西或獲得正確的經驗，以致寫不出引人入勝的故事，家居生活絕對輕鬆多了。在家，沒有人在乎我能否將我的經驗濃縮成一千六百字巧妙的文章。

然而，度過幾周在「顛倒世界」的假期之後，我會發現自己渴望再度移動，彷彿我對停在原地不動過敏似的。這種坐立不安是一個難以捉摸的現象。它不是在那幾周中逐漸增長，也不是在郭瓦納遊艇俱樂部喝廉價啤酒時突然顯靈。它比較像是我開始意識到我的流浪癖始終存在，根本不曾離開。我在抵達的那一刻已準備好出發。

然後，我計畫離家。

啟程的每一部分都令我愉快。出發前一晚，我會決定帶什麼衣服（當然少不了一條我絕對不會穿的長褲），帶什麼工具和配件（頭燈？淨水劑？可攜式喇叭？），用什麼袋子來裝這一切：有輪子的行李袋、巨大的背包、黑色皮製周末旅行袋，或超大型手提袋？我喜歡早起趕八點鐘的飛機，搭A線地鐵去拉瓜地亞或甘迺迪機場，或偶爾，如果預算允許的話，雇車去機場。在那半小時左右車程，紐約街上空無一物，大西洋大道仍在睡覺，BQE快速道路是我的私人公路，我可以休息和凝聚我的興奮之情於即將展開的探險。冬天在霍華海灘地鐵站等機場捷運，我會眺望鐵軌下方結霜的蘆葦和冰凍的池塘，夏天我會觀看水鳥降入這塊荒蕪的綠地。我即將離這一切而去，但離去是我唯一看到它的機會。

這個不尋常的出發之樂，與歸來之樂旗鼓相當。清晨，我的班機滑翔過牙買加灣濕地，旭日在港灣投射出一灘灘銀色水塘。中午，我的班機可能在曼哈頓上空兜圈子，降落時間被快樂地延誤，摩天大樓的線條和彎角在清澈的十月陽光中一覽無遺。晚上，紐約一片燈海，布魯克林和皇后區的街道被車燈標示成一條條虛線，一路延伸到我的視線邊緣；我會搜尋佛雷特布希大道和大西洋大道的角度，試圖辨認我自己的黑暗小角落。飛機終於降落，忍受完慢吞吞的查驗護照和領取行李後，我會搭計程車（永遠是計程車，我已賺到這個奢侈享受）爬上科斯喬斯科橋，橋下是星羅棋布的墓碑，天際線比我想像的近得多。接下來一個月，我可能看到它們一百次，但沒有一次注意它們，直到我再度從萬哩外歸來。

隨時隨地都可以探險

別人在家感覺自在，我在其他地方感覺在家。抵達、安營紮寨和探索的程序自有一套韻律，是我在紐約的生活所無。二〇〇九年末，我遵從 iPhone 的影像指示，找到我在澀谷租的寬敞公寓。澀谷是東京的時尚、夜生活集中地，是行人如織的繁華地區之一。我喝咖啡，淋浴，並在巨大的浴缸泡澡，然後外出尋找拉麵，那將是我要在該周吃掉的三十碗拉麵的第一碗。周遭高樓大廈林立，我幾乎不能和任何人溝通，因為我只認得幾個日文漢字，而且只知道它們在中文裡的意思。日本是我二〇〇七年陸路旅行後的第一站，即使曾在此地待過一些時間，但它仍是一個陌生之地，充滿不熟悉和新鮮。

但它感覺不陌生。我走在通往澀谷車站的街道上，悠閒自在如在曼哈頓的聖馬克街。我在探險，我隨時隨地在探險。當我仍住在曼哈頓下東城時，我常利用機會，每一、兩個月一個周末夜晚，走遍幾乎每一個街廓，只是想看看發生了什麼。新旅館開張？猶太教堂倒閉？沒有計畫，我只想看看和知道，那正是此刻我在東京做的。啊！這兒有一家拉麵店，雖然不在我的名單上，但我必須從某處開始。我進去，在櫃臺前坐下，指著膠膜護貝的菜單上某個看起來美味的東西，準備稀哩呼嚕吃麵。慢著，「準備」？我生下來就準備好稀哩呼嚕吃麵了。

同樣地，我在下東城遛達也不是為我的海外旅行做準備，它不是我可以轉化到哥斯大黎加可可海灘或摩洛哥沃贊鎮等新環境的在地經驗。相反地，海外探險發生在先，紐約的探險散步僅僅呼應海外行為，允許我在家存在的方式（儘管不過爾爾）和在海外一模一樣：具有一個明確界定的目的。

我想，這一點解釋了我在一些似乎專門設計來刁難旅行者的國家、城市和情境中何以感覺自在：我有事要做——有文化現象要瞭解，有省錢策略要測試，有困難的行程要走，有地圖要在腦中繪製。在大阪，一個酷愛章魚燒（裹麵粉烤的章魚球，塗一層厚厚的美乃滋及其他醬料）的城市，我必須找到最好的章魚燒。在越南湄公河三角洲的沙瀝市（Sadec），我追蹤瑪格麗特・杜拉斯（Marguerite Duras）[1]的足跡，八十年前她曾居住（及喜愛）此地。

紐約，我永居和存取一切所有物之處，在那裡我能自由從事我選擇的任何事，但自由產生困惑和惰性。我可以做任何事，但做什麼？為什麼？我能不能以後再做？我終究會回來，不是嗎？當然，我受到一些限制。我必須寫我的文章和推銷新文章，還要買菜和燒飯和洗衣服。但那些是鬆弛的雜務，可以無限拖延，無關緊要，相較於從維也納走到布達佩斯的一百六十哩跋涉，走到我兩腳起泡、背和膝蓋彎曲、心靈破碎。每一步都是酷刑，但我不能半途而廢——這是我的偶像之一，戰爭英雄、博學之士及旅遊作家派屈克・法莫爵士（Sir Patrick Leigh Fermor）採取的路線，他曾在一九三〇年代從鹿特丹走到伊斯坦堡。那才叫有目的的人生！我必須追隨他的榜樣，不管起泡不起泡，不論住舒適的民宿或露宿星空之下。每天早上醒來，我確切知道自己必須做什麼，不管我想不想做：抬起一隻腳擱在另一腳前面，再換另一隻腳，直到再也走不動為止。沿途會發生什麼，尚待決定，但結構在那裡，它只告訴我一件事：前進！

到立陶宛尋覓大帽子

「你想知道你的名字嗎？」在立陶宛首都維爾紐斯（Vilnius）的老城一間庭園咖啡廳，芮吉娜·寇派拉維奇問我。我們前面桌上擺了一疊文件夾和紙張，看來充滿希望，或許能解開我的家族起源之謎。芮吉娜是一位通曉多國語言的族譜學家，俄國猶太血統，她熱切望著我，藍眼睛張得大大的。

她的問題很滑稽。在你成長過程中，如果你有一個像葛羅斯（Gross）這樣的姓，你永遠不會忘記——學校裡的小鬼不會讓你忘記。小小年紀，我就必須學習接受我的「葛羅斯特質」，瞭解這個字的多重意義——臃腫、過度、粗俗等等等等，並用打呵欠來回應羞辱。「『麥特噁心』？當真？這是你所能想到最好的形容詞？」葛羅斯主宰我的生命，恰似它擠掉另外三個比較乏味的祖父母姓氏：查德斯（Chadys）、高德曼（Goldman）、米勒（Miller）。葛羅斯是碩果僅存的一個。

但二十多歲時，我從父親和他的父親山繆爾·葛羅斯那裡聽到了一個謠言，據說我們本來姓別的姓。他們說，在老家，我們姓Grosshüt，意思是「大帽子」。於是我想像我的一位

註1：法國導演，電影《廣島之戀》（*Hiroshima Mon Amour*）為其名作。

祖先經常戴一頂大帽子，因此他每回上街，人們就說，「嗨！大帽子先生來了！」或者，也許這個姓和我的正統猶太教祖先所戴的寬邊帽有關。不過，為什麼所有戴大帽子的正統猶太教徒中只有我祖先得到這個姓氏呢？真令人百思不得其解。

歷史上，改姓不稀奇。無數來到這個國家的移民，在抵達之初改姓，不論是偶然或刻意，有的被移民官員更改，有的則是基於同化的主張而自行更改。但在我們家，此事令人意外，因為我們實際上毫無關於老家生活的故事。我們甚至不見得需要知道哪一個國家**是**老家。每當我詢問時，他們有時說俄國，有時說波蘭。其實也沒差，俄國控制整個區域，包括後來獨立的波羅的海諸國。彷彿我的家族本來不存在，直到曾祖父母那一代抵達這塊土地。

我唯一聽過的家族往事是，我母親那一邊的高曾祖父生了十二個小孩，以及他因鬍子被夾進家庭經營的磨坊而死。他的兒子，來美國的那一個，改姓「磨坊主人」（Miller）。

但在我父親這一邊，什麼故事都沒有。多年來我們甚至不知道他們究竟來自哪一國，直到我父親從族譜網站 Ancestry.com 挖出我的曾祖父莫里斯．葛羅斯的二次大戰徵兵卡，看到他的出生地登記為「立陶宛馬里揚波列（Marijampolė）」，一個接近波蘭邊界的城鎮。除此之外，我們只有曾經姓不同姓氏的含糊暗示——現在芮吉娜提議向我揭露這個姓。

我點頭。芮吉娜打開文件夾，抽出一張紙，是一份表格的影印本，來自古老的教區戶籍簿。

「你認得這個字嗎？」她問，指著一個用古斯拉夫語字母手寫的字。

記得古斯拉夫語字母是一回事，但辨認筆跡又是另一回事。我勉強認出頭幾個字母，嘗試念出來。「Gross——」是它的開端，但其餘是鬼畫符。我探詢地抬頭看芮吉娜。

「Grosmitz，」她說。

我更仔細看這個古斯拉夫語字尾：—myc，它可以念成「米茲（mitz）」，或甚至「瑪茲（mütz）」，一種帽子。所以，我的祖父說對了！我們本來是大帽子！但我們怎麼丟掉帽子的？還有，這個姓來自何方？葛羅瑪茲變成葛羅斯之前是什麼人？

該死。我並不想關心這玩意兒，這個身世問題。活到三十五歲，葛羅斯的來歷對我一直是個謎，我也一直不關心。好吧！我承認我有一點關心，當老師叫我們畫家譜圖時（總是令人洩氣地人丁單薄），或當珍的家人想知道我的背景時，但也許只因為我不能描述我的來歷暴露了我的無知，我長久以來努力隱藏和摧毀的無知。但曾祖父母那一代，靠他們的沈默，達到了他們的目的：這個家族始於新世界，僅僅存在於新世界。我父親甚至變成一個歷史學家，他的第一本書講述美國革命在麻薩諸塞州協和鎮誕生的故事，我從小到大清楚知道我也誕生於協和鎮。我的祖先在立陶宛的事蹟，干我在紐約的生活及我在海外的旅行什麼事？

但同時，我也渴望這個知識，出於簡單、自然的好奇心。葛羅斯家的故事始於何處及如何開始？因此當我開始計畫二〇〇八年夏季的省錢歐洲壯遊時，我知道我必須去立陶宛調查。畢竟，尋根之旅不正是一般旅行者會做的事嗎？他們去愛爾蘭看他們的曾曾祖父拋棄的馬鈴薯田，去塞內加爾看他們的祖先被押上奴隸船的港口。我繞道去立陶宛並無不同——你可以說，是探索其他人渴望有始有終的心理，不是我自己的心理。

跋涉千里，我找到什麼？

第二天，在立陶宛國家檔案館陽光灑落的閱覽室，芮吉娜解釋起關於葛羅瑪茲的事情。她說，幾世紀以來，俄羅斯帝國的猶太人並無家族姓氏，僅以父名為姓。但十九世紀初，沙皇下令猶太人也必須有姓氏，於是展開冠姓過程。我後來得知，它未必是一個自己給自己冠姓的過程。通常帝國官員會賜姓給他們的猶太屬民，有時合乎邏輯，有時是戲謔，有時是信手拈來。「大帽子」感覺有點像後者。

芮吉娜已預約了幾本戶籍簿供我們查閱——這些簿子記錄了馬里揚波列的猶太社區在整個十九世紀的出生、死亡和婚姻。在那裡，在一八二九年二月九日的條目下，葛羅瑪茲家族有文字可考的歷史開始了。一個歡欣鼓舞的日子！柏庫和菲達．葛羅瑪茲之子慕沙，與柏庫和蘇拉．布拉斯寇維茲之女朵博拉結婚。同年十二月十五日，他們生下一女菲達，接下來二十年，生下更多子女——阿伯倫伊茲庫、柏庫、加百利、埃絲特、利巴、珍綺爾裘德，其中有些夭折。

「這是悲傷的一頁，」芮吉娜說，指著一八四〇年七歲的阿伯倫伊茲庫和兩歲的埃絲特之死。

悲傷？我猜是吧。就我個人而言，能找到我們家族歷史的任何隻字片語只令我興奮；至於得知我的祖先喪子，唉，那是古代史。但慕沙是裁縫，他的姪子柴姆是鞋匠的事實，才是引起更強烈共鳴的細節。

芮吉娜和我慢慢翻頁，手指沾滿灰塵，逐漸翻到一八八五年，那一年莫旭．葛羅瑪茲誕生，日後，在他十六歲那年，他將離開馬里揚波列，以莫里斯．葛羅斯之名，抵達康乃迪克州橋港市。

一八五九年：加百利和他的妻子果妲生下一子，阿伯倫萊布。

一八六四年：慕沙的兒子柏庫與查娜．顏塔．佛提恩斯茲坦結婚。

一八六五年：柴姆得一女，莫拉。

一八七四年：慕沙的妻子朵博拉去世，享年七十三歲。

僅止於此。從這裡開始，直到莫旭離開村莊很久之後，戶籍記錄就消失了，而我與這些葛羅瑪茲的關鍵連結也隨之而去。這些大帽子真的是我的先人嗎？很可能。芮吉娜說他們是馬里揚波列唯一姓氏和我相近者。但莫旭究竟為什麼離他們而去？

簡單的解釋是大屠殺，歐洲各地不時爆發的攻擊猶太社區的暴力種族清洗運動。但根據芮吉娜的說法，以及我後來讀的歷史，都描述波蘭和立陶宛在二十世紀初沒有大屠殺。芮吉娜的理論是，莫旭逃亡是為了避免被俄國軍隊拉夫，但缺乏進一步研究（我找不出時間去做），所以我們不能確定。

我也納悶，其他葛羅瑪茲到哪兒去了？這個姓已從立陶宛的檔案消失，雖然有一些葛羅米茲出現在二次大戰納粹大屠殺的受害人線上資料庫，但他們來自波蘭，幾百哩之外。這個姓也很少出現在網際網路上，雖然德國有一個村莊叫做葛羅瑪茲，在柏林北邊約一小時路程，暗示它可能是我祖先的故鄉。如果我的其他族人流亡到英國或美國，他們可能也變成葛羅斯——因此無法 Google 到。

接下來幾天，我沈思我的家族背景。我漫步老城街道，這裡的古蹟維護之好，會讓我的曾祖父感覺如在家中。我調查猶太博物館，尋找猶太人在立陶宛生活的線索，芮吉娜和我還跋涉到潘尼里埃（Paneriai），二次大戰期間幾乎所有維爾紐斯的猶太人被殺的林區，他們的屍體被扔進坑洞。我採訪一位來自查巴德（Chabad）正統猶太教服務中心的祭司，甚至允許他把一個皮製經文匣（tefillin）綁在我的手臂上，帶領我吟誦希伯來文經文，我依稀記得二十五年前在主日學校學過。

我對這些訪查無動於衷，所有這一切。平心而論，知道立陶宛猶太人的歷史確實增長知識，但我幹麼在乎？我認為自己是無神論者和美國人，如同（或超越）我是猶太人，而且博物館呈現的四海為家的猶太世界，與我的小鎮卑微鞋匠和裁縫祖先似乎沒多大關係。查巴德猶太祭司的虔誠信仰可能實際上與葛羅瑪茲的生活關係更大，但我從十一歲起就不再信猶太教了。我感覺不到心靈聯繫。

相反地，維爾紐斯感動我的是生長在潘尼里埃樹林中的野草莓，以及一天早上我為了解酒吃的煎培根、蘑菇、馬鈴薯和奶油。當我不和芮吉娜在一起時，我與一個朋友的朋友一起混，他最近為了好玩拿到導遊執照，很高興帶我見識他的美麗城市。這是活生生的人類接觸，不是墨跡褪色的歷史記錄。

不過，我在立陶宛仍須再盡一個義務。周六上午，我搭火車到西邊八十哩外的馬里揚波列。這是一個五萬人的宜人小鎮，安靜和整潔，兩座教堂正在舉行婚禮。一八六一年時，馬里揚波列的三千七百個居民中，超過三千名是猶太人，而現在這個鎮的猶太歷史痕跡顯然大部分已被連根拔除。猶太教堂現在是教師訓練中心，納粹及其同路人砸爛猶太公墓內幾乎所有墓碑，只剩下七個。舍舒佩河（Sesupe River）附近有一座紀念碑，紀念一九四一年被謀殺的七千至八千名猶太人，大部分被立陶宛人殺害──「其中包括志願擔任這個『工作』的大學生和中學生，」根據一位前居民寫的鎮史。

在那個萬里無雲的猶太安息日，當我坐在河邊及後來在墓園，看到倖存的墓碑被排成一個圓圈，我努力思索我應該有什麼感覺。我終於來到這裡，我們葛羅斯家的故鄉，我們剪裁外套和修補靴子的地方，我們慶祝生日、割禮、與數千名其他猶太人通婚的地方，數千名可能是葛羅瑪茲家的朋友和熟人被殘酷屠殺的地方。但再度的，我沒有多少感覺，雖然我極度希望有感。反應這麼平淡似乎沒人性，但畢竟**我的**家人不葬在這裡。我們躲過那場浩劫，落戶到橋港市。在我周遭全是歷史，而且是感人的歷史，不是令我感懷身世的歷史。說真的，我想，我根本不該同意跑一趟這麼濫情的行程。我究竟期待在這裡，在我的「祖國」，找到什麼？我應該變成和我的祖先一樣虔誠嗎？或遵守一星期猶太教飲食戒律？我應該培養與這個國家和這個鎮的感情聯繫，使我年復一年不斷回來嗎？我應該淚流滿面，哀泣改變我族人命運的悲劇力量嗎？

我究竟學到什麼？我的祖先是縫衣服和修鞋子的鄉下猶太人──不是我希望發現的個

體，而是刻板印象、背景人物、龍套角色。我可以經由電子郵件、網路搜索，或者花幾小時在圖書館蒐集到同樣的資料，何必跑幾千哩路來學這些？

世界是一本書，不旅行的人只讀了一頁

這不是第一次，也不是最後一次，我問自己關於旅行的基本問題：到底為什麼要旅行？旅行又貴又麻煩又不舒服。你計畫計畫再計畫，然後你出現在烏魯木齊，遙遠的中國西北部，發現你必須再等四天才能買去北京的火車票。你發現自己在法蘭克福無聊得要命，或在希臘凱法利尼亞島病得要死，你的衣服在喬治亞北部營地感染跳蚤。或你跨半個地球去尋找你的歷史傳承線索，走時充滿知識，但空無啟示。

何必多此一舉？何不度最簡單的假期，參加旅行團去巴黎和吃喝玩樂全包的加勒比海度假村？何不花錢讓旅行社搞妥一切變數，讓像我一樣的白癡去做辛苦和隨機的探險？當家中的小孩、親家及中學好友（你不再喜歡他們，但仍舊是好友）吵著要你關注時，誰需要一千個陌生人的友誼？當另一個相當好的泰國餐館剛剛在街角開幕，Yelp 餐旅網站上有人說它甚至比原來開在同址的墨西哥捲餅店還棒，又何必拖著行李去曼谷，並且還得冒著腸胃不適的危險？

旅行者（及旅遊作家）如我，喜歡反復嘮叨旅行的重要性。我們譴責美國人擁有護照的比率之低（才百分之三十五！才一億一千萬人！），以及持續依賴旅行社和旅行團的惰性。我們不能理解為什麼有人願意搭遊輪，除非我們自己搭了，並發現它棒極了，我們會不厭其煩地向你解釋各種航空公司酬賓計畫的優點，以及哪些信用卡不收海外交易費。我們談論和書寫旅行如何改變我們，使我們變成更好、更完整的人類，使我們能夠瞭解他人，其生活我們曾認為完全不可理解。

旅行是我們的宗教，我們是它的傳教士，永遠會告訴你，旅行，毫無疑問，有益。我們要你相信我們，你很可能已做出一百八十度轉彎相信了。因為我們當中有誰認為旅行有害？沒有一人。所以加入我們吧（不過我們已規畫好我們自己的艱苦行程，所以你應該設計你自己的）！我們封一些旅遊作家為聖，包括活聖人：保羅・索魯（Paul Theroux）、珍・莫里斯（Jan Morris）、皮科・艾爾（Pico Iyer）、比爾・布萊森（Bill Bryson），以及死聖人：布魯斯・查德溫（Bruce Chatwin）、馬克・吐溫、傑克・凱魯亞克（Jack Kerouac）。我們不待慫恿自動引述激勵我們的福音：

「旅行對歧視、偏執和心胸狹隘有致命殺傷力。」——馬克・吐溫。

「所有旅程都有不為旅行者所知的祕密終點。」——馬丁・布伯（Martin Buber）。

「漫遊者並非都是迷了路。」——托爾金。

還有我最喜歡的：「世界是一本書，不旅行的人只讀了一頁。」

這句話被認為出自聖奧古斯丁，但很可能不正確，我自從在大學讀了他的《懺悔錄》（或大部分）之後，就引導我對旅行的瞭解。這部作品是奧古斯丁的心靈自傳，講述他從四世紀迦太基一個放蕩、享樂主義的雄辯術教授，變成鄰近城市希波勒吉斯（Hippo Regius）的正直主教的心路歷程。這個故事最戲劇化的部分，依我之見，是奧古斯丁皈依基督教，並調和摩尼教和基督教教義，使他能夠全心全意信奉基督教的轉變。亦即，摩尼教認為世界被善與惡兩個分開、對立的力量撕裂，基督教則認為萬物皆上帝所創，上帝至善，因此祂創造的一切也是善的。奧古斯丁納悶，那怎麼解釋惡呢，它顯然也存在？這麼仁慈的造物主，怎麼可能創造惡？或用奧古斯丁的話來說，「惡來自何處？」

經過許多迂迴曲折的靈魂搜索，他獲致的答案優美無比：惡不存在。我們稱之為惡的東西只是較小的善，因為它允許我們看到、感激和渴望更大的善：

在宇宙萬物中，有些東西被視為惡，因為它們與其他東西不和諧。然而同樣的東西只要與其他東西和諧即被視為善，並認為他們本身即善。所有彼此不和諧的東西仍與萬物中比較低下的部分和諧，我們稱此部分為塵世，有它自己的陰霾和風雨，如同大自然本身。因此我絕不可以說，「這些東西不應該存在。」因為如果我只能看到這些，我一定會渴望更好的東西——但我仍應讚美主，即使只因為創造這些東西。

書本裡藏著新世界，帶你遊歷千山萬水

這顯然是我自己的旅行哲學的基督教版本——亦即，我必須體驗惡，才能瞭解善，我必須接受所有經驗，按它們本身的條件，不帶偏見或期待，因為世上每一個角落，每一口食

物，每一個半醉的加拿大流浪漢……都有某個新奇美妙的東西展示給我。

因此當奧古斯丁說（據傳是他說的）世界是一本書，你必須旅行才能讀它的內容，我傾向於毫不懷疑相信他。

但你知道還有什麼東西也是書？答案是書。

這也許有點反常，一個旅遊作家，其生活和事業圍繞著無法遏制的流浪癖而建立，居然建議閱讀可以代替實際旅行。但是書（及報章雜誌）作為如歷其境的媒介是有道理的。我不打算從鹿特丹走到伊斯坦堡，因此派屈克．法莫旁徵博引談他自己走這趟旅程的故事滿足我的需要；我不打算攀登聖母峰或橫渡薩哈拉沙漠，但我會貪婪地讀那些做過的人的報導。如果我真的想瞭解立陶宛猶太人的歷史，無疑有很多很多書可以讀。

我的意思是，我們透過旅行能學到的東西有一定限度。很少人願意奉獻幾個月或幾年的生命給一個特定地方，學習語言和風俗，以便比當地人瞭解得更深。一定有人更早去過那裡，或待了更久，學會當地語言，與當地人結婚，他們繳了學費，一繳再繳，把異鄉變成家，並寫了一本書或一篇雜誌文章，談那個鮮為人知的世界。

對我來說，有時文字創造的世界勝過真實世界。布魯斯．查德溫的書據說虛構的成分和事實一樣多，但當他橫渡南美洲的巴塔哥尼亞區（Patagonia），或在澳洲內陸的小屋煎牛排和蛋時，我不在乎他杜撰了什麼。文字構成它們自己的世界，自從托爾金的書吸引我進入一個由異類人和文化、奇特邏輯和無所不在的魔法、新語言和古族譜構成的自給自足世界，我就愛上那個世界。現在我不能忍受讀那些書，但我清楚記得**進入**書中的感覺。如今我從讀左拉的小說得到同樣的感覺。我不知道左拉描述的十九世紀末法國是否可靠，但他用字遣詞的精準性，他筆下人物的強烈複雜性，他的情節的量子力學決定論，共同構成一個我能相信的地方。如果那地方過去不曾存在，它現在存在了。

實際上不只如此。經過多年將我的旅行變成文字報導，如今我很難區分二者。二〇〇六年我**寫的**土耳其，與二〇〇六年我在土耳其**做的**不盡相同，但我產生的文章逐漸限定我對那趟旅行的記憶，任何未被我寫入初稿，或被我的編輯刪掉的細節，漸漸淡化成幻覺。為了寫這本書，我時常必須參考已刊出的報導，看看我做過什麼，並搜出更早的草稿，看看我做過什麼但忘了。到頭來，已刊出的故事可能是我僅存的記憶。它們可能是唯一值得記的東西。當你去蕪存菁，有時你會剩下一大堆糟糠。

同時，我感覺世界本身越來越不具體、越來越不真實。事實捉摸不定，地理順勢改變，資料庫的解釋不可信賴。我自己的記憶呢？這些事真的發生過嗎？一個穿晚禮服的柬埔寨侏儒曾經帶我進入一家漆黑的夜店？新加坡電影製片人曾經開幾小時車載我穿遍金邊的後街，只為了去一間華麗的、法國人經營的酒廊，那裡的酒保在雞尾酒上點火？那個二月清晨，當我們的派對駁船半迷途地漂過長滿蘆葦的西貢河支流，我真的看到一個黑人（非洲裔美國人，我確定）與他的越南家人從岸上一個高腳竹屋觀察我們？這些長存於我意識中的時刻，似乎又不是那麼真實，但現在它們被寫在這裡，它們便不能被懷疑，不論多少海外調查都不會改變。

可以不旅行嗎？

夠了。我必須坦白。我的「秀才不出門，能知天下事」的論點另外還有一個源頭，那就是過去兩、三年我越來越不想旅行。我不記得這個念頭第一次出現的確切地點或時間——斯洛伐克或愛爾蘭？莎夏出生前或出生後很久？但在一次十或十二天的旅行中，約莫過了一星期，我突然希望回到布魯克林。不是因為我不喜歡嘗遍奧地利的烈酒，或航行於複雜的希臘渡輪系統。當時我知道，這趟旅行令人振奮和大開眼界，但我也希望它快點結束。早在我搭誤點很久的火車繞回印尼泗水（Surabaya），或在義大利阿布魯佐山區（Abruzzo）喝最後一杯龍膽草樹根酒（genziana）之前，我已知道接下來每件事將如何發展，而且幾乎可以想像當場寫下文章的結尾。那又何必留下？

回到紐約，我與我的編輯和朋友討論。我告訴他們我的步調放緩了，我想少做幾次旅行，以便寫更長的故事。我這麼做了。延續整個夏季的探險停止了；每年離家的日子逐漸從六個月減少到兩個月，也許更少。我開始將我的記憶寫成散文，而非特稿，使我不必離家，當我確實離家時，我確定那是我真正想做的旅行，例如在肯亞高地上跑步，或者吃遍剛開放的緬甸。

但其他事情也改變了。經過將近八年的密集旅行，每次出門幾個月，到過五、六十個國家，寫過幾百篇文章，現在我必須去的地方所剩無幾。當然，世上還有很多地方是我以前想去、現在仍然想去：紐西蘭吸引我；南美洲的巴塔哥尼亞區也是；還有馬利共和國，如果不是它此刻陷入混亂的話，我很想帶我的家人去馬利首都巴馬科，請多年前我與珍在巴黎發現的著名攝影師馬里克．斯蒂貝為我們拍肖像照。

然而，願望不等於需要。需要是多年前把我帶到越南的動力，需要是拖著 Volvo 車薇薇安在十二個星期內跑一萬兩千哩的動力，需要向來是幫我及時克服時差、兩星期後再出發進行另一趟英勇探險的動力。短短幾年內，我已環繞地球，在十來個後院品嘗私釀紅酒，見到印度大吉嶺茶葉大王、波多黎各毒販及酗酒的中共官員，修補與我弟弟的關係，得知我的家族真正姓氏的三種拼法。我已從一個天真、笨拙、不諳世事的冒險家，變成經驗豐富的旅行者，此人雖繼續犯同樣的錯誤及承受同樣的後果，但稍稍多知道一點他在做什麼（和做錯什麼），並對那個身分夠自在，以至於現在飛半個地球和騎腳踏車去肉店一樣容易和不假思索。經歷過這一切，還剩下什麼？

剩下來的是停在原地不動。

我估計不可能辦到。我估計幾天之內我的流浪癖就會發作，我會去訂機票，或某個編輯會建議我去訪問智利或再去一次巴黎，或者，唉，我會用光積蓄，開始推銷採訪計畫，我的生活會恢復過去多年的模式，幾乎才降落紐約，又搭A線地鐵回甘迺迪機場。

二〇一二年三月底，我從一年一度赴臺北的家庭旅行回來，下決心盡可能長久不去任何地方。我有一些文章要寫，有幾筆收入將入帳，沒有新的採訪任務，但我仍舊懷疑這個自我設限的靜止期能維持多久。肯定有事情會干擾它，我會恢復我的老習慣。

但所有那些年在家度過的短暫「假期」，已幫我準備好適應更長的假期。我的日子很單調——美妙的單調！早上，我幫莎夏起床和準備上幼兒園，我喝咖啡，一星期三天去展望公園跑步。我會去鄰近布魯克林水邊的辦公室，整天寫稿，回電子郵件，與辦公室友聊天和抱怨附近的午餐選擇太差，然後，準時在五點二十分，跳上F線地鐵，或如果天氣好，騎我的自行車越過曼哈頓大橋，接莎夏放學。回布魯克林途中，我們會停在兒童遊樂場，讓她和她的小朋友玩，他們的家長和我有時會喝杯啤酒。我會在本地肉店挑幾塊買得起的乾式熟成牛排，或六磅雞翅回家醃（牙買加香辣醬或泰式，是常年的問題）。我會做晚餐，奮力把莎夏哄上床，給再度懷孕的珍背部按摩。我們會看電視和讀書，不到午夜已進入夢鄉。周末亦然，除了跑步時間較長和不必上學，也許我們會搭火車去紐澤西拜訪放棄城市生活的朋友，或請其他朋友來家晚餐。

我觀察季節變化。四月，我們街廓的山茱萸盛開，漫天粉紅花海，五月一場大雨後，把人行道鋪成一張怪異豔麗的地毯。五月底，我開始偵察我們社區兒童遊樂場的桑樹，捏捏嘗嘗果實，計畫當它們成熟時採來做果醬。我喜歡檢查這棵桑樹。它使我想起蒙特內哥羅。二○○六年，當地朋友戴夫和湯瑪士開車載我在鄉間逛了幾小時，偶然經過一叢孤立的果樹。他們說這種果實叫做桑椹，或dudinja。我以前從來沒見過：表皮瘤狀凸起如黑莓，但顏色白中泛綠和粉紅。成熟的果子非常甜，不熟的果子青澀帶酸。我們吃了幾粒，然後離去，我從此再也沒見過dudinja，直到我發現同樣的果子懸在莎夏的遊樂場。

接近陣亡將士紀念日[2]，我再也按耐不住。珍、莎夏和我大步邁向遊樂場，帶著我們在街上撿到的濾盆，站在長椅上，從葉子之間拔下不大熟的桑椹。但那裡，在桑樹的陰影下，蚊子猖獗，攻擊我們的腿和膝蓋，我們終於落荒而逃，紅腫搔癢換來的收穫不到一品脫。一品脫桑椹進了冰箱，我忘記做成果醬。待樹上的桑椹熟透了，我已喪失採收意志。但明年，我發誓，明年我一定會做到！

然後是八月，我的生日到來，我烤了一隻三十三磅重的豬，請了幾十個朋友來共享。我意識到距離上次搭機已有四個月了，但感覺沒那麼久，感覺好像我上星期還在臺灣。天哪，下星期再去那裡也沒差，而今天，這個周六下午，我知道接下來會發生什麼。第二天上午，我會去展望公園跑步，我會看到我總是看到的快走健將路易斯・李奧斯，他瘦得像竹竿、留著鬍子，是前馬拉松選手，擁有超過二十萬哩的參賽紀錄，也許這一回他會給我一個小小的揮手示意。我們從未談過話，而且他肯定看過一千名看起來和我無分軒輊的跑步者，但那是一件值得期待的事，一個微小的徵象，顯示我留在原地的努力不但將我穩固嵌在我自己的節奏和例行程序中，也嵌在陌生人的節奏和例行程序中。它將是我以前所未有的方式存在的證據。

第二天，路易斯並未對我揮手。

但幾天後，當我經過時，他揮手了，只是一個小小的半動作，而且我確定，我們曾四目交接。我甚至可能說了「哈囉」。

轉眼間，我已六個月沒登上一架飛機，或進行一趟野心勃勃的旅行（在鱈魚角度一周假期？在華盛頓特區過夜？那不算「旅行」，我會這麼說）。這個間歇期唯一奇怪的地方是它感覺如此正常。當我向一位跑步夥伴提及此事時，他回答：「歡迎加入我們人！」

他是正確的：這種穩定、棲息在固定地點的生活，是大多數人追求的免煩惱存在方式，一種被朋友、家人、施展抱負的工作、像樣的三餐占滿，很少戲劇的生活。我開始尋找一份

註2：五月最後一個星期一。

全職工作。我們甚至翻修浴室！用奧古斯丁的話來說，我已用更大的善包圍自己。而且，我是用我在旅行生涯中做一切事的同樣方式達到這個境界——靠我自己（大部分），盡量不要太勉強，讓事件自然而然發展。如果旅行愉快有祕訣，那麼就我經年慢慢摸索出來的經驗，就是不要太在乎——拋開對生病、寂寞和膚淺的焦慮。我想，我現在已對旅行本身做了同樣的事。我不旅行，我不在乎。

前進！永不止息

我知道，我甚至可以像這樣一直繼續下去，在家工作，照顧我的家人，跑步、烹飪和閱讀，過著完美的紐約中上階級生活，愛過多久就過多久——再三個月，再六個月，然後整整一年沒有旅行（打破葛羅斯家紀錄？）。也許屆時我已找到全職工作，我的假期將受到嚴格限制，一年一度回臺探親將是我唯一可能做的旅行：兩個大人，兩個小孩，在鋁管中搖晃二十小時，飛過半個地球，去度一個短暫、飽受時差困擾、鬧脾氣又懊悔一切的假期，直到我們必須遺憾地回到我們在布魯克林的美妙單調生活。

也許屆時我會悟出當旅遊作家時一直企圖瞭解但始終不能參透的道理：旅行對於一個正常人，面對上班族種種限制和責任的意義。也許有一天我甚至會寫這個題目……

然而，我知道另一個念頭在我腦中蠢蠢欲動，那就是完全拒絕這一切。送我的孩子去上學，做一份穩定而又能施展抱負的辦公室工作，固然美妙地單調，但當我退後一步看它時，我看到單調多過於美妙。這是我想為我自己及我的家人建立的生活嗎？規律、穩定的生活，加上一年兩次嚴格控制的海外旅行？但究竟能多穩定？新聞業在衰退，到處在裁員。紐約市公立學校系統亂七八糟——主要是功能上的混亂，不是我喜歡摸索搞懂的那種混亂。給我一個搖搖欲墜的老城，一個人擠人的亞洲超大城市！看有線電視、吃當令番茄固然愉快，但那種生活是假期生活，假期必然會結束。總有一天，我必須回「家」。

坦白說，我還沒到捲鋪蓋走人的地步。真的，我也許幾個月，或幾年都不會走到那一步。但如果我的回家經驗教了我任何事，那就是有一天我會意識到我已經準備好了，而且在這段時期一直準備好了，可以再度了無遺憾地離開。可能就在明天。

我尚不知葛羅斯一家會去哪裡，雖然亞洲（東京？西貢？）的可能性頗高。例如臺北，我們有珍的娘家在附近。我只知道我想住在某個我必須重新學習一切的地方：如何過馬路，如何點咖啡，如何與人相處，那些人的思考模式與我徹底、令人好奇地不同。我想變成不自在，我想變成圈外人，不僅我自己感覺如此，每一個看到我尷尬、笨拙模樣的人也認為如此。我想再度從頭摸索一切，享受搞懂一件事的小樂趣，而且我希望那些小小勝利（及無可避免的失敗）在我的生命留下痕跡，我希望它們經過歲月和里程累積成大大得多的勝利——

不會被不停流逝的光陰帶走的經驗、記憶和語言。

這不是流浪癖。旅行不是某個與我其他部分的生活分開，有時我必須「回去做一下」的事情。我終於瞭解，對我來說，旅行與生活如此錯綜複雜地編織在一起，以致它們不可能被拆開。畢竟，自我的家族起始之日，十六歲的莫旭．葛羅瑪茲離開馬里揚波列那一天，旅行就與我家人的生活密不可分。他為什麼離開？他逃離什麼——小鎮的貧窮，或非猶太鄰居虎視眈眈的威脅？沙皇的軍隊曾上門逼他入伍，或他受不了正統猶太教的束縛？我可能永遠不知道真相，因此我可以幻想：莫旭離開因為他能夠，因為他必須，因為門在那裡，他的腿停不下來，世界在召喚他，用無法用言語表達的語言，提議給他無窮的財富，只要他服從它的強大如萬有引力的命令：前進！

國家圖書館出版品預行編目（CIP）資料

何苦去旅行：我們出發，然後帶著故事歸來 / Matt Gross 著；
朱道凱譯. -- 初版. -- 臺北市：早安財經文化, 2019.01
面； 公分. --（生涯新智慧；LN046）
譯自：The Turk who loved apples : and other tales of losing my way around the world
ISBN 978-986-83196-4-6(平裝)

1. 旅遊文學 2. 世界地理

719 107023313

生涯新智慧 046

何苦去旅行

我們出發，然後帶著故事歸來

The Turk Who Loved Apples：

And Other Tales of Losing My Way around the World

作　　者：麥特・葛羅斯（Matt Gross）
譯　　者：朱道凱
特 約 編 輯：潘玉芳
封 面 設 計：Bert.design
責 任 編 輯：沈博思
行 銷 企 畫：楊佩珍、游荏涵

發　行　人：沈雲驄
發行人特助：戴志靜、黃靜怡
出 版 發 行：早安財經文化有限公司
台北市郵政 30-178 號信箱
電話：(02) 2368-6840　傳真：(02) 2368-7115
早安財經網站：www.goodmorningnet.com
早安財經粉絲專頁：http://www.facebook.com/gmpress

郵撥帳號：19708033　戶名：早安財經文化有限公司
讀者服務專線：(02)2368-6840　服務時間：週一至週五 10:00-18:00
24 小時傳真服務：(02)2368-7115
讀者服務信箱：service@morningnet.com.tw

總　經　銷：大和書報圖書股份有限公司
電話：(02)8990-2588
製 版 印 刷：中原造像股份有限公司
初 版 1 刷：2019 年 1 月
初 版 6 刷：2020 年 11 月

定　　價：380 元
I S B N：978-986-83196-4-6（平裝）

The Turk Who Loved Apples：And Other Tales of Losing My Way around the World
by Matt Gross